Tristan
Der Bajazzo

Dans la même collection

Katherine Mansfield : *At the Bay.*

Lewis Carroll : *Alice's Adventures in Wonderland.*

Joseph Conrad : *Heart of Darkness.*

R. L. Stevenson : *The Strange Case of Dr Jekyll and Mr Hyde.*

Allan Sillitoe : *Revenge and Other Short Stories.*

Erskine Caldwell : *Selected Short Stories.*

Aldous Huxley : *The Tillotson Banquet.*

Jack London : *The White Silence.*

Rudyard Kipling : *The Man who would be King.*

O. Henry : *Springtime à la Carte.*

Graham Greene : *The End of the Party.*

Oscar Wilde : *Lord Arthur Savile's Crime.*

H. G. Wells : *The Empire of the Ants.*

XXX : *American Short Stories.*

XXX : *Stories of Mystery.*

Franz Kafka : *Die Verwandlung.*

Franz Kafka : *Das Urteil.*

Thomas Mann : *Der Tod in Venedig.*

Rainer Maria Rilke : *Briefe an einen jungen Dichter.*

Wolfgang Borchert : *Generation ohne Abschied.*

Alfred Döblin : *Die Ermordung einer Butterblume*

E.T.A. Hoffmann : *Don Juan, Der Sandmann.*

Gabriel García Márquez : *Los Funerales de la Mamá Grande.*

Adolfo Bioy Casares : *La Invención de Morel.*

Jorge Luis Borges et Adolfo Bioy Casares : *Nuevos Cuentos de Bustos Domecq.*

Alberto Moravia : *Ritratti di donne.*

Dino Buzzati : *Bárnabo delle montagne.*

Dino Buzzati : *Il Columbre*

Pier Paolo Pasolini : *Passeggiate romane.*

XXX : *Novelas portuguesas contemporâneas.*

LES LANGUES MODERNES / BILINGUE
Série allemande dirigée par Brigitte Vergne-Cain
avec la collaboration de Gérard Rudent

THOMAS MANN

Tristan

Der Bajazzo
Le Paillasse

Traduction, préface et notes de
Axel Nesme, Agrégé de l'Université,
ancien élève de l'École Normale Supérieure

Fayard/Albin Michel

Principales abréviations

acc. - *accusatif*
adj. - *adjectif*
chrono. - *chronologique*
compar. - *comparatif*
compl. - *complément*
D. - *Dittmann* (cf. Bibliographie)
dat. - *datif*
diff. - *différent*
f. - *féminin*
G.W. - *Gesammelte Werke* (œuvres complètes)
gén. - *génitif*
impers. - *impersonnel*
ind. - *indirect*
m. - *masculin*
n. - *neutre*
partic. - *particule*
pr. - *pronom*
Préf. - *Préface*
p. - *préfixe*
prét. - *prétérit*
st. - *style*
subj. - *subjonctif*
subst. - substantif
superl. - *superlatif*
syn. - *synonyme*
T. et I. - *Tristan und Isolde*
Th. M. - *Thomas Mann*
trans. - *transitif*
v. - *verbe*

Signes conventionnels

* indique une forme reconstituée : ex. : *panzer-artig
/ indique un verbe à particule séparable : ex. : auf/machen

Sommaire

* Pour une bibliographie détaillée des œuvres de Thomas Mann, voir l'édition bilingue de *La Mort à Venise*, Le Livre de Poche n° 8714, 1989, pp. 265-273.

N.B. : Nous signalons au lecteur que les numéros utilisés dans les citations de *Tristan et Isolde* font référence au texte de Wagner reproduit dans *L'Avant-Scène Opéra* n° 34-5. Toutes les citations de cet opéra ainsi que des nouvelles de Th. Mann ont été traduites par nous.

Préface

I. La genèse du *Paillasse* et de *Tristan*

Le Paillasse

Th. Mann a dix-neuf ans lorsque le 15 mai 1895, il envoie au poète Richard Dehmel une nouvelle intitulée *Walter Weiler*. Il s'agit d'une de ses toutes premières entreprises narratives après *Gefallen*, nouvelle composée pendant l'été 1894 que Dehmel avait favorablement accueillie. Dehmel semble avoir recommandé l'œuvre à la revue *Pan*, mais aucune publication ne s'ensuivit. D'après la correspondance de l'auteur avec Dehmel, il semble que Th. Mann ait redouté que *Walter Weiler* ne fût d'un niveau inférieur à *Gefallen*. Il remania le texte, qui ne fut publié qu'au mois d'avril 1897 dans la *Neue Deutsche Rundschau* sous le titre *Der Bajazzo*. Il fut ensuite repris en 1898 dans *Der Kleine Herr Friedemann*, premier recueil de nouvelles de Th. Mann, regroupant également *Der Tod*, *Der Wille zum Glück*, *Enttäuschung* et *Tobias Mindernickel*.

Tristan

Th. Mann commença à travailler à *Tristan* au début de l'année 1901 et l'acheva en juin 1901, après avoir effectué pendant le mois de mai un voyage à Florence et Venise en compagnie de son frère Heinrich. À l'époque, la publication des *Buddenbrook* (roman achevé le 18 juillet 1900) était encore en suspens. *Tristan* parut pour la première fois chez Insel en 1903, en même temps que cinq autres nouvelles, publiées individuellement auparavant, et qui furent réunies sous ce titre. *Tristan* figurait en deuxième position, précédé du *Chemin du cimetière*, et suivi de *L'Armoire*, *Luischen*, *Gladius Dei* et *Tonio Kröger*. Il s'agissait, après *Le Petit Monsieur Friedemann*, du second recueil de nouvelles de Th. Mann ; il fut unanimement salué par la critique.

Les données autobiographiques dans Le Paillasse.

Ainsi que le lecteur le constatera au fil du texte, *Le Paillasse* est parcouru de références autobiographiques dont Th. Mann lui-même nous a souvent fourni les clefs dans ses écrits ultérieurs (cf. notamment *Esquisse de ma vie, Le Portrait de ma mère,* etc.). La ville natale du personnage rappelle fort le Lübeck du jeune Th. Mann. La demeure patricienne est calquée sur celle des grands-parents de l'auteur, modèle qui est amené à resservir dans nombre de ses écrits (avec notamment le vestibule sonore et la galerie en bois laqué blanc) et entre autres dans l'évocation de la maison natale de Mme Klöterjahn *(Tristan).* Le théâtre de marionnettes, enfin, tel qu'il est évoqué au début de la nouvelle, fait également l'objet d'une évocation nostalgique dans la courte autobiographie de Th. Mann intitulée *Esquisse de ma vie.* La médiocre réussite scolaire du jeune homme rappelle celle de Th. Mann lui-même et un critique a cru retrouver dans la nouvelle maintes allusions à son frère Heinrich, avec lequel Th. Mann passa plusieurs mois en Italie dans la période séparant la première version de la version définitive : d'après R. Winston, l'auteur aurait même remanié la nouvelle pour accentuer la ressemblance du personnage avec son frère.

Qu'on se souvienne toutefois de *Bilse et Moi* (1906) où l'auteur cite les propos de Tourgueniev : « Comme je n'avais pas reçu en partage un don d'invention important, j'ai toujours eu besoin d'un terrain ferme, sur lequel je puisse me mouvoir en toute sécurité et liberté. » (*L'Artiste et la société*, p. 21). C'est précisément ce « terrain ferme » que les éléments autobiographiques garantissent à l'auteur dans *Le Paillasse*, comme plus tard dans *Les Buddenbrook*. Et l'auteur d'ajouter un peu plus loin cette mise en garde : « La réalité qu'un écrivain utilise à ses fins peut être empruntée à son milieu quotidien ou à la personne qui lui est le plus proche et la plus chère. Il peut suivre la réalité dans ses moindres détails, l'utiliser avidement, docilement, jusqu'au plus petit indice, au profit de son œuvre. Cependant pour lui [...] entre la réalité et l'image qu'il en a donnée, il restera toujours un abîme : la différence d'essence, qui sépare à jamais le monde réel, de celui de l'art. » (*Ibid*, p. 23.)

Les « modèles » de l'écrivain Spinell

Avant de commencer à rédiger *Tristan*, Th. Mann s'était lié d'amitié avec le peintre Paul Ehrenberg et son frère Karl, musicien professionnel et compositeur, auquel la nouvelle est dédiée. Dans *Esquisse de ma vie*, l'écrivain raconte comment ce dernier jouait la musique de *Tristan et Isolde* au piano, tandis que son frère faisait le portrait de Th. Mann. À la même époque, l'écrivain sympathisait également avec le romancier Kurt Martens et avec Arthur Holitscher, dont il avait recommandé le roman *Der Vergiftete Brunnen (La Fontaine empoisonnée)*, alors qu'il était lecteur aux éditions Albert Langen (de novembre à mai 1902), et auquel il avait dédié *Le Chemin du cimetière*. « Nous faisions de la musique ensemble », se rappelle Th. Mann dans *Esquisse de ma vie*.

C'est pourtant un souvenir bien différent que Mann aura laissé à Holitscher. En témoigne l'autobiographie de ce dernier *(Lebensgeschichte eines Rebellen. Meine Erinnerungen*. Berlin : S. Fischer, 1924) où Th. Mann se voit accusé d'avoir utilisé Holitscher comme modèle de Spinell. Holitscher évoque entre autres le souvenir d'une journée où il se rendit chez Th. Mann qui lui lut un extrait du manuscrit des *Buddenbrook*, alors presque terminé. S'ensuivit un échange assez personnel, où Holitscher fit part à Th. Mann de ses doutes sur lui-même. Après avoir quitté l'appartement de Mann, tout heureux de s'être fait un nouvel ami, Holitscher raconte s'être retourné par hasard dans la rue pour regarder en arrière et avoir aperçu Th. Mann à sa fenêtre, armé de jumelles de théâtre, manifestement en train de le dévisager. Un matin, quelques jours après, Mann effectua une visite improvisée chez Holitscher, où il put notamment apercevoir une reproduction de la *Beata Beatrix* de Rossetti et, posé sur une table, *Le Tapis de la vie* de Stefan George (cf. n. 5, p. 159). Holitscher fut aussitôt saisi du soupçon que Mann était venu pour l'observer, soupçon dont il crut plus tard trouver la confirmation dans le portrait tant physique que psychologique de Spinell. D'autres critiques ont cru déceler chez l'homme de lettres viennois Peter Altenberg un modèle possible de Spinell.

Faut-il donc voir dans *Tristan* une sorte de « nouvelle à clefs » ? À cette question, Th. Mann lui-même fournit une réponse sans ambiguïté, toujours dans *Bilse et Moi*. « Dans un livre [...], j'ai jadis fait évoluer la silhouette d'un écrivain moderne, personnage caricatural au moyen duquel je « convoquais devant le tribunal » une mauvaise partie de moi-même, l'esthétisme, ce caractère artificiel, moribond où je voyais le danger suprême. J'ai donné à ce personnage le masque d'un homme de lettres, homme d'un talent exquis, mais étranger à la vie. Le masque était singulier, caractéristique. J'attribuai en outre à mon écrivain esprit et faiblesse, fanatisme de la beauté et pauvreté humaine, je l'élevai à la dimension de type, de symbole ambulant, et le fis misérablement échouer au contact de la santé comique et brutale d'un marchand hanséatique, époux de la femme avec laquelle l'écrivain avait entretenu un sublime commerce amoureux. Qu'on le note bien : c'est moi-même que je fustigeais sous cette apparence » (extrait de *Bilse et Moi*, existant seulement dans l'édition parue à Munich en 1906 ; cité par H.R. Vaget. *Th. Mann Kommentar*, p. 86).

II. Dilettantisme et impuissance littéraire dans *Le Paillasse*

Le thème du dilettantisme

The Dilettante : tel est le titre anglais d'une ancienne traduction du *Paillasse*. De fait, la problématique du dilettantisme occupe une place centrale dans la nouvelle. Le terme même est utilisé une fois au ch. 10 (p. 81) sans référence claire à un auteur ou à un compositeur, quoiqu'il soit probable, d'après les mots utilisés pour décrire les effets de l'œuvre évoquée, que Wagner y est implicitement désigné. Tout proche de l'auteur, Heinrich Mann avait déjà placé la problématique du dilettantisme au cœur de son premier roman *In einer Familie* (1894). Depuis les années 1880, cette tendance avait été critiquée, en France comme en Allemagne, par les penseurs conservateurs qui y voyaient le principal symptôme de la décadence. Paul

Bourget, notamment (dont les frères Mann connaissaient sans doute au moins indirectement la pensée par l'intermédiaire du critique Hermann Bahr) avait dénoncé chez le dilettante le refus de la vie en société, trait qu'on retrouve bien chez le paillasse dont l'existence semble se résumer à un long et inéluctable processus d'isolement. Bourget attribuait en outre au dilettante une tendance généralisée à papillonner d'une forme de vie à une autre, et l'incapacité à se fixer. Il lui reprochait également d'être un « épicurien intellectuel », dénomination qui semble à nouveau fort adaptée au narrateur de notre nouvelle, toujours en quête d'œuvres susceptibles de stimuler sa sensibilité et qui se définit lui-même à plusieurs reprises dans le texte comme un consommateur de produits culturels (cf. p. 51, « *savourer* les accents d'un style [...] » ; p. 59, « *j'accueillis* avidement des milliers de nouvelles impressions [...], pp. 70-71, « si [...] de la lecture d'une nouvelle, de la contemplation d'un tableau, *j'avais retiré une émotion* tendre et durable » ; p. 79, enfin : « [...] un nouveau roman français, que je [...] *goûterai* à loisir [...]. » L'art est donc moins ici l'objet d'un amateurisme éclairé, dont le dilettantisme était synonyme au XVIIIᵉ siècle, qu'un moyen de tromper l'ennui.

Cet hédonisme s'accompagne néanmoins chez le paillasse d'un dilettantisme plus actif. Le narrateur possède en effet suffisamment d'oreille pour improviser au piano des successions décousues d'harmonies. De même il pratique vaguement ce qu'il appelle, au chapitre 8, « eine Art von Zeichenkunst » (p. 70). Mais pourquoi au fond aller plus avant, pourquoi à tout prix rechercher la maîtrise quand une certaine sensibilité artistique permet déjà, sinon de dialoguer avec les grands créateurs, du moins de comprendre leur langue ? De la réception à la production effective, on sait bien qu'il n'y a qu'un pas. Il est donc à peine besoin de le franchir... Tel semble être le raisonnement à l'œuvre dans les 2ᵉ et 3ᵉ paragraphes du 10ᵉ chapitre (p. 81), où nous avons commenté en note la référence sous-jacente au drame wagnérien. Le portrait qui nous est proposé semble ainsi rejoindre la définition du dilettantisme déjà énoncée par Goethe (*Weimarer Ausgabe*, 1. Abt, vol. 47, p. 319) : « Parce que le dilettante n'éprouve sa vocation à produire lui-même que sous l'effet des œuvres d'art, il confond ces effets avec les causes et les motifs objectifs, et croit maintenant rendre également productif et pratique l'état où sa sensibilité est plongée, de même que si à partir de l'odeur de la fleur, on croyait produire la fleur elle-même. »

Le récit d'un échec ?

Une nécessité vengeresse semble à l'œuvre dans toute la nouvelle. La scène de l'opéra nous en fournit l'exemple privilégié. Avec son théâtre de marionnettes, tel qu'il était décrit au ch. 2 (pp. 34-39), le paillasse était seul à régler l'action des personnages et à recevoir les applaudissements d'une foule admirative. Au ch. 12, la situation est inversée : sorti du monde imaginaire de l'enfance, il se trouve maintenant, comme tous les autres spectateurs, de l'autre côté de la scène et, de manière fort ironique, l'action lui échappe doublement : celle qui se déroule sur scène, d'abord, mais aussi celle, beaucoup plus décisive, dont il suit, impuissant, l'évolution dans la loge du Conseiller Rainer. De marionnettiste, le narrateur est donc devenu la marionnette du destin qui le poursuit. De même, après s'être « moqué de tout le monde », il devient lui-même objet de dérision aux yeux d'Anna Rainer et de son fiancé, puis de Schilling, mais surtout de lui-même : il devient, en somme, paillasse. Les chapitres 11 à 13, qui voient l'apparition d'Anna Rainer, s'inscrivent dans cette logique du juste châtiment : pour avoir trop « joué les aimables », le narrateur se voit refuser l'amour.

Aux origines de cette revanche du destin dont le paillasse semble être la victime, on trouve donc le mépris manifesté par le personnage vis-à-vis d'une société trop grossière pour comprendre les vérités supérieures de l'art et, plus généralement, envers tous les représentants de la *vita activa.* Ainsi voit le jour dans *Le Paillasse* un problème qui ne cessera de préoccuper Th. Mann, que *Tristan* illustrera sur le mode comique et que *Tonio Kröger* s'efforcera de résoudre : celui du rapport entre l'artiste — ici le dilettante au tempérament artistique — et le monde profane, univers de la banalité. Th. Mann s'exclama un jour : « ach ! die Literatur ist der Tod ! » *(Hélas, la littérature, c'est la mort !).* Il désignait ainsi les tourments que lui infligeait cette approche, analytique, médiate du réel, que son art impose à l'écrivain, le contraignant à considérer la vie, non de façon naïve, comme ceux qui se contentent de la vivre, mais à travers le regard de celui qui doit la raconter, « en faire quelque chose » comme le dit le paillasse (p. 81).

Pour écrire, grande serait la tentation de mourir au réel dans ce qu'il a de plus commun : c'est le choix — contesté — de Spinell dans *Tristan*. Or, l'échec du paillasse tient en partie déjà au fait qu'il ignore ce que plus tard Tonio Kröger sera amené à découvrir : l'artiste doit faire sa paix avec la banalité environnante, mieux, il doit l'intégrer dans sa pratique, devenir cet « intermédiaire ironique entre l'attitude bourgeoise et l'art », qu'évoquent les *Considérations d'un apolitique* (p. 85). Le paillasse ne parvient pas à cette synthèse nécessaire, et c'est peut-être pourquoi il en reste au stade du dilettantisme. Sous l'éclairage rétrospectif de *Tonio Kröger*, nouvelle écrite un peu moins de six ans plus tard (février 1903), le mépris manifesté par le paillasse vis-à-vis du commun des mortels « trop peu doué pour l'oisiveté et le plaisir », le vouait d'avance à la jouissance stérile et au désespoir.

Non pourtant qu'il n'ait eu au moins un exemple d'intégration possible à la vie bourgeoise. Telle est en effet la fonction du personnage de Schilling au sein de la nouvelle. Si le narrateur éprouve pour l'assesseur Witznagel une certaine jalousie, due principalement au fait que ce dernier peut en toute quiétude prétendre à la main d'Anna Rainer, ce personnage n'en demeure pas moins le philistin par excellence : le narrateur peut certes envier sa situation, mais non son être. Il n'en est cependant pas de même pour Schilling, ce qui rend la rencontre avec ce dernier d'autant plus douloureuse.

Schilling représente en effet ce qui eût pu, à très peu de choses près, être le devenir même du narrateur. Il a grandi en même temps que ce dernier, est allé à l'école avec lui, et ils ont tous deux travaillé dans les bureaux de M. Schlievogt. Ils partagent également le goût de la moquerie (cf. p. 49, le début du ch. 5). Ces ressemblances accentuent d'autant la différence qui les sépare : Schilling est poussé par l'ambition de devenir riche et c'est vers ce but qu'il concentre avec succès ses efforts ; le paillasse déborde d'énergie créatrice, mais sans trouver où la déverser. Au contact de la réalité, le goût pour la dérision semble s'être transformé chez Schilling en une calme ironie. Chez le paillasse, il est devenu amertume et haine de soi-même. Dans un cas, cette tendance est parvenue à faire bon ménage avec le monde ; dans l'autre, le divorce avec cette même réalité banale est générateur de discorde intérieure.

Faut-il pour autant conclure à l'impasse ? Certes, la structure du récit encourage une telle interprétation : le narrateur ne part-il pas d'un constat d'échec pour en retracer les causes et s'y complaire à nouveau au dernier chapitre ? Le paillasse expose dès le départ les motivations qui le poussent à écrire : goût du « psychologique », plaisir morbide à constater la « nécessité inhérente » à l'histoire, recherche d'une forme de « supériorité » vis-à-vis de soi-même. Il est aisé, dès lors, de voir dans le paillasse une sorte de spectre que Th. Mann se serait efforcé de conjurer : celui du bourgeois qui renie son milieu, celui de l'artiste improductif parce que lui fait défaut cette éthique bourgeoise du travail que Th. Mann, lui, aurait conservée. Il convient cependant d'insister sur la transformation fondamentale subie par la nouvelle entre 1895 et 1897 et qui nous paraît susceptible d'éclairer le rôle qu'elle a pu jouer vis-à-vis de Th. Mann lui-même. La version 1895 de la nouvelle, alors intitulée *Walter Weiler*, était écrite à la troisième personne ; celle de 1897, entièrement remaniée, est à la première personne, le narrateur étant ainsi réduit à l'anonymat. À ce changement, deux explications possibles.

D'abord, la forme de la confession adoptée ici permet de considérer la nouvelle sous l'angle de l'examen de conscience, pratique fondamentale du protestantisme luthérien dont on retrouve d'ailleurs des échos dans les œuvres où Th. Mann s'interroge sur sa propre condition d'artiste (cf. notamment *Tonio Kröger* et *La Mort à Venise*). Dans cette optique, en retraçant une série d'épisodes douloureux, le narrateur ne prétend donc pas écrire pour un public mais pour lui-même : le récit, devenu acte de purification intérieure, semble ainsi se nier en tant qu'œuvre de fiction. D'où l'artifice du « cahier » que l'auteur se contenterait en somme de livrer au public (procédé à rapprocher du « roman épistolaire » où c'est souvent un « éditeur » qui se charge de réunir les lettres).

Mais pour le jeune écrivain Th. Mann, débutant et pourtant déjà confiant dans son propre talent, il n'était peut-être pas indifférent d'écrire cette nouvelle à la première personne pour une autre raison, qui rachète au dernier moment le paillasse aux yeux du lecteur et le fait échapper au déterminisme qui semblait orienter son existence. La difficulté majeure du dilettante n'est-elle pas de n'avoir jamais jusque-là réussi à créer? Or, c'est le même individu qui, au tout début de la nouvelle, prend la peine d'indiquer qu'il s'est « préparé ce cahier impeccable pour y raconter [son] « histoire ». Et cette fois-ci, le paillasse n'en reste pas au stade de la velléité : quelles que soient en effet les motivations psychologiques à l'origine de l'entreprise narrative, l'aboutissement des échecs cuisants retracés dans la nouvelle n'est autre, en dernière instance, qu'un avènement du sujet à l'écriture.

III. *Tristan :* une solution de compromis.

Les liens entretenus par Mann avec Wagner, et avec la décadence, sont d'une nature extrêmement ambivalente, tout comme c'était le cas de Nietzsche qui, au dire de l'écrivain, « était chez lui dans les *deux* mondes, celui de la décadence et celui de la santé [...] entre le couchant et le lever du soleil ». (*Considérations d'un apolitique*, p. 85). Il en résulte une forme d'écriture soucieuse de distance par rapport aux divers points de vue exprimés, oscillant entre l'ironie, la parodie et l'identification partielle de l'auteur à certains aspects de ses personnages.

Rapport au mythe

Tristan : titre aguicheur qui fait espérer à tout wagnérien passionné une noble paraphrase de l'opéra, un récit tissé de références respectueuses à l'œuvre du maître, un *Tristan* bis, en quelque sorte. Th. Mann table sur la même attente quand en 1921, il publie *Wälsungenblut* (titre français : *Sang réservé*). Déception quasi immédiate, cependant, lorsque, dans l'intervalle qui sépare le titre de l'incipit, le lecteur se voit précipité depuis l'extase musicale du *Liebestod* au sanatorium d'Einfried, et s'entend narrer, en guise d'introduction, l'amour secret de Mlle von Osterloh pour le docteur Léandre ! De même, dans *Wälsungenblut*, Th. Mann nous transporte depuis la scène finale du 1er acte de *La Walkyrie* pour nous faire aboutir quelque peu rudement dans l'antichambre des Aarenhold. Dans ce parti pris de bousculer Wagner et le lecteur wagnérien, il faut encore une fois reconnaître l'influence de Nietzsche dont Th. Mann semble avoir très méthodiquement suivi le précepte dans *Tristan*: « Mais, direz-vous, le *contenu* des textes wagnériens? Leur contenu mythique, leur contenu éternel? » — Question: Comment analyser ce contenu, cet éternel contenu? Le chimiste répond: en transposant Wagner dans la vie réelle, moderne... Soyons encore plus cruels: dans la vie *bourgeoise*! Qu'advient-il alors de Wagner? Entre nous, j'ai fait cette expérience. Rien n'est plus divertissant, rien n'est plus recommandé pour la promenade que de se raconter les œuvres de Wagner *rajeunies*. [...] On court alors de surprise en surprise! Me croirez-vous si je vous dis que toutes les héroïnes wagnériennes, sans exception, dépouillées de leurs héroïques atours, ressemblent à s'y méprendre à Mme Bovary! » (Nietzsche, *Le Cas Wagner*, trad. J.-C. Hémery, Gallimard, pp. 55-56).

Comment, donc, s'abandonner à l'ivresse de réécrire Wagner tout en manifestant que cette ivresse est sous contrôle, consciente d'elle-même? En faisant le portait d'un personnage auquel manquerait une telle perspective critique. Mieux encore, en répandant le grotesque là où le sublime régnait, de sorte que la nouvelle atteste sa parenté avec le texte fondateur, tout en le reniant sans cesse. C'est à une telle solution de compromis que le texte de Nietzsche cité plus haut semble d'ailleurs très naturellement inviter Th. Mann. Par l'usage qu'il fait du mythe de Tristan, Mann se situera donc consciemment aux antipodes de Wagner. Le compositeur utilise comme base le poème épique *Tristan und Isolde* de Gottfried von Straßburg (écrit aux alentours de 1210) et infléchit le mythe en lui conférant une tonalité schopenhauerienne: paradoxalement, la Liebestod (mort d'amour) est ainsi simultanément négation (par la mort) et affirmation (par l'amour) du vouloir-vivre; l'écrivain adopte donc une stratégie inverse vis-à-vis du texte wagnérien (seule source d'inspiration pour sa version du mythe): il choisit de camper ses personnages dans un contexte résolument contemporain et se prêtant mal aux développements épiques. Il estime ainsi pouvoir rendre à Wagner le seul hommage vraiment digne du compositeur: celui d'une admiration lucide.

Le wagnérisme

Commençons par la longue citation de *Tristan et Isolde* qu'est le huitième chapitre (pp. 225-237). Le danger serait de considérer cet exercice de style, très proche de l'imitation, comme un exemple de parodie, telle que Th. Mann la pratiquera à l'encontre de l'écriture néo-classique au 4e chapitre de *La Mort à Venise* (pp. 148 sq. dans notre édition bilingue). Ce qui est parodié ici en effet, ce sont moins les traits parfois caricaturaux du style wagnérien qu'un certain type d'écriture « wagnérisante » qui se réduit, chez les thuriféraires du compositeur, à une pompeuse paraphrase du texte originel. Le sublime wagnérien est générateur d'un mimétisme stérile, nous l'avions déjà pressenti à l'exemple du paillasse (ch. 10, p. 81) : chez ce wagnérien fasciné, un tel mimétisme engendrait un sentiment de potentialités débordantes que rien ne matérialise ; chez Spinell (sur lequel ce passage est manifestement centré) il se traduit par une quasi-répétition du texte originaire. De manière analogue, à la vue d'une belle chose, l'écrivain se contente d'un tautologique « comme c'est beau » (p. 157).

Th. Mann à l'inverse, lui-même enthousiaste de Wagner (cf. les textes de Mann réunis dans *Wagner et notre temps*), manifeste envers le compositeur une attitude où il reconnaît l'influence de Nietzsche : « [...] et le don de soi, allié à la connaissance — c'est précisément cela, la passion. L'expérience la plus fervente, grave et féconde, de ma jeunesse fut que la passion est *lucide* ou sinon, ne mérite pas son nom. L'amour aveugle, un simple panégyrique pour une apothéose — belle niaiserie ! Je n'ai jamais pu lire un certain genre de littérature wagnérienne en vogue. Mais cette lecture critique qui aiguise l'esprit, dont j'ai parlé, fut pour moi celle des œuvres de Frédéric Nietzsche, en particulier dans la mesure où elles étaient une critique de l'état d'artiste, ou, ce qui chez Nietzsche revient au même, une critique de *Wagner* [...] » *(Considérations...*, p. 71). D'où chez Th. Mann une relation ironique, distanciée, vis-à-vis de l'œuvre wagnérienne.

Nous venons d'évoquer le danger principal de la wagnéromanie : la stérilité. Certes, Spinell a bien écrit lui-même *un* livre. Juste assez, est-on tenté d'ajouter, pour que Th. Mann, en l'évoquant (chapitre 4, p. 159), y caricature certains défauts de l'écriture décadente, partiellement hérités, encore une fois, de Wagner. Un fait nous frappe tout d'abord : la seule typographie manifeste le souci de « faire beau » jusque dans les moindres détails (cf. aussi les nombreuses lettres « calligraphiées » que Spinell expédie). Autre élément saillant de son ouvrage : le luxe des décors et la précision « amoureuse » avec laquelle chaque objet est décrit ; le fondement de l'esthétisme spinellien semble être, en somme, que la beauté du contenu (le thème traité, l'objet décrit) et celle du contenant (style et typographie) vont nécessairement de pair. C'est pourquoi Spinell fait subir à la scène de la fontaine, narrée par Mme Klöterjahn au chapitre 7 (pp. 193-195), les déformations que révèle plus tard sa longue lettre à M. Klöterjahn. Mann, quant à lui, adopte sur ce souci de la forme ciselée, ce culte de la beauté, une position sans partage : « Jamais je n'ai eu pour objectif la beauté. La beauté fut toujours pour moi quelque chose à l'usage des Italiens et des flagorneurs de l'esprit [...]. Jamais je ne me suis senti, dans l'acception propre du mot, un « esthète » — mais toujours un moraliste. » *(Considérations...*, p. 98). Ce n'est donc pas un hasard si, au ch. 5 (p. 163), Mme Klöterjahn se méprend sur le nom de l'écrivain, auquel elle prête la consonnance italienne de « Spinelli ». Lorsqu'il s'exclame sur un ton moqueur : « La beauté, vous n'avez que ce mot à la bouche » (p. 269), Klöterjahn sert donc à son tour de porte-voix à l'écrivain Th. Mann, en stigmatisant chez Spinell le défaut qui est l'antithèse de l'idéal mannien : là où Spinell embellit (les vierges à la fontaine, p. 251), les époux Klöterjahn banalisent (sept jeunes filles échangeaient une recette de crêpes à la pomme de terre en tricotant, pp. 193 et 275) ; là ou Spinell se complaît dans le mythe, Klöterjahn, on le verra, le transpose au quotidien.

Le style de Spinell se caractérise en outre par un étonnant manque de fluidité (cf. ch. 10, p. 249), d'autant plus paradoxal que le texte résultant de ces efforts donne « une impression de poli et de vivacité ». Or, « à quoi distingue-t-on toute *décadence littéraire*? À ce que la vie n'anime plus l'ensemble. Le mot devient souverain et fait irruption hors de la phrase, la phrase déborde et obscurcit le sens de la page, la page prend vie au détriment de l'ensemble : le tout ne forme plus un tout. Mais cette image vaut pour tous les styles de la *décadence* : c'est, chaque fois, anarchie des atomes, désagrégation de la volonté [...] L'ensemble ne vit même plus : il est composite, calculé, artificiel, c'est un produit de synthèse. » (Nietzsche, *Le Cas Wagner*, pp. 43-44). Parce qu'il est incapable de prendre ses distances par rapport à Wagner, Spinell reproduit ainsi les défauts d'écriture que Nietzsche, lu et relu par Th. Mann, reprochait au « vieil enchanteur ». Mann, à l'inverse, retient de sa propre expérience wagnérienne, en l'adaptant, une donnée stylistique majeure : l'usage du leitmotiv, qui, à partir de *Tristan*, sera une quasi-constante de l'écriture mannienne. La « petite veine bleue », signe de la « *Todesschönheit* » (la « beauté vouée à la mort », p. 255), réapparaît ainsi à intervalles réguliers, comme pour nous rappeler sans cesse le destin de Gabrielle : par sa valeur prémonitoire, cette caractéristique constitue sans doute le plus parfait leitmotiv de la nouvelle. D'autres leitmotivs qui, chez Wagner, sont plus nettement descriptifs (tel celui de Hunding dans *La Walkyrie*), trouvent leur équivalent dans les « grands pieds » de Spinell, par exemple. Si cette technique n'est certes pas propre à Wagner, il n'en demeure pas moins que Th. Mann utilise le leitmotiv de façon souvent analogue au compositeur, mais ici encore en effectuant cette transposition au quotidien, qui fait défaut à Spinell.

Le burlesque

Dans une lettre à son frère Heinrich, du 13 février 1901, Th. Mann évoque « eine Burlesque, die ich in Arbeit habe, und die wahrscheinlich « Tristan » heiβen wird. (Das ist echt ! Eine Burleske, die « Tristan » heiβt !) » [*une farce à laquelle je travaille et qui s'intitulera sans doute « Tristan ». (C'est la vérité, une farce intitulée « Tristan » !)*] Rappelons la définition même du burlesque : « parodie de l'épopée consistant à travestir, en les embourgeoisant, des personnages et des situations héroïques ». Or, le milieu clos du sanatorium est particulièrement favorable à l'observation de toutes les bizarreries physiques et psychologiques de ses habitants, dont le côté grotesque est souvent accentué par le voisinage d'une mort omniprésente, quoique refoulée d'un accord unanime par médecins et malades (cf. le 1er chapitre de *Tristan*, p. 135). On ne s'étonne pas dès lors que Th. Mann ait repris un cadre analogue lorsqu'il retraça les années d'apprentissage de Hans Castorp dans *La Montagne magique* (1924).

Dans notre version opéra-bouffe de *Tristan et Isolde*, les emplois correspondant aux diverses tessitures témoignent de cette transposition. Pour les personnages principaux, tout d'abord, les équivalences sont faciles à établir : Spinell-Tristan : ténor héroïque ; Gabrielle Eckhof-Isolde : soprano dramatique ; Klöterjahn-le roi Marke : basse ; la conseillère Spatz-Brangaene : mezzo-soprano. Viennent ensuite les personnages secondaires avec lesquels le lecteur pourra, avec une plus ou moins grande marge d'erreur, se livrer au même exercice : le docteur Léandre : basse ; Mlle von Osterloh : alto ; le cynique plaisantin, le docteur Müller, les Messieurs à la jambe folle : ténors lyriques ; le général grincheux : basse profonde ; l'épouse du pasteur Höhlenrauch : rôle muet. Chacun de ces personnages possède son côté comique ou parodique, et dont le rappel plus ou moins régulier évoque la technique du leitmotiv décrite un peu plus haut. Mlle von Osterloh : sa passion de (vieille ?) demoiselle pour le docteur Léandre. Ce dernier : sa glorieuse réputation, provenant essentiellement du fait qu'il délègue les cas désespérés au docteur Müller. Le docteur Müller : son statut de discret factotum chargé des malades en voie de guérison et des mourants. Le général : son côté vieux ronchon (tel le docteur Bartolo, dans *Le Barbier de Séville* de Rossini). Les messieurs à la jambe folle : leur démarche dégingandée. La conseillère Spatz : ses réactions gastriques à la musique de Wagner. Définis par un ou deux attributs essentiels, ne faisant l'objet d'aucun développement psychologique, tous ces personnages plus ou moins secondaires relèvent essentiellement de la farce et confèrent à la nouvelle sa théâtralité particulière. On songe notamment au début du ch. 8 où le spectacle de ces malades réunis dans un traîneau ressemble à une version renouvelée de la nef des fous (pp. 203-209).

Mais la charge ne s'arrête pas, tant s'en faut, aux seuls figurants. Amateur de « petits pains borrés », la bouche toujours ouverte pour parler, à ce point absorbé par sa vie de négociant que des formules parasites empruntées au style commercial se glissent au détour de ses phrases, Klöterjahn est une caricature du bourgeois de province. Spinell, quant à lui, a sa propre tunique de Nessus : ces grands pieds — qui semblent l'encombrer particulièrement lorsqu'il cherche à manifester sa prévenance envers Mme Klöterjahn, et dont le narrateur souligne volontiers la présence. Par un constant recours à ces éléments descriptifs générateurs de comique, Th. Mann fait obstacle chez le lecteur à tout réflexe de sympathie pour les personnages.

À une exception près, toutefois : celle de Gabrielle Eckhof. Certes, la remarque cinglante de Nietzsche sur les héroïnes wagnériennes (v. plus haut, p. 15) n'est pas restée sans écho dans *Tristan*. L'ébauche d'un parallèle existe bien entre l'épouse de M. Klöterjahn et celle de Charles Bovary dans le roman de Flaubert : contraste entre le romantisme passionné de la musique interprétée par Gabrielle et l'existence bourgeoise qu'elle mène aux côtés de son époux ; apparition de l'âme sœur Spinell avec qui Gabrielle consomme son adultère musical ; enfin acceptation de la mort, forme déguisée de suicide. Mais pas plus que le personnage de Flaubert, Mme Klöterjahn n'est un personnage parodique. C'est pourquoi elle est la seule à être marquée d'un signe proprement tragique : la petite veine bleue qui laisse présager une mort prochaine.

Le choix d'intégrer grotesque et banalité bourgeoise au récit témoigne d'un parti pris esthétique : il faut faire sa part à ce qui, en soi, n'est pas « beau » comme Spinell l'entendrait, à tout ce qui est commun et dont Tonio Kröger découvre l'importance pour l'écrivain aspirant à la véritable maîtrise. Qu'on se rappelle avec quelle méticulosité le narrateur décrit ces fausses braises en papier collé qui ornent la cheminée du salon à Einfried (p. 173). Qu'on songe aussi à l'architecture même des lieux dont une partie seulement est « d'origine », mais dont l'aile « est un rajout ultérieur » (p. 171). Là réside l'objectif de l'écriture mannienne, en ce qui l'oppose fondamentalement à l'esthétisme de Spinell : assimiler — et non nier — le réel en tant que mélange composite où le kitsch côtoie le sublime.

Tristan *ou De l'interprétation*

Si le grotesque exerce déjà un rôle distanciateur, le principal dispositif permettant d'assurer chez le lecteur une approche uniformément critique des personnages est la juxtaposition des points de vue. En effet, derrière l'apparence d'un narrateur unique, plus d'une perspective trouve à s'exprimer dans la nouvelle. Qu'on songe par exemple à la grande envolée du chapitre 8, à mi-chemin entre la paraphrase et la simple citation du texte wagnérien (pp. 225-237). Nulle part il n'est précisé *qui parle* à travers ce passage pourtant manifestement focalisé sur Spinell, dont le narrateur ne partage sans doute pas plus l'enthousiasme wagnérien qu'il ne respecte « ses douteuses activités ». On repère à l'inverse des prises de position très défavorables à Spinell et manifestement assignables au seul narrateur. Ainsi lorsqu'il évoque (p. 153) le « petit épisode humoristique » avec une femme de chambre que Spinell interprète à son tour dans sa lettre à Klöterjahn (p. 259), il se situe manifestement dans le camp du négociant. De même lorsqu'il loue la belle spontanéité de ce dernier à la fin du chapitre 11 (p. 279). Autres points de vue qui se répondent dans la nouvelle : ceux de Klöterjahn et de Spinell. Spinell est ainsi parfois amené à dire la vérité sur Klöterjahn, tout comme ce dernier sert à mettre en lumière les ridicules excès de l'écrivain : telle est bien la fonction de l'échange entre les deux hommes qui s'effectue aux ch. 10 et 11. En dénonçant chez Klöterjahn l'insensibilité, la psychologie rudimentaire, le manque de raffinement, Spinell met le doigt sur des défauts réels. Lorsque Klöterjahn, de son côté, se livre à un commentaire littéral de sa missive et le menace de voies de fait, il ridiculise à bon droit les prétentions vengeresses du verbe spinellien dont il méprise les inutiles nuances (*unausbleiblich/unausweichlich*, pp. 268-270), et manifeste par la violence de ses propos que, s'agissant d'une vie humaine, il est déplacé de « faire des phrases ».

C'est à propos de la scène de la fontaine que se pose avec le plus d'acuité le problème de l'interprétation dans *Tristan*. Celle des divers personnages d'une part, mais aussi, plus fondamentalement, celle du lecteur. Nous disposons d'un court récit enchâssé dans la nouvelle, celui de Gabrielle (ch. 7, pp. 193-195) complété par Klöterjahn au ch. 11 (p. 275) ; ces deux passages nous fournissent la version authentique de la scène de la fontaine, tandis que la lettre de Spinell à Klöterjahn n'en est qu'une lecture possible ; Klöterjahn, en lisant à son tour la lettre de Spinell, se charge de montrer qu'elle tient à la fantaisie du personnage. Par là semble être exclue toute lecture autre que réaliste des faits narrés par Mme Klöterjahn : il y avait sept jeunes filles autour de la fontaine, occupées à tricoter et à échanger des recettes de cuisine, voilà tout. D'un côté, surinterprétation, de l'autre simple rappel des faits : la distinction semble inattaquable. Comment *le lecteur* se contenterait-il cependant d'attribuer au seul hasard objectif la présence de ces sept jeunes filles autour d'une fontaine, et celle de Klöterjahn, tapi dans un buisson ? N'y a-t-il pas là, sinon de la part du *narrateur*, du moins de celle de l'auteur, référence à ces nombreuses peintures mythologisantes où un satyre contemple avec envie le jeu de tel ou tel groupe de nymphes ? Le narrateur, en effet, se contente de citer entre guillemets le récit de Mme Klöterjahn. Seul *l'auteur* compose un épisode symbolique rappelant les scènes d'enlèvement mythologiques. Et c'est là, sans doute, qu'il faut situer l'ironie mannienne : dans l'intervalle qui sépare la lettre de Spinell et la réponse de Klöterjahn, dans cet entre-deux où les interprétations viennent s'entrechoquer, laissant au lecteur la tâche de résoudre cette opposition.

Telle est en effet l'étonnante logique de cette nouvelle : tout en dénonçant les lectures abusives, elle exige simultanément de nous la *bonne* lecture. Lecture de la lettre de Spinell : poétisation et déréalisation du quotidien n'est pas raison. Lecture de la relecture qu'en fait Klöterjahn lui-même : insuffisance d'une interprétation purement littérale des faits racontés. Lecture adéquate, enfin, du récit de la fontaine, ou : de l'usage correct de la mythologie. Ainsi le génie musical de Wagner réécrit Gottfried von Straßburg et il en résulte une grande œuvre ; de la surenchère spinellienne sur *Tristan et Isolde* (ch. 8), il ressort un exercice de style bien en deçà de l'œuvre évoquée. La fonction de l'écrivain n'est plus de mythifier le réel, c'est déjà la leçon de *Tristan*, et ce sera aussi celle de *La Mort à Venise* : sa tâche aux yeux de Th. Mann est de réinterpréter le mythe au cœur de la modernité.

1875 : Naissance à Lübeck (6-6) de Thomas Mann, second fils du Sénateur T. Johann Mann et de Julia da Silva-Bruhns, d'origine brésilienne.

1891 : Mort de son père. Liquidation de la société familiale.

1894 : La famille s'installe à Munich.

1901 : *Les Buddenbrook* publiés par S. Fischer (2 volumes).

1905 : Thomas Mann épouse Katharina Pringsheim. Sept enfants naîtront, dont Klaus (né en 1906) et Golo (né en 1909) qui seront à leur tour écrivains.

1912 : *La Mort à Venise.*

1915 : *Frédéric et la grande coalition* (essai). Controverse politique avec son frère aîné Heinrich, lui-même écrivain.

1918-25 : Intense activité littéraire. *Considérations d'un apolitique* (1918), *Maître et chien* (1919), les *Confessions du chevalier d'industrie Felix Krull* (1922), *La Montagne magique* (1924) et *Désordre* (1925).

1926 : Visite à Paris (janvier), où il rencontre son traducteur Félix Bertaux, Edmond Jaloux, Jules Romains et François Mauriac.

1929 : Prix Nobel de Littérature (essentiellement pour *Les Buddenbrook*).

1930 : *Mario et le magicien.*

1931 : Voyage à Strasbourg et Paris (mai). Rencontre d'André Gide.

1933 : Après une série de conférences (février/mars) à Bruxelles, Amsterdam et Paris, il décide de ne pas rentrer en Allemagne (Hitler est chancelier depuis janvier). Séjour en Suisse puis installation provisoire dans le Sud de la France (Bandol et Sanary-sur-Mer).

1934-35 : *Le Jeune Joseph*, début de la grande fresque biblique *Joseph et ses frères* (4 tomes). Voyages aux U.S.A. et en France (Nice).

1936 : *Joseph en Égypte*. Il prend la nationalité tchèque.

1938 : Émigre aux U.S.A. (Princeton University).

1939 : *Lotte à Weimar*. Voyage en Europe (Paris, Hollande, Suisse, Londres, Stockholm).

1940 : *Les Têtes interverties*. Il s'installe en Californie.
1943 : *Joseph le nourricier*.
1944 : Il obtient la nationalité américaine.
1945 : *Appels aux Allemands* (radiodiffusés).
1947 : *Le Docteur Faustus*. Voyage en Europe.
1949 : Suicide de son fils, Klaus Mann. Voyage en Europe. Première visite en Allemagne depuis 1933.
1950 : Mort de son frère Heinrich (12 mars). Séjour en Europe et à Paris (mai).
1951 : *L'Élu*.
1952 : Il quitte les U.S.A. pour s'installer en Suisse. *Le Mirage* (Die Betrogene).
1954 : *Les Confessions du chevalier d'industrie Felix Krull* (dernière version) - *Mémoires* (1re partie).
1955 : Il reçoit, aussi bien en Allemagne qu'en Europe, de nombreux témoignages d'affection et de reconnaissance. Il meurt des suites d'une attaque (12 août).

N.B. : Pour plus de détails, *cf.* la chronologie établie par François d'Argent, in *Cahier de l'Herne* (1973).

Bibliographie

Œuvres de Th. Mann citées

En allemand :

— *Gesammelte Werke in zwölf Bänden.* Fischer 1960*
— *Die Erzählungen.* Fischer Taschenbuch Verlag, 1986.

En français :

— *Considérations d'un apolitique.* Trad. L. Servicen et J. Naujac. Grasset, 1975.
— *Wagner et notre temps.* Le Livre de Poche, 1978.
— *L'artiste et la société.* Trad. L. Servicen. Grasset, 1973.
— *Esquisse de ma vie.* Trad. L. Servicen. Gallimard, 1967.

— *L'Avant-Scène Opéra* nº 34-5. *Wagner. Tristan et Isolde.*

— BLUDAU, HEFTRICH, KOOPMAN, (Hrsg.) : *Thomas Mann 1875-1975. Vorträge in München-Zürich-Lübeck.* Fischer, 1977.

— BRINKMAN, Karl : *Erläuterungen zu Thomas Mann.* Königs Erläuterungen, Band 288. C. Bange Verlag.

— BÜRGIN, H. MAYER, H.-O. : *Thomas Mann. Eine Chronik seines Lebens.* Fischer, 1965.

— DITTMANN, U. : *Thomas Mann. Tristan.* Reclam, 1971.

— KURZKE, H. : *Thomas Mann. Epoche-Werk-Wirkung.* Verlag. Beck, 1985.

— LEIBRICH, Louis : *Thomas Mann. Une recherche spirituelle.* Aubier-Montaigne, 1974. — intr. et notes sur *Tristan.* Belin, 1954.

— LUKE, D., trad. et intr. : *Thomas Mann : Death in Venise and Other Stories.* Bantam Books, 1988.

— SCHRÖTER, Klaus : *Thomas Mann in Selbstzeugnissen und Bilddokumenten.* Rowohlt, 1964.

— TRISTAN, Frédéric, dir. *L'Herne nº 23 : Thomas Mann.* Éditions de l'Herne, 1973.

— VAGET, Hans Rudolf : *Thomas Mann Kommentar zu sämtlichen Erzählungen.* Winkler, 1984.

——— "Der Dilettant. Eine Skizze der Wort — und Bedeutungsgeschichte. » In : *JDSG* 15 (1970), pp. 131-158.

— WINSTON, Richard : *Thomas Mann. The Making of an Artist 1875-1911.* Alfred A. Knopf, 1981.

— WYSLING, Hans, (Hrsg.) : *Dichter über ihre Dichtungen,* vol 14 I-III. *Thomas Mann.* Heimeran/S. Fischer, 1975.

Nach allem zum Schluß[1] und als würdiger Ausgang, in der Tat, alles dessen ist es nun der Ekel, den mir das Leben — mein Leben —, den mir »alles das« und »das Ganze« einflößt, dieser Ekel, der mich würgt, mich aufjagt, mich schüttelt und wieder niederwirft und der mir vielleicht über kurz oder lang einmal die notwendige Schwungkraft geben wird, die ganze lächerliche und nichtswürdige Angelegenheit überm Knie zu zerbrechen und mich auf und davon zu machen[2]. Sehr möglich immerhin, daß ich es noch diesen und den anderen Monat treibe, daß ich noch ein Viertel- oder Halbjahr fortfahre zu essen, zu schlafen und mich zu beschäftigen, — in derselben mechanischen, wohlgeregelten und ruhigen Art, in der mein äußeres Leben während dieses Winters verlief und die mit dem wüsten Auflösungsprozeß[3] meines Innern in entsetzlichem Widerstreite stand. Scheint es nicht, daß die inneren Erlebnisse eines Menschen desto stärker und angreifender sind, je degagierter, weltfremder und ruhiger er äußerlich lebt? Es hilft nichts: man muß leben; und wenn du dich wehrst, ein Mensch der Aktion zu sein, und dich in die friedlichste Einöde zurückziehst, so werden[4] die Wechselfälle des Daseins dich innerlich überfallen, und du wirst deinen Charakter in ihnen zu bewähren haben, seiest du nun ein Held oder ein Narr.

Ich habe mir dies reinliche Heft bereitet, um meine »Geschichte« darin zu erzählen; warum eigentlich? Vielleicht, um überhaupt etwas zu tun zu haben?

---

1. **Nach allem zum Schluß**: début paradoxal *in medias res*, de ce récit rétrospectif qui jette un éclairage désespéré sur tout ce qui va suivre.

2. **mich auf und davon zu machen**: l'issue évoquée ici en termes couverts le sera plus explicitement à la dernière page du récit.

3. ***Auflösungs-prozeß**: ébauche d'un thème essentiel chez Th. M., celui de la *dissolution* intérieure (cf. Aschenbach dans *La Mort à Venise*,

En guise de conclusion et de digne dénouement à tout cela, ce n'est plus, à vrai dire, que du dégoût que m'inspirent la vie, ma vie, « toute l'affaire » et « l'ensemble des choses », un dégoût qui m'étouffe, me harcèle, m'ébranle et me terrasse à nouveau, et qui tôt ou tard me donnera peut-être une fois pour toutes la force de briser contre mon genou cette abjecte et ridicule affaire, et de décamper pour de bon. Il est cependant fort possible que je persiste encore ce mois-ci et le suivant, que je continue encore trois ou six mois à manger, à dormir et à m'occuper, de la façon machinale, calme et ordonnée dont ma vie extérieure s'est écoulée cet hiver, contrastant affreusement avec le processus de décomposition effréné de mon être intérieur. Ne semble-t-il pas que les expériences intérieures d'un homme sont d'autant plus fortes et violentes qu'il a mené extérieurement une vie calme, détachée, étrangère au monde ? Rien n'y fait : il faut vivre ; et quand l'on se défend d'être un homme d'action pour se retirer dans le plus paisible des déserts, c'est alors que l'on se sent assailli de l'intérieur par les vicissitudes de l'existence, et contraint de prouver ou son caractère à travers elles, que l'on soit un héros ou un bouffon.

Je me suis préparé ce cahier impeccable pour y raconter mon « histoire » ; pourquoi en réalité ? Peut-être pour avoir simplement quelque chose à faire ?

1912). Dans *Tristan*, également, ce thème frise l'obsession chez le « décadent » Spinell (cf. ch. 10, p. 254 sa vision de la famille de Eckhof).

4. **überfallen** : cf. *Le Petit Monsieur Friedemann* (1897), dont la vie paisible est bouleversée par l'éruption d'une passion longtemps refoulée.

Aus Lust am Psychologischen vielleicht und um mich an der Notwendigkeit alles dessen[1] zu laben? Die Notwendigkeit ist so tröstlich! Vielleicht auch, um auf Augenblicke eine Art von Überlegenheit über mich selbst und etwas wie Gleichgültigkeit zu genießen? — Denn Gleichgültigkeit, ich weiß, das wäre eine Art von Glück.

1

Sie liegt so weit dahinten, die kleine, alte Stadt[2] mit ihren schmalen, winkeligen und giebeligen Straßen, ihren gotischen Kirchen und Brunnen, ihren betriebsamen, soliden und einfachen Menschen und dem großen, altersgrauen Patrizierhause, in dem ich aufgewachsen bin[3].

Das lag inmitten der Stadt und hatte vier Generationen von vermögenden und angesehenen Kaufleuten überdauert. »Ora et labora[4]« stand über der Haustür, und wenn man von der weiten, steinernen Diele, um die sich oben eine Galerie aus weißlackiertem Holze zog, die breite Treppe hinangestiegen war, so mußte man noch einen weitläufigen Vorplatz und eine kleine, dunkle Säulenhalle durchschreiten, um durch eine der hohen, weißen Türen in das Wohnzimmer zu gelangen, wo meine Mutter am Flügel saß und spielte.

Sie saß im Dämmerlicht, denn vor den Fenstern befanden sich schwere, dunkelrote Vorhänge;

---

1. **alles dessen**: noter le nombre de périphrases désignant ici « la vie », dont le paillasse semble trop dégoûté pour vouloir même la nommer.

2. **die kleine alte Stadt**: Lübeck, ville natale de Th. M., dont les pignons « attestent la parenté de la cité avec les villes flamandes et hollandaises plus à l'ouest » (R. Winston, p. 4).

3. **und dem [...] Patrizierhause, in dem ich aufgewachsen bin**: réminiscence, non pas de la demeure des parents de Th. M. sur la Becker Grube, mais de celle de sa grand-mère, Élisabeth Mann, épouse du Consul, qui habitait non loin de là, au 4 de la Mengstrasse (c'est elle

Par goût du psychologique peut-être, et pour me repaître de la nécessité sous-jacente à tout cela? La nécessité est une telle consolation! Peut-être aussi pour jouir pendant quelques instants d'une sorte de supériorité vis-à-vis de moi-même, et d'un semblant d'indifférence? — Car l'indifférence, je le sais, voilà qui serait une forme de bonheur.

1

Elle est si loin en arrière, la vieille petite ville avec ses rues étroites et tortueuses, ses maisons à pignon, avec ses églises et ses fontaines gothiques, avec ses habitants travailleurs, simples et consciencieux, et la demeure patricienne chenue où j'ai grandi.

Elle était située au milieu de la ville et avait survécu à quatre générations de négociants riches et estimés. « Ora et labora » était inscrit sur le fronton, et, depuis l'ample vestibule de marbre autour duquel, en haut, courait une galerie en bois laqué blanc, lorsqu'on avait grimpé le large escalier, il fallait encore franchir un vaste palier et une petite salle obscure, à colonnades, pour parvenir, à travers l'une des hautes portes blanches, dans la salle de séjour où ma mère était assise au piano et jouait.

Elle était assise dans une lumière crépusculaire, car il y avait devant les fenêtres des rideaux rouge foncé;

également qui avait fait cadeau à son frère Heinrich de son théâtre de marionnettes), et que Th. M. évoqua comme sa « seconde maison ». La galerie en bois laqué blanc, le vestibule à colonnes et la tapisserie à motifs mythologiques sur fond bleu figuraient tous dans cette demeure (Winston, p. 18). Cf. une description analogue au 2e chapitre du *Petit Monsieur Friedemann*.

4. **ora et labora**: règle de l'ordre des moines bénédictins. La maison d'Élisabeth Mann affichait, sur « un pignon rococo la devise: « Dominus providebit » (« *Dieu y pourvoira* »; in: *Lebenslauf*, 1936, GW, XI, p. 451).

und die weißen Götterfiguren der Tapete schienen plastisch aus ihrem blauen Hintergrund hervorzutreten und zu lauschen auf diese schweren, tiefen Anfangstöne eines Chopin'schen[1] Notturnos, das sie vor allem liebte und stets sehr langsam spielte, wie um die Melancholie eines jeden Akkordes auszugenießen. Der Flügel[2] war alt und hatte an Klangfülle eingebüßt, aber mit dem Pianopedal, welches die hohen Töne so verschleierte, daß sie an mattes Silber erinnerten, konnte man die seltsamsten Wirkungen erzielen.

Ich saß auf dem massigen, steiflehnigen Damastsofa und lauschte und betrachtete meine Mutter. Sie war klein und zart gebaut und trug meistens ein Kleid aus weichem, hellgrauem Stoff. Ihr schmales Gesicht war nicht schön, aber es war unter dem gescheitelten, leichtgewellten Haar von schüchternem Blond wie ein stilles, zartes, verträumtes Kinderantlitz, und wenn sie, den Kopf ein wenig zur Seite geneigt, am Klaviere saß, so glich sie den kleinen, rührenden Engeln, die sich auf alten Bildern oft zu Füßen der Madonna mit der Gitarre bemühen.

Als ich klein war, erzählte sie mir mit ihrer leisen und zurückhaltenden Stimme oft Märchen[3], wie sonst niemand sie kannte; oder sie legte auch einfach ihre Hände auf meinen Kopf, der in ihrem Schoße lag, und saß schweigend und unbeweglich. Mich dünkt, das waren die glücklichsten und friedevollsten Stunden meines Lebens.

---

1. **Chopin** : « [...] depuis ma jeunesse, j'aime Chopin passionnément et je ne manque jamais sans regret une occasion d'entendre les accents merveilleusement personnels qu'il a produits. » (Th. M., GW, XI, p. 406.)

2. **Der Flügel** : les Mann possédaient un piano sur lequel Julia Mann jouait et s'accompagnait en chantant des mélodies allemandes : « Son Bechstein à queue se trouvait au salon, [...]. Je restais blotti là pendant des heures, dans un des fauteuils capitonnés de gris clair, et j'écoutais le jeu exercé, sensible et délicatement sensuel de ma mère, qui s'affirmait peut-être avec le plus de bonheur dans les études et les nocturnes de Chopin. Mon penchant enraciné pour le romantisme mondain de cette

et les figures blanches des divinités, sur la tapisserie, semblaient prendre du relief et s'avancer depuis leur fond azuré pour prêter l'oreille à ces premières mesures, pesantes et profondes, d'un nocturne de Chopin qu'elle aimait entre tous et jouait toujours très lentement, comme pour goûter jusqu'au bout la mélancolie de chaque accord. C'était un vieux piano à queue et il avait perdu en sonorité, mais avec la pédale douce qui voilait les notes aiguës, de sorte qu'elles rappelaient l'argent mat, on pouvait obtenir les effets les plus singuliers.

J'étais assis contre le dossier rigide de l'immense canapé damassé, et j'écoutais et contemplais ma mère. Elle était petite, de délicate constitution et portait le plus souvent un vêtement de souple étoffe gris clair. Son visage fin n'était pas beau, mais sous les cheveux légèrement ondulés, partagés par une raie, d'un blond timide, il était comme la physionomie calme, tendre et rêveuse d'une enfant ; et lorsque, la tête légèrement penchée de côté, elle était assise au piano, elle ressemblait à ces petits anges attendrissants qui, souvent, sur les tableaux anciens, jouent avec application de la guitare aux pieds de la madone.

Quand j'étais petit elle me racontait souvent, de sa voix douce et retenue, des contes de fées comme nul autre n'en connaissait ; ou bien encore elle posait simplement les mains sur ma tête qui reposait sur ses genoux, et restait assise, muette et immobile. Il me semble que ce furent là les heures les plus heureuses et les plus paisibles de ma vie.

---

musique, ma connaissance de la littérature classique et romantique pour le piano en général, datent d'alors. » (« Le Portrait de ma Mère », in Th. M., *L'Artiste et la société*, p. 50.)

3. **Märchen :** La mère de Th. M. lisait aux enfants les contes d'Andersen et les récits de Fritz Reuter. Cf. *Le Petit Monsieur Friedemann* écoutant « une merveilleuse histoire » que sa mère lui lit (Th. M., *Die Erzählungen*, p. 74).

— Ihr Haar wurde nicht grau, und sie schien mir nicht älter zu werden; ihre Gestalt ward nur beständig zarter und ihr Gesicht schmaler, stiller und verträumter.

Mein Vater aber war ein großer und breiter Herr in feinem schwarzen Tuchrock und weißer Weste, auf der ein goldenes Binokel hing. Zwischen seinen kurzen, eisgrauen Koteletten trat das Kinn, das wie die Oberlippe glattrasiert war, rund und stark hervor, und zwischen seinen Brauen standen stets zwei tiefe, senkrechte Falten[1]. Es war ein mächtiger Mann von großem Einfluß auf die öffentlichen Angelegenheiten; ich habe Menschen ihn mit fliegendem Atem und leuchtenden Augen verlassen sehen und andere, die gebrochen und ganz verzweifelt waren. Denn es geschah zuweilen, daß ich und auch wohl meine Mutter und meine beiden älteren Schwestern solchen Szenen beiwohnten; vielleicht, weil mein Vater mir Ehrgeiz einflößen wollte, es so weit in der Welt zu bringen wie er; vielleicht auch, wie ich argwöhne, weil er eines Publikums bedurfte. Er hatte eine Art, an seinen Stuhl gelehnt und die eine Hand in den Rockaufschlag geschoben, dem beglückten oder vernichteten Menschen[2] nachzublicken, die mich schon als Kind diesen Verdacht empfinden ließ. Ich saß in einem Winkel und betrachtete meinen Vater und meine Mutter[3], wie als ob ich wählte zwischen beiden und mich bedächte, ob in träumerischem Sinnen oder in Tat und Macht das Leben besser zu verbringen sei. Und meine Augen verweilten am Ende auf dem stillen Gesicht meiner Mutter.

---

1. **Falten**: trait de physionomie récurrent chez Th. M., cf. par exemple le personnage rencontré par Aschenbach au début de *La Mort à Venise* (p. 27 de notre édition bilingue): « [entre ses yeux] venaient se creuser à la verticale deux plis vigoureux **(zwei senkrechte, energische Furchen)** » et le chanteur au cinquième chapitre (« deux sillons insolents, autoritaires », *ibid*, p. 213).

2. **Menschen**: à l'opposé de **Mann**, m. = *homme*, désigne simplement les membres de l'espèce humaine en général.

— Ses cheveux ne grisonnaient pas et elle ne me semblait pas vieillir ; sa silhouette se faisait simplement toujours plus frêle et son visage plus fin, plus calme et plus rêveur.

Mon père, lui, était un grand monsieur large d'épaules, vêtu d'un habit noir de drap fin et d'un gilet blanc sur lequel pendait son pince-nez cerclé d'or. Son menton rond et vigoureux, poli, comme sa lèvre supérieure, par le rasoir, s'avançait entre de courts favoris gris métallique, et deux profonds sillons verticaux s'inscrivaient toujours entre ses sourcils. C'était un personnage puissant et très influent dans les affaires publiques ; j'ai vu des gens le quitter le souffle court et les yeux brillants, d'autres brisés et absolument désespérés. Car il arrivait que moi-même ainsi parfois que ma mère et mes deux sœurs aînées fussions témoins de telles scènes ; peut-être mon père voulait-il m'inspirer l'ambition de réussir aussi bien que lui dans le monde ; peut-être aussi, je le soupçonne, avait-il besoin d'un public. Bien calé dans son fauteuil, et une main glissée sous son revers, il avait une telle manière de suivre du regard l'homme comblé ou anéanti, qu'enfant, j'en éprouvais déjà le soupçon.

J'étais assis dans un coin à contempler mon père et ma mère, tout comme si j'étais en train de choisir entre les deux en me demandant s'il valait mieux passer sa vie dans la méditation et la rêverie, ou bien au cœur de l'action et du pouvoir. Et mes yeux finissaient par s'attarder sur le calme visage de ma mère.

---

3. **und [...] meiner Mutter :** Th. M. estimait avoir hérité ses dispositions artistiques de sa mère, Julia da Silva-Bruhns, elle-même fille d'une Brésilienne et d'un notable lübeckois.

2

Nicht daß ich in meinem äußeren Wesen ihr gleich gewesen wäre, denn meine Beschäftigungen waren zu einem großen Teile durchaus nicht still und geräuschlos. Ich denke an eine davon, die ich dem Verkehr mit Altersgenossen und ihren Arten von Spiel und Leidenschaft vorzog und die mich noch jetzt, da ich beiläufig dreißig Jahre zähle, mit Heiterkeit und Vergnügen erfüllt.

Es handelte sich um ein großes und wohlausgestattetes Puppentheater[1], mit dem ich mich ganz allein in meinem Zimmer einschloß, um die merkwürdigsten Musikdramen darauf zur Aufführung zu bringen. Mein Zimmer, das im zweiten Stocke lag und in dem zwei dunkle Vorfahrenporträts mit Wallensteinbärten[2] hingen, ward verdunkelt und eine Lampe neben das Theater gestellt; denn die künstliche[3] Beleuchtung erschien zur Erhöhung der Stimmung erforderlich. Ich nahm unmittelbar vor der Bühne Platz, denn ich war der Kapellmeister[4], und meine linke Hand ruhte auf einer großen runden Pappschachtel, die das einzige sichtbare Orchesterinstrument ausmachte.

Es trafen nunmehr[5] die mitwirkenden Künstler ein, die ich selbst mit Tinte und Feder gezeichnet, ausgeschnitten und mit Holzleisten versehen hatte, so daß sie stehen konnten. Es waren Herren in Überziehern und Zylindern und Damen von großer Schönheit.

---

1. **Puppentheater** : « je dois mes plus belles heures à notre théâtre de marionnettes, [...]. J'ai décrit exhaustivement ma façon de diriger cette institution artistique dans ma première nouvelle *(Le Paillasse)* [...]. J'aimais tant ce jeu qu'il me semblait impensable de jamais cesser de l'aimer en grandissant. Dès que ma voix aurait mué, je me réjouissais à l'idée de mettre ma basse au service des singuliers drames musicaux que j'exécutais, toutes portes closes, et fus révolté lorsque mon frère me rappela à l'ordre, disant qu'il serait ridicule de me voir adulte, chantant avec une voix de basse, encore assis devant le théâtre de marionnettes. » (Th. M., GW, XI, p. 328.)

Non que dans mon comportement extérieur je lui ressemblasse trait pour trait, car mes occupations n'avaient, pour une large part, rien de calme ou de silencieux. Je songe à l'une d'elles, que je préférais passionnément à la fréquentation des enfants de mon âge avec leurs jeux bien à eux, et qui aujourd'hui encore, à l'âge de trente ans, cela dit en passant, m'emplit de gaieté et de plaisir.

Il s'agissait d'un grand théâtre de marionnettes très perfectionné avec lequel je m'enfermais tout seul dans ma chambre pour mettre en scène des drames musicaux tout à fait étonnants. Ma chambre, qui se trouvait au deuxième étage et où étaient suspendus deux sombres portraits d'ancêtres avec des barbes à la Wallenstein, avait été plongée dans l'obscurité et une lampe était placée près du théâtre; l'éclairage artificiel semblait en effet indispensable pour rehausser l'atmosphère. Je prenais immédiatement place devant la scène, car j'étais le chef d'orchestre, et ma main gauche reposait sur une grande boîte ronde en carton, qui constituait le seul instrument visible de l'orchestre.

Entraient alors les artistes participant à cette représentation, et que j'avais moi-même dessinés avec de l'encre et une plume, découpés et munis de baguettes en bois, pour les faire tenir debout. Il y avait des messieurs en pardessus et en haut-de-forme, et des dames d'une grande beauté.

---

2. **Wallenstein** (1583-1634): riche aventurier catholique, homme d'affaire et général au service de l'Empereur dans la guerre de Trente Ans. Inspira une trilogie dramatique à Schiller (1798-99) et à Döblin un roman « épique » (1920). Il s'agit d'une petite barbe en pointe, à la Van Dyck.

3. **künstlich** = *artificiel* ≠ **künstlerisch** *artistique*.

4. **Kappellmeister** = m. à m. *maître de chapelle*. En fr. le terme s'applique aux chants et à la musique sacrée. En all. il peut aussi simplement désigner un chef d'orchestre.

5. **nunmehr** = *à présent, désormais* (= **von nun an**).

»Guten Abend«, sagte ich, »meine Herrschaften! Wohlauf[1] allerseits? Ich bin bereits zur Stelle, denn es waren noch einige Anordnungen zu treffen. Aber es wird an der Zeit sein, sich in die Garderoben zu begeben.«

Man begab sich in die Garderoben[2], die hinter der Bühne lagen, und man kehrte bald darauf gänzlich verändert und als bunte Theaterfiguren zurück, um sich durch das Loch, das ich in den Vorhang geschnitten hatte, über die Besetzung[3] des Hauses zu unterrichten. Das Haus war in der Tat nicht übel besetzt, und ich gab mir das Klingelzeichen[4] zum Beginn der Vorstellung, worauf ich den Taktstock erhob und ein Weilchen die große Stille genoß, die dieser Wink hervorrief[5]. Alsbald jedoch ertönte auf eine neue Bewegung hin der ahnungsvoll[6] dumpfe Trommelwirbel, der den Anfang der Ouvertüre bildete und den ich mit der linken Hand auf der Pappschachtel vollführte, — die Trompeten, Klarinetten und Flöten, deren Toncharakter ich mit dem Munde auf unvergleichliche Weise nachahmte, setzten ein[7], und die Musik spielte fort, bis bei einem machtvollen Crescendo der Vorhang emporrollte und in dunklem Wald oder prangendem Saal das Drama begann.

Es war vorher in Gedanken entworfen, mußte aber im einzelnen improvisiert werden, und was an leidenschaftlichen und süßen Gesängen erscholl, zu denen die Klarinetten trillerten und die Pappschachtel grollte,

---

1. **Wohlauf**: 1) adj.: **er ist***, *il se porte bien*, 2) interjection = **wohlan,** *eh bien!* Le narrateur adulte semble se perdre à nouveau dans ce rêve enfantin et reprendre à son compte ses impressions d'alors. Tentative de recréation d'un passé merveilleux, qui souligne le vide de son existence présente.

2. **Garderobe**: subst. f. = 1) *garde-robe*, 2) *vestiaire*, 3) *loge* (d'acteur).

3. **Besetzung** = notamment *occupation* (d'une place).

4. **das *Klingel-zeichen**: **Klingel**, f. (plur.: ***n.**) = *sonnette, timbre.* **Zeichen**, n. = *signe.*

« Bonsoir », disais-je, « Mesdames et Messieurs ! Tout le monde se porte bien ? Je suis arrivé en avance, car il y avait encore quelques petites choses à régler. Mais il va être temps que chacun gagne sa loge. »

Chacun gagnait sa loge, située derrière la scène, et en revenait bientôt entièrement métamorphosé en personnage de théâtre bariolé, pour regarder, à travers un trou que j'avais découpé dans le rideau, si la salle était bien pleine. La salle était à la vérité fort bien remplie, et d'un coup de clochette, je me donnais le signal du début de la représentation ; je levais alors ma baguette et goûtais un petit instant le calme immense que ce signe provoquait. Mais aussitôt résonnait, sur un nouveau geste, le roulement sourd et prémonitoire des tambours qui formait le commencement de l'ouverture, et que j'exécutais de la main gauche sur la boîte en carton, — les trompettes, les clarinettes et les flûtes, dont j'imitais de manière incomparable le timbre avec ma bouche, attaquaient, et la musique continuait jusqu'au moment où, sous un puissant crescendo, le rideau se levait : le drame débutait alors dans une sombre forêt ou dans une salle somptueuse.

Je l'avais préalablement esquissé dans ma tête, mais il fallait en improviser le détail, et si doux et passionnés que fussent les chants qui retentissaient, accompagnés par les trilles des clarinettes et les grondements de la boîte en carton,

---

5. **die große Stille [...] hervorrief** : l'imagination de l'enfant assigne une cause fictive à une donnée véritablement existante (le silence qui devait en effet régner dans la pièce) ; il confère ainsi à sa fantasmagorie un fondement dans la réalité.

6. ***ahnungs-voll** : cf. **Ahnung**, f. = *pressentiment, soupçon.*

7. **setzten ein** : **einsetzen** : trans. = 1) *mettre, placer dans* 2) *employer, mettre en action, installer ;* intrans. = *commencer, attaquer* (en musique) ; **sich*** = *faire de son mieux.*

das waren seltsame, volltönende Verse, die voll großer und kühner Worte steckten und sich zuweilen reimten, einen verstandesmäßigen[1] Inhalt jedoch selten ergaben. Die Oper aber nahm ihren Fortgang, während ich mit der linken Hand trommelte, mit dem Munde sang und musizierte und mit der Rechten nicht nur die darstellenden Figuren, sondern auch alles übrige aufs umsichtigste[2] dirigierte, so daß nach den Aktschlüssen begeisterter Beifall erscholl, der Vorhang wieder und wieder sich öffnen mußte und es manchmal nötig war, daß der Kapellmeister sich auf seinem Sitze wendete und auf stolze zugleich und geschmeichelte Art[3] in die Stube[4] hinein dankte.

Wahrhaftig, wenn ich nach solch einer anstrengenden Aufführung mit heißem Kopf mein Theater zusammenpackte, so erfüllte mich eine glückliche Mattigkeit[5], wie ein starker Künstler[6] sie empfinden muß, der ein Werk, an das er sein bestes Können gesetzt, siegreich[7] vollendete. — Dieses Spiel blieb bis zu meinem dreizehnten oder vierzehnten Jahre meine Lieblingsbeschäftigung.

3

Wie verging doch meine Kindheit und Knabenzeit in dem großen Hause, in dessen unteren Räumen mein Vater seine Geschäfte leitete,

---

1. ***verstandes-mäßig** : cf. **Verstand**, m. = *entendement* et l'adj. **gemäß** = *conforme*.

2. **aufs umsichtigste** : [adj. au superlatif] = *circonspect, prudent, précautionneux*. Cf. **Umsicht**, f. = *circonspection, prudence, précaution*.

3. **auf [...] geschmeichelte Art** : jm **schmeicheln** = *flatter qqn*.

4. **die Stube** = *chambre, pièce*. syn. **Raum**, m.

5. **Mattigkeit** = *faiblesse, fatigue, langueur*. **matt** est l'adj. correspondant ; syn. **Müdigkeit**.

6. **wie ein starker Künstler** : tout ce passage est à la fois un morceau de bravoure et une démonstration éclatante des émotions esthétiques

c'étaient des vers étranges, sonores, parcourus de grandioses et audacieuses formules, rimant parfois entre eux, mais n'aboutissant guère, le plus souvent, à un contenu intelligible. L'opéra cependant suivait son cours tandis que ma main gauche tambourinait, que ma bouche chantait, faisait de la musique et que ma main droite dirigeait non seulement les personnages de la représentation mais aussi tout le reste avec la plus grande précision; aussi à la fin de chaque acte des applaudissements enthousiastes retentissaient-ils; le rideau devait se lever encore et encore, et le chef d'orchestre était parfois contraint de se tourner sur son siège pour se pencher vers la salle en la remerciant d'un air à la fois orgueilleux et flatté.

Certes, lorsque après une représentation aussi épuisante je rangeais mon théâtre la tête brûlante, une heureuse fatigue m'emplissait, telle que doit en ressentir un artiste de talent qui vient d'achever triomphalement une œuvre à laquelle il a donné le meilleur de lui-même. — Jusqu'à ma treizième ou ma quatorzième année, ce jeu demeura mon occupation favorite.

3

Mais comment s'écoulèrent mon enfance et mon adolescence dans la grande maison où, au rez-de-chaussée, mon père dirigeait ses affaires,

---

qui habiteront plus tard le paillasse (voir p. 80), et qui expliqueront aussi son « échec ».

7. **siegreich** = *victorieusement*. Cf. **Sieg**, m. = *victoire*.

während oben meine Mutter in einem Lehnsessel träumte oder leise und nachdenklich Klavier spielte und meine beiden Schwestern, die zwei und drei Jahre älter waren als ich, in der Küche und an den Wäscheschränken hantierten? Ich erinnere mich an so weniges.

Feststeht[1], daß ich ein ungeheuer muntrer Junge war, der bei seinen Mitschülern durch bevorzugte Herkunft, durch mustergültige Nachahmung[2] der Lehrer, durch tausend Schauspielerstückchen und durch eine Art überlegener Redensarten sich Respekt und Beliebtheit zu verschaffen wußte. Beim Unterricht aber erging es mir übel, denn ich war zu tief beschäftigt damit, die Komik aus den Bewegungen der Lehrer herauszufinden, als daß ich auf das übrige hätte aufmerksam sein können, und zu Hause war mir der Kopf zu voll von Opernstoffen, Versen und buntem Unsinn[3], als daß ich ernstlich imstande gewesen wäre, zu arbeiten.

»Pfui«, sagte mein Vater, und die Falten zwischen seinen Brauen vertieften sich, wenn ich ihm nach dem Mittagessen mein Zeugnis[4] ins Wohnzimmer gebracht und er das Papier, die Hand im Rockaufschlag, durchlesen hatte. — »Du machst mir wenig Freude, das ist wahr. Was soll aus dir werden, wenn du die Güte haben willst, mir das zu sagen? Du wirst im Leben niemals an die Oberfläche gelangen.«

Das war betrübend; allein es hinderte nicht, daß ich bereits nach dem Abendessen den Eltern und Schwestern ein Gedicht vorlas, das ich während des Nachmittags geschrieben.

---

1. **Feststeht [...] wußte** : « Le Consul Julius Harm, ancien camarade de classe de Thomas Mann, raconta à Gustav Hillard que le jeune Th. Mann participait volontiers aux représentations théâtrales des écoliers et qu'il distrayait [...] ses condisciples par son humour et par son don particulier d'imitateur. » Son condisciple Otto Grautoff partageait son mépris du corps enseignant et c'est avec lui que Th. M., durant son dernier été à Lübeck, édita le ***Frühlingssturm***, « revue

tandis qu'à l'étage ma mère rêvait dans un fauteuil ou bien, douce et pensive, jouait du piano et que mes deux sœurs, de deux et trois ans mes aînées, s'affairaient dans la cuisine et dans les armoires à linge ? J'ai si peu de souvenirs.

Il est certain que j'étais un garçon d'une immense gaieté qui, grâce à son origine privilégiée, grâce à ses parfaites imitations des professeurs, à mille petits tours d'acteur et à une sorte de supériorité dans son élocution, savait se procurer auprès de ses camarades d'école respect et faveurs. Mais pendant la classe, les choses allaient mal pour moi, car j'étais trop occupé à repérer l'élément comique dans les gestes des professeurs pour pouvoir de surcroît prêter attention au reste, et à la maison, j'avais la tête trop pleine de sujets d'opéra, de vers et de mille absurdités pour être sérieusement capable de travailler.

« Fi donc », disait mon père, et les sillons entre ses sourcils se creusaient lorsque, après le déjeuner, je lui avais apporté mon livret dans le salon et qu'il l'avait lu de haut en bas, la main sous le revers. — « Vraiment, tu ne me donnes guère de satisfaction. Que vas-tu devenir, si tu veux bien avoir la bonté de me le dire ? Tu n'arriveras jamais à percer dans l'existence. »

C'était désolant ; mais cela ne m'empêchait pas, dès la fin du dîner, de lire à mes parents et à mes sœurs un poème que j'avais écrit pendant l'après-midi.

---

mensuelle d'Art, de Littérature et de Philosophie », dont « le numéro d'introduction, écrit par Th. M., manifeste l'esprit d'opposition aux enseignants et à la bourgeoisie environnante, qui animait les deux jeunes gens ». (Schröter, p. 28.)

2. ***muster-gültige Nachahmung** : adj. cf. **Muster**, n. = *modèle, exemple,* **gültig**, adj. = *valable, valide* et **gelten (a/o)** = *être valable, valoir.*

3. **buntem Unsinn** : adj. = 1) *bigarré, multicolore* 2) *varié* 3) *désordonné ;* **ein buntes Durcheinander** = *un beau pêle-mêle.*

4. **Zeugnis**, n. : 1) *certificat, attestation, livret scolaire* 2) *témoignage, déposition.*

Mein Vater lachte dabei, daß sein Pincenez auf der weißen Weste hin und her sprang. — »Was für Narrenpossen!« rief er einmal über das andere. Meine Mutter aber zog mich zu sich, strich mir das Haar aus der Stirn und sagte: »Es ist gar nicht schlecht, mein Junge, ich finde, daß ein paar hübsche Stellen[1] darin sind.«

Später, als ich noch ein wenig älter war, erlernte ich auf eigene Hand eine Art von Klavierspiel. Ich begann damit, in Fis-Dur Akkorde zu greifen, weil ich die schwarzen Tasten besonders reizvoll fand, suchte mir Übergänge zu anderen Tonarten und gelangte allmählich, da ich lange Stunden am Flügel verbrachte, zu einer gewissen Fertigkeit im takt- und melodielosen Wechsel[2] von Harmonien, wobei ich in dies mystische Gewoge[3] so viel Ausdruck legte wie nur immer möglich.

Meine Mutter sagte: »Er hat einen Anschlag, der Geschmack verrät.« Und sie veranlaßte, daß ich Unterricht erhielt, der während eines halben Jahres fortgesetzt wurde, denn ich war wirklich nicht dazu angetan, den gehörigen Fingersatz und Takt zu erlernen. —

Nun, die Jahre vergingen, und ich wuchs trotz der Sorgen, die mir die Schule bereitete, ungemein fröhlich heran. Ich bewegte mich heiter und beliebt im Kreise meiner Bekannten und Verwandten, und ich war gewandt und liebenswürdig aus Lust daran, den Liebenswürdigen zu spielen[4], obgleich ich alle diese Leute, die trocken und phantasielos waren, aus einem Instinkt heraus zu verachten begann.

---

1. **ein paar hübsche Stellen**: « Non que la mère de Th. M. encourageât ses aspirations littéraires. Elle lui reprochait ses tentatives d'écriture et refusait de croire à son talent — étant déçue par ses échecs scolaires [...]. » (Winston, p. 32.)

2. **im takt- und melodielosen Wechsel**: souci de la forme (ici la mélodie), et de la discipline (la mesure), ces deux traits qui caractériseront (dans *La Mort à Venise)* l'écrivain Aschenbach « avant la chute », font précisément défaut aux élans artistiques du paillasse.

Mon père riait alors à tel point que son pince-nez rebondissait de-ci de-là sur sa veste. — « Quelles bouffonneries ! » s'écriait-il à maintes reprises. Mais ma mère m'attirait à elle, me caressait la tête pour écarter les cheveux de mon front, tout en disant : « Ça n'est pas mal du tout, mon garçon, je trouve qu'il y a là un ou deux jolis passages. »

Plus tard, à un âge un peu plus avancé, j'appris par moi-même à jouer quasiment du piano. Je commençai par plaquer des accords en fa dièse majeur, parce que je trouvais les touches noires particulièrement attrayantes ; puis je cherchai à passer à d'autres tonalités et peu à peu, après de longues heures au piano, je parvins à une certaine maîtrise dans l'alternance d'harmonies dépourvues de mesure ou de mélodie, en donnant toujours toute l'expression possible à ces houles mystiques.

Ma mère disait : « Il a un toucher qui trahit un certain goût. » Et elle me permit de prendre des leçons qui durèrent un semestre, car je n'étais pas vraiment fait pour me plier aux exigences du doigté et de la mesure. —

Bref, les années passaient et, malgré les soucis que me procurait l'école, je devenais adulte avec une bonne humeur peu commune. J'évoluais dans le cercle de mes connaissances et de mes proches, gai et aimé de tous, et je savais m'y prendre et être affable parce que j'avais plaisir à jouer les affables, quoiqu'un instinct commençât à me faire mépriser tous ces gens secs et sans imagination.

---

3. **Gewoge** : cf. *Les Buddenbrook* (trad. L. Servicen p. 437) : Hanno « n'avait que sept ans lorsqu'il essaya pour la première fois de reproduire lui-même, au piano, certaines associations de sons qui l'avaient impressionné. Sa mère le regardait en souriant, rectifiant les accords qu'il assemblait avec une ardeur muette, lui expliquant en quoi tel ou tel son était nécessaire pour obtenir telle ou telle modulation. »

4. **den Liebenswürdigen zu spielen** : c'est en appliquant à la vie en société ses dispositions d'acteur que le paillasse accélère le processus d'aliénation décrit au fil de la nouvelle.

4

Eines Nachmittags, als ich etwa achtzehn Jahre alt war und an der Schwelle der hohen Schulklassen stand, belauschte ich ein kurzes Zwiegespräch zwischen meinen Eltern, die im Wohnzimmer an dem runden Sofatisch beisammensaßen und nicht wußten, daß ich im anliegenden Speisezimmer tatenlos im Fenster lag und über den Giebelhäusern den blassen Himmel betrachtete. Als ich meinen Namen verstand, trat ich leise an die weiße Flügeltür, die halb offenstand.

Mein Vater saß in seinen Sessel zurückgelehnt, ein Bein über das andere geschlagen, und hielt mit der einen Hand das Börsenblatt[1] auf den Knien, während er mit der anderen langsam zwischen den Koteletten sein Kinn streichelte. Meine Mutter saß auf dem Sofa und hatte ihr stilles Gesicht über eine Stickerei[2] geneigt. Die Lampe stand zwischen beiden.

Mein Vater sagte: »Ich bin der Meinung, daß wir ihn demnächst aus der Schule entfernen und in ein großangelegtes[3] Geschäft in die Lehre tun.«

»Oh«, sagte meine Mutter ganz betrübt und blickte auf. »Ein so begabtes Kind!«

Mein Vater schwieg einen Augenblick, während er mit Sorgfalt eine Staubfaser von seinem Rocke blies. Dann hob er die Achseln empor, breitete die Arme aus, indem er meiner Mutter beide Handflächen entgegenhielt, und sagte:

---

1. **das Börsenblatt**: les lectures du père, purement utilitaires, sont donc aux antipodes de celles du fils. En cela, il appartient à la même classe que ces « gens secs et sans imagination » évoqués à la page précédente. De même le « propre à rien » du roman d'Eichendorff (1826) s'oppose au philistinisme de son père. Cf. à ce propos la définition du *philistin* fournie par le dictionnaire des frères Grimm (vol. 13) : 1) au XVIIe siècle : celui qui n'est pas étudiant, mais « installé » dans la vie. 2) puis : le logeur d'étudiants, le bourgeois qui est leur

4

Un après-midi, alors que j'avais à peu près dix-huit ans et me trouvais au seuil des grandes classes, j'épiai une courte conversation entre mes parents qui étaient assis dans le salon autour de la table basse ignorant que dans la salle à manger adjacente, étendu sans rien faire, je contemplais dans l'embrasure de la fenêtre le ciel blafard au-dessus des maisons à pignon. Lorsque j'entendis mon nom, je m'approchai sans bruit de la porte à deux battants qui était entrouverte.

Mon père était assis, bien calé dans son fauteuil, les jambes croisées, et tenait dans une main le bulletin de la Bourse, tandis que de l'autre il se caressait lentement le menton entre ses favoris. Ma mère était assise sur le canapé, son visage calme penché sur une broderie. Il y avait une lampe entre eux.

Mon père dit : « Je suis d'avis que nous l'enlevions sans tarder de l'école et le mettions en apprentissage dans une grande compagnie. »

« Oh », fit ma mère tout à fait navrée en levant les yeux. « Un enfant si doué ! »

Mon père se tut un instant pour éloigner méticuleusement d'un souffle un grain de poussière sur son veston. Puis il leva les épaules, écarta les bras en tendant la paume de chaque main vers ma mère et dit :

---

propriétaire. 3) individu borné, pédant, objectif, concret. Cf. ces vers de Heine : **Die Philister, die beschränkten,/Diese geistig Eingeengten,/Darf man nie und nimmer necken**. *(Les philistins, êtres limités,/Ces individus étroits d'esprit,/On ne saurait jamais, au grand jamais, les taquiner).*

2. **eine Stickerei :** « travail » décoratif et contemplatif, là encore opposé à celui du père.

3. ***groß-angelegt :** adj. = *de grande envergure.*

»Wenn du annimmst, meine Liebe, daß zu der Tätigkeit eines Kaufmanns keinerlei Begabung gehört, so ist diese Auffassung eine irrige[1]. Andererseits bringt es der Junge, wie ich zu meinem Leidwesen mehr und mehr erkennen muß, auf der Schule schlechterdings zu nichts. Seine Begabung, von der du sprichst, ist eine Art von Bajazzobegabung[2], wobei ich mich beeile, hinzuzufügen, daß ich dergleichen durchaus nicht unterschätze. Er kann liebenswürdig sein, wenn er Lust hat, er versteht es, mit den Leuten umzugehen, sie zu amüsieren, ihnen zu schmeicheln, er hat das Bedürfnis, ihnen zu gefallen und Erfolge zu erzielen[3]; mit derartiger Veranlagung hat bereits mancher sein Glück gemacht, und mit ihr ist er angesichts seiner sonstigen Indifferenz zum Handelsmann größeren Stils relativ geeignet.«

Hier lehnte mein Vater sich befriedigt zurück, nahm eine Zigarette aus dem Etui und setzte sie langsam in Brand.

»Du hast sicherlich recht«, sagte meine Mutter und blickte wehmütig im Zimmer umher. »Ich habe nur oftmals geglaubt und gewissermaßen gehofft, es könne einmal ein Künstler aus ihm werden... Es ist wahr, auf sein musikalisches Talent, das unausgebildet[4] geblieben ist, darf wohl kein Gewicht gelegt werden: aber hast du bemerkt, daß er sich neuerdings, seitdem er die kleine Kunstausstellung besuchte, ein wenig mit Zeichnen beschäftigt? Es ist gar nicht schlecht, dünkt mich...«

Mein Vater blies den Rauch von sich, setzte sich im Sessel zurecht und sagte kurz:

---

1. **eine irrige**: cf. le v. **sich irren** = *se tromper*.

2. **Bajazzo-begabung**: subst. m. = *bouffon*. Le mot devint relativement courant en allemand grâce à l'opéra vériste de Ruggiero Leoncavallo intitulé *I Pagliacci* (1892) — en français: *Paillasse* —. Il est certes probable que Thomas Mann entendit cet opéra, habituellement représenté de pair avec la *Cavalleria Rusticana* de Pietro Mascagni, en Allemagne ou en Italie, mais il est impossible d'en avoir la certitude. La

« Si tu supposes, ma chère, que l'activité de négociant ne requiert aucun don, c'est là une conception erronée. D'un autre côté, comme je dois le reconnaître de plus en plus à mon grand regret, notre garçon n'arrive absolument à rien à l'école. Ces dons dont tu parles ressemblent aux dons d'un paillasse, et je m'empresse d'ajouter que je ne les sous-estime nullement. Il peut être affable quand il en a envie, il sait s'y prendre avec les gens, les amuser, les flatter, il a besoin de leur plaire et d'obtenir certains succès. Avec de telles dispositions, il en est déjà plus d'un qui a fait son bonheur et, vu l'indifférence qu'il manifeste envers tout le reste, il est grâce à elles assez bien taillé pour devenir un homme d'affaires d'une certaine envergure. »

Là-dessus mon père se renfonça dans son fauteuil d'un air satisfait, prit une cigarette dans son étui et l'alluma lentement.

« Tu as sûrement raison », dit ma mère en parcourant la pièce d'un regard mélancolique. « Seulement j'ai toujours cru et, dans une certaine mesure, espéré qu'il pourrait un jour devenir artiste... C'est vrai, on ne peut guère accorder de poids à son talent musical qui est resté en friche, mais as-tu remarqué que récemment, depuis qu'il est allé visiter la petite exposition de peinture, il s'est un peu mis à dessiner ? Ça n'est pas mauvais, me semble-t-il... »

Mon père rejeta la fumée loin de lui, se dressa sur son siège et dit brusquement :

---

nouvelle **Gefallen** (1894) atteste en tout cas sa connaissance de *Cavalleria Rusticana*. (H.R. Vaget, *Th. M. Kommentar*, p. 65). Mais on ne retrouvera pas ici le type de correspondance entre opéra et nouvelle que l'on verra plus tard à l'œuvre dans *Tristan*.

3. **erzielen** : cf. **Ziel**, n. = *but, destination*.

4. **un-ausgebildet** : cf. **Ausbildung** : *formation* (dans un domaine précis) — à distinguer de **ungebildet** : *inculte, illettré, sans culture, sans formation, sans instruction*. Cf. **Bildung** = *culture, formation, éducation, instruction ;* **bilden** = (notamment) *former, cultiver*.

»Das alles ist Clownerie und Blague. Im übrigen kann man, wie billig[1], ihn selbst ja nach seinen Wünschen fragen.«

Nun, was sollte wohl ich für Wünsche haben? Die Aussicht auf Veränderung meines Lebens wirkte durchaus erheiternd auf mich, ich erklärte mich ernsten Angesichtes bereit, die Schule zu verlassen[2], um Kaufmann zu werden, und trat in das große Holzgeschäft des Herrn Schlievogt[3], unten am Fluß, als Lehrling ein.

5

Die Veränderung war ganz äußerlich, das versteht sich. Mein Interesse für das große Holzgeschäft des Herrn Schlievogt war ungemein geringfügig, und ich saß auf meinem Drehsessel unter der Gasflamme in dem engen und dunklen Kontor so fremd und abwesend wie ehemals auf der Schulbank. Ich hatte weniger Sorgen nunmehr; darin bestand der Unterschied.

Herr Schlievogt, ein beleibter Mensch mit rotem Gesicht und grauem, hartem Schifferbart, kümmerte sich wenig um mich, da er sich meistens in der Sägemühle aufhielt, die ziemlich weit vom Kontor und Lagerplatz entfernt lag, und die Angestellten des Geschäftes behandelten mich mit Respekt. In freundschaftlichem Verkehr stand ich nur mit einem von ihnen, einem begabten und vergnügten jungen Menschen aus guter Familie, den ich auf der Schule bereits gekannt hatte und der übrigens Schilling[4] hieß.

---

1. **billig**: adj. = 1) *bon marché* 2) *juste, équitable.*

2. **die Schule zu verlassen**: Th. M. obtint l'**Abgangszeugnis,** *certificat de sortie* à dix-huit ans, après une scolarité assez médiocre. Quoiqu'il eût encore deux ans à accomplir pour obtenir l'**abitur** *(baccalauréat)*, il était resté à l'école juste assez longtemps pour être en droit de ne faire qu'un an de service militaire dans l'armée allemande.

3. **des Herrn Schlievogt**: cf. *Le Petit Monsieur Friedemann*, (ch. 4, 1er §) où le personnage connaît un destin semblable: « À l'âge de dix-sept ans, il quitta l'école pour devenir marchand, comme tout le monde

« Ce ne sont que pitreries et fanfaronnades. D'ailleurs on peut, en toute justice, lui demander à lui-même quels sont ses désirs. »

Or, quels pouvaient bien être mes désirs ? La perspective d'un changement dans mon existence suscita en moi la plus grande gaieté ; le visage grave, je me déclarai prêt à quitter l'école pour devenir homme d'affaires et entrai comme apprenti dans le grand commerce de bois de M. Schlievogt, au bord de la rivière.

5

La transformation fut tout extérieure, cela va de soi. L'intérêt que j'éprouvais pour le grand commerce de bois de M. Schlievogt était des plus minces et, assis sous la lampe à gaz sur mon fauteuil pivotant dans ce bureau sombre et exigu, j'étais tout aussi étranger et absent que jadis sur les bancs de l'école. J'avais à présent moins de soucis ; là était la différence.

M. Schlievogt, homme corpulent au visage rouge et à l'épaisse barbe de marin, s'occupait peu de moi, car il se tenait le plus souvent à la scierie, qui était assez éloignée du bureau et de l'entrepôt, et les employés me traitaient avec respect. Je n'entretenais de rapports amicaux qu'avec l'un d'entre eux, jeune homme de bonne famille doué et satisfait de lui-même, que j'avais déjà connu à l'école et qui du reste s'appelait Schilling.

---

l'était dans son milieu, et entra dans le grand commerce de bois de Monsieur Schlievogt, au bord de la rivière, comme apprenti. »

4. **Schilling** : allusion à Otto Grautoff, futur historien d'art, qui partageait aussi avec l'écolier Th. Mann son goût de la moquerie vis-à-vis des professeurs. Ce passage « était clairement adressé en généreux hommage à Grautoff, qui était certainement destiné à lire l'histoire ». (R. Winston, p. 80.)

Er mokierte sich gleich mir über alle Welt, legte jedoch nebenher ein eifriges Interesse für den Holzhandel an den Tag und verfehlte an keinem Tage, den bestimmten Vorsatz zu äußern, auf irgendeine Weise ein reicher Mann zu werden.

Ich meinesteils erledigte mechanisch meine notwendigen Angelegenheiten[1], um im übrigen auf dem Lagerplatz zwischen den Bretterstapeln und den Arbeitern umherzuschlendern, durch das hohe Holzgitter den Fluß zu betrachten, an dem dann und wann ein Güterzug vorbeirollte, und dabei an eine Theateraufführung oder an ein Konzert zu denken, dem ich beigewohnt, oder an ein Buch, das ich gelesen.

Ich las viel, las alles, was mir erreichbar war, und meine Eindrucksfähigkeit[2] war groß. Jede dichterische Persönlichkeit verstand ich mit dem Gefühl, glaubte in ihr mich selbst zu erkennen und dachte und empfand so lange in dem Stile eines Buches, bis ein neues seinen Einfluß auf mich ausgeübt hatte. In meinem Zimmer, in dem ich ehemals mein Puppentheater aufgebaut hatte, saß ich nun mit einem Buch auf den Knien und blickte zu den beiden Vorfahrenbildern empor, um den Tonfall der Sprache nachzugenießen, der ich mich hingegeben hatte, während ein unfruchtbares Chaos von halben Gedanken und Phantasiebildern mich erfüllte...

---

1. **meine notwendigen Angelegenheiten**: après avoir déménagé à Munich avec sa mère, Th. M., en avril 1894, entra en apprentissage: « Une fois obtenu le certificat de fin d'études dont je me contentai, je rejoignis les miens dans la capitale bavaroise et, le mot « provisoire » gravé au fond du cœur, entrai comme surnuméraire dans les bureaux d'une compagnie d'assurance contre l'incendie. [...]. Épisode singulier. Parmi les employés enchifrenés, je copiais des bordereaux, tout en écrivant en cachette un premier conte, une histoire d'amour intitulée *Gefallen*, qui me valut mes premiers succès littéraires ». *(Esquisse de ma vie*, trad. L. Servicen, p. 97 R. Winston voit davantage dans cet épisode une allusion à Heinrich Mann, qui, sans avoir obtenu l'**abitur**, fut placé du vivant de son père (1889) en apprentissage dans une librairie à Dresde.

Comme moi, il se moquait du monde entier, mais n'en manifestait pas moins un vif intérêt pour le commerce du bois, et ne laissait pas passer une journée sans se déclarer fermement résolu à devenir riche d'une manière ou d'une autre.

Quant à moi, j'effectuais machinalement les tâches qui m'incombaient, pour flâner le reste du temps sur l'entrepôt parmi les planches empilées et les ouvriers, pour contempler la rivière à travers le haut treillis en bois au bord duquel roulait de temps à autre un train de marchandises, et songer en même temps à telle représentation théâtrale ou à tel concert auxquels j'avais assisté, ou encore à tel livre que j'avais lu.

Je lisais beaucoup, je lisais tout ce qui me tombait sous la main, et je manifestais une grande sensibilité. Je comprenais intuitivement chaque personnage romanesque, je croyais me reconnaître en chacun d'eux, et le style d'un livre modelait mes pensées et mes sentiments jusqu'à ce qu'un nouveau livre vînt exercer sur moi son influence. Dans ma chambre, où j'avais jadis installé mon théâtre de marionnettes, je m'asseyais maintenant, un livre sur les genoux ; je levais les yeux vers les deux portraits de mes ancêtres pour savourer les accents d'un style auquel je m'étais abandonné, tout en me laissant envahir par un chaos stérile de pensées à demi formées et d'images fantasques...

---

2. ***Eindrucks-fähigkeit** = m. à m. *aptitude à être impressionné*. Dans ce goût effréné de la lecture, R. Winston voit une référence à Heinrich Mann. C'est dans l'essai de Schiller intitulé *Des Limites Nécessaires du Beau, en particulier dans l'Exposé des Vérités Philosophiques*, que le type de l'amateur d'art doué de sensibilité, mais improductif, se voit désigné sous le terme de « simple dilettante » (Vaget, *Der Dilettant*, pp. 142-3). Cf. *Le Petit Monsieur Friedemann (Die Erzählungen*, ch. 4, p. 78) : « il savait pleinement apprécier le charme rythmique d'un poème et laisser agir sur lui-même l'atmosphère intime d'une nouvelle finement écrite... oh ! on pouvait presque dire qu'il était épicurien » (traduit par nous).

Meine Schwestern hatten sich kurz nacheinander verheiratet, und ich ging, wenn ich nicht im Geschäft war, oft ins Wohnzimmer hinunter, wo meine Mutter, die ein wenig kränkelte und deren Gesicht stets kindlicher und stiller wurde, nun meistens ganz einsam saß. Wenn sie mir Chopin vorgespielt und ich ihr einen neuen Einfall[1] von Harmonienverbindung gezeigt hatte, fragte sie mich wohl, ob ich zufrieden in meinem Berufe und glücklich sei... Kein Zweifel, daß ich glücklich war.

Ich war nicht viel älter als zwanzig, meine Lebenslage war nichts als provisorisch[2], und der Gedanke war mir nicht fremd, daß ich ganz und gar nicht gezwungen sei, mein Leben bei Herrn Schlievogt oder in einem Holzgeschäfte noch größeren Stils zu verbringen, daß ich mich eines Tages frei machen könne, um die giebelige Stadt zu verlassen und irgendwo in der Welt meinen Neigungen zu leben: gute und feingeschriebene Romane[3] zu lesen, ins Theater zu gehen, ein wenig Musik zu machen... Glücklich? Aber ich speiste vorzüglich, ich ging aufs beste gekleidet, und früh bereits, wenn ich etwa während meiner Schulzeit gesehen hatte, wie arme und schlecht gekleidete Kameraden sich gewohnheitsmäßig[4] duckten[5] und mich und meinesgleichen mit einer Art schmeichlerischer Scheu willig als Herren und Tonangebende[6] anerkannten, war ich mir mit Heiterkeit bewußt gewesen, daß ich zu den Oberen, Reichen, Beneideten gehörte, die nun einmal das Recht haben, mit wohlwollender Verachtung auf die Armen, Unglücklichen und Neider hinabzublicken.

---

1. **einen neuen Einfall: Einfall**, m. = *idée subite*, **mir fällt etwas ein** = *il me vient une idée.*

2. **provisorisch**: cf. Th. M., *Esquisse de ma vie*, p. 97 (citée en note 1, p. 50) : « le mot provisoire gravé au fond du cœur ».

3. **feingeschriebene Romane**: cf. note 2, p. 51 sur l'épicurisme du *Petit Monsieur Friedemann.*

4. ***gewohnheits-mäßig** = *par habitude* ≠ **gewöhnlich** = *d'habitude.*

5. **sich [...] duckten**: cf., dans *Tristan*, le terme **Duckmäuserei**, ch. 11, p. 268.

Mes sœurs s'étaient mariées peu de temps l'une après l'autre et quand je n'étais pas au bureau, je descendais souvent dans le salon où ma mère quelque peu souffrante restait maintenant assise le plus souvent toute seule, son visage se faisant toujours plus enfantin et plus calme. Quand elle m'avait joué son Chopin et que je lui avais montré la nouvelle combinaison d'harmonies que j'avais découverte, elle me demandait parfois si j'étais satisfait de mon travail et si j'étais heureux... Sans le moindre doute, j'étais heureux.

Je n'avais guère plus de vingt ans, ma situation était tout ce qu'il y a de provisoire et la pensée que voici ne m'était pas étrangère : je n'avais aucune obligation de passer mon existence chez M. Schlievogt, ou dans un commerce de bois plus prospère encore, je pourrais un jour me libérer et quitter la ville aux pignons pour vivre au gré de mes inclinations quelque part dans le monde, lire de bons romans écrits avec finesse, aller au théâtre, faire un peu de musique... Heureux ? Mais je faisais d'excellents repas, je portais les meilleurs vêtements ; très tôt déjà, pendant mes années d'école, j'avais cru observer que mes camarades pauvres et mal vêtus avaient coutume de rentrer la tête, et, avec une sorte de timidité flatteuse, reconnaissaient volontiers en moi et en mes semblables leurs maîtres, ceux qui donnaient le ton. Je m'étais alors rendu compte avec joie que je faisais partie de l'élite, des riches, des enviés qui ont une fois pour toutes le droit d'abaisser leur regard avec un mépris bienveillant sur les pauvres, sur les malheureux, sur ceux qui les envient.

6. **als Herren und *Ton-angebende :** cf. Th. M. sur lui-même *(L'Artiste et la société*, *Dans le miroir*, p. 13) : « Je jouissais, tout au plus, de la considération de quelques condisciples, à cause d'une certaine supériorité mal définie. »

Wie sollte ich nicht glücklich sein? Mochte alles seinen Gang gehen. Fürs erste hatte es seinen Reiz, sich fremd, überlegen und heiter unter diesen Verwandten und Bekannten zu bewegen, über deren Begrenztheit ich mich mokierte, während ich ihnen, aus Lust daran, zu gefallen, mit gewandter Liebenswürdigkeit begegnete und mich wohlgefällig in dem unklaren Respekte sonnte, den alle diese Leute vor meinem Sein und Wesen erkennen ließen, weil sie mit Unsicherheit etwas Oppositionelles und Extravagantes darin vermuteten.

6

Es begann eine Veränderung mit meinem Vater vor sich zu gehen[1]. Wenn er um vier Uhr zu Tische kam, so schienen die Falten zwischen seinen Brauen täglich tiefer, und er schob nicht mehr mit einer imposanten Gebärde die Hand in den Rockaufschlag, sondern zeigte ein gedrücktes, nervöses und scheues Wesen. Eines Tages sagte er zu mir:

»Du bist alt genug, die Sorgen, die meine Gesundheit untergraben[2], mit mir zu teilen. Übrigens habe ich die Verpflichtung, dich mit ihnen bekannt zu machen, damit du dich über deine künftige Lebenslage keinen falschen Erwartungen hingibst. Du weißt, daß die Heiraten deiner Schwestern beträchtliche Opfer gefordert haben. Neuerdings hat die Firma Verluste[3] erlitten, welche geeignet[4] waren, das Vermögen erheblich zu reduzieren. Ich bin ein alter Mann, fühle mich entmutigt und glaube nicht, daß an der Sachlage Wesentliches[5] zu ändern sein wird. Ich bitte dich, zu bemerken, daß du auf dich selbst gestellt sein wirst...«

1. **vor sich [...] gehen** = *se passer, se dérouler.*

2. **untergraben**: v. à particule inséparable = *miner, saper, détériorer.*

3. **Verluste**: la firme du Sénateur Mann avait également connu un

Comment pouvais-je ne pas être heureux ? Tout n'avait qu'à suivre son cours. D'abord, il y avait quelque attrait à évoluer en étranger joyeux et condescendant parmi ces proches et ces connaissances dont je raillais l'étroitesse d'esprit ; je les traitais néanmoins avec une amabilité rusée parce que j'aimais plaire, et me prélassais complaisamment dans le respect obscur que tous ces gens manifestaient pour ma personne et mon attitude, parce qu'ils y pressentaient de manière confuse une forme d'opposition et d'extravagance.

6

Une transformation apparut chez mon père. À quatre heures, quand il venait à table, les plis entre ses sourcils semblaient se creuser chaque jour davantage et il ne passait plus d'un geste imposant la main sous le revers de sa veste, mais affichait un comportement nerveux, triste et fuyant. Un jour il me dit :

« Tu es assez vieux pour partager les soucis qui me ruinent la santé. Je me dois de surcroît de te les faire connaître pour que tu ne te laisses pas aller à de fausses espérances sur ta future situation. Tu sais que le mariage de tes sœurs a exigé d'importants sacrifices. La firme a récemment subi des pertes telles qu'elles ont entamé considérablement notre fortune. Je suis un vieil homme, je me sens découragé et je ne crois pas qu'on puisse faire grand-chose pour infléchir vraiment la situation. Tu n'auras à compter que sur toi-même, je te prie de le noter. »

---

certain ralentissement, dû au recul général qui avait frappé depuis la moitié du siècle la ville du Lübeck, les ports de Hamburg et Stettin concentrant désormais l'exportation des produits industriels.

4. **geeignet :** *propre (à) ;* **geeignete Maßnahmen** = *mesures appropriées.*

5. **Wesentliches : wesentlich**, adj. = *essentiel.*

Dies sprach er zwei Monate etwa vor seinem Tode. Eines Tages fand man ihn gelblich, gelähmt und lallend in dem Armsessel seines Privatkontors, und eine Woche darauf nahm die ganze Stadt an seinem Begräbnis[1] teil.

Meine Mutter saß zart und still auf dem Sofa an dem runden Tische im Wohnzimmer, und ihre Augen waren meist geschlossen. Wenn meine Schwestern und ich uns um sie bemühten, so nickte sie vielleicht und lächelte, worauf sie fortfuhr, zu schweigen und regungslos, die Hände im Schoße gefaltet, mit einem großen, fremden und traurigen Blick eine Götterfigur der Tapete zu betrachten. Wenn die Herren in Gehröcken kamen, um über den Verlauf der Liquidation Bericht zu erstatten, so nickte sie gleichfalls und schloß aufs neue die Augen.

Sie spielte nicht mehr Chopin, und wenn sie hie und da leise über den Scheitel strich, so zitterte ihre blasse, zarte und müde Hand. Kaum ein halbes Jahr nach meines Vaters Tode legte sie sich nieder, und sie starb, ohne einen Wehelaut, ohne einen Kampf um ihr Leben...

Nun war das alles zu Ende. Was hielt mich eigentlich am Orte? Die Geschäfte waren erledigt worden[2], gehe es gut oder schlecht, es ergab sich, daß auf mich ein Erbteil von ungefähr hunderttausend Mark gefallen war, und das genügte, um mich unabhängig zu machen — von aller Welt, um so mehr als man mich aus irgendeinem gleichgültigen Grunde für militäruntüchtig[3] erklärt hatte.

---

1. **an seinem Begräbnis** : l'enterrement du Sénateur Thomas Johann Heinrich Mann (mort le 13 octobre 1891) fut célébré en grande pompe dans la ville de Lübeck. Les drapeaux furent mis en berne et les ***Lübeckische Blätter*** consacrèrent toute leur première page à son éloge. (Winston, p. 34.)

2. **Die Geschäfte waren erledigt worden** : le Sénateur Mann comptait d'abord confier la gestion de la compagnie à son fils Thomas. Constatant cependant que ce dernier manifestait les mêmes dispositions artistiques qu'Heinrich, son aîné, il résolut en dernier ressort qu'il serait procédé à la liquidation de la firme après sa mort. Th. M. fut apparemment soulagé d'apprendre que le testament de son père en

Il me tint ces propos environ deux mois avant sa mort. Un jour on le trouva paralysé et balbutiant, le teint cireux, dans le fauteuil de son bureau particulier et une semaine plus tard, la ville tout entière assistait à son enterrement.

Ma mère restait assise, frêle et silencieuse, sur le canapé près de la table ronde dans le salon, et gardait la plupart du temps les yeux fermés. Lorsque mes sœurs et moi nous inquiétions d'elle, elle acquiesçait parfois en souriant, puis continuait de se taire et, immobile, les mains croisées sur les genoux, contemplait de ses grands yeux lointains et tristes une des divinités de la tapisserie. Lorsque les messieurs en redingote venaient rendre compte de la liquidation en cours, elle acquiesçait de même et fermait à nouveau les yeux.

Elle ne jouait plus Chopin et lorsque de temps en temps elle effleurait ses cheveux, sa main pâle, frêle et fatiguée tremblait. À peine six mois après la mort de mon père, elle s'alita et mourut sans une plainte, sans même lutter pour la vie...

Tout cela était fini à présent. Qu'est-ce donc vraiment qui me retenait en ces lieux ? Les affaires avaient été expédiées ; dans tous les cas, il s'avérait qu'un héritage d'environ cent mille marks me revenait, ce qui suffisait à assurer mon indépendance — vis-à-vis du monde entier, d'autant que pour une raison indifférente en elle-même, j'avais été déclaré inapte à servir dans l'armée.

---

avait ainsi décidé : il pouvait désormais librement poursuivre sa vocation.

3. ***militär-untüchtig** : tel avait été aussi le cas d'Heinrich Mann (Winston, p. 79). Le terme moderne serait **wehrdienst-untauglich**.

Nichts verband mich länger mit den Leuten, zwischen denen ich aufgewachsen war, deren Blicke mich stets fremder und erstaunter betrachteten und deren Weltanschauung zu einseitig[1] war, als daß ich geneigt gewesen wäre, mich ihr zu fügen. Zugegeben, daß sie mich richtig kannten, und zwar als ausgemacht unnützlichen Menschen, so kannte auch ich mich. Aber skeptisch und fatalistisch genug, um — mit dem Worte meines Vaters — meine »Bajazzobegabung[2]« von der heiteren Seite zu nehmen, und fröhlich gewillt, das Leben auf meine Art zu genießen, fehlte mir nichts an Selbstzufriedenheit[3].

Ich erhob mein kleines Vermögen, und beinahe ohne mich zu verabschieden, verließ ich die Stadt, um mich vorerst auf Reisen zu begeben.

7

Dieser drei Jahre, die nun folgten und in denen ich mich mit begieriger Empfänglichkeit tausend neuen, wechselnden, reichen Eindrücken hingab, erinnere ich mich wie eines schönen, fernen Traumes. Wie lange ist es her, daß ich bei den Mönchen auf dem Simplon zwischen Schnee und Eis ein Neujahrsfest verbrachte; daß ich zu Verona über die Piazza Erbe schlenderte; daß ich vom Borgo San Spirito aus zum ersten Male unter die Kolonnaden von Sankt Peter trat und meine eingeschüchterten Augen sich auf dem ungeheuren Platze verloren;

---

1. **einseitig** : c'est aussi le reproche que Th. M. semblait adresser à la bourgeoisie philistine de Lübeck. « Il évoquait encore à un âge avancé sa volonté d'alors de "se libérer de l'emprise de son étroite ville natale" ; il appelait Lübeck [...] le *recoin le plus éloigné de l'Allemagne* [...] Son départ hâtif de sa ville natale, à l'automne 1893, doit être sans aucun doute interprété comme un acte de violente protestation. » (Klaus Schröter, *Thomas Mann*, p. 32.)

2. **Bajazzo-begabung** : reprise significative ; cf. n. 2 p. 46.

Plus rien ne me liait aux gens parmi lesquels j'avais grandi ; ils me regardaient d'un air toujours plus étranger et interloqué, et leur vision du monde était trop bornée pour que je fusse enclin à m'y conformer. À supposer qu'ils aient bien vu qui j'étais — un être parfaitement inutile, je me connaissais moi-même tout aussi bien. Mais j'étais assez sceptique et fataliste pour accepter le cœur léger mon « don de paillasse », selon la formule de mon père avec la joyeuse résolution de jouir de la vie à ma manière, et donc parfaitement satisfait de moi-même.

Je m'emparai de ma petite fortune et, presque sans dire adieu, je quittai la ville pour me mettre tout d'abord à voyager.

7

Ces trois années qui suivirent, et pendant lesquelles j'accueillis avidement des milliers de nouvelles impressions riches et changeantes, je me les rappelle comme un beau rêve lointain. Il y a si longtemps que je passai le nouvel an chez les moines du Simplon parmi les neiges et les glaces ; que je déambulai sur la Piazza Erbe à Vérone, que, depuis le Borgo San Spirito, je pénétrai pour la première fois parmi les colonnades de Saint-Pierre et que mon regard intimidé se perdit sur la place immense ;

---

3. **um mich vorerst auf Reisen zu begeben** : ici finissent les « années d'apprentissage » du Paillasse. C'est le début de ses « Années de Voyage ». « Dans son essai sur Stendhal *(Essais de psychologie contemporaine*, Paris, 1883) Bourget diagnostiquait le cosmopolitisme, ou l'"habituelle fréquentation des pays étrangers" comme une caractéristique essentielle du dilettante. » (Vaget, *Th. M. Kommentar*, p. 66.)

daß ich vom Corso Vittorio Emanuele über das weißschimmernde Neapel hinabblickte und fern im Meere die graziöse Silhouette von Capri in blauem Dunst verschwimmen sah... Es sind in Wirklichkeit sechs Jahre und nicht viel mehr[1].

Oh, ich lebte vollkommen vorsichtig und meinen Verhältnissen entsprechend: in einfachen Privatzimmern, in wohlfeilen Pensionen; — bei dem häufigen Ortswechsel aber, und weil es mir anfangs schwerfiel, mich meiner gutbürgerlichen Gewohnheiten zu entwöhnen, waren größere Ausgaben gleichwohl nicht zu vermeiden. Ich hatte mir für die Zeit meiner Wanderungen fünfzehntausend Mark meines Kapitals ausgesetzt[2]; diese Summe freilich ward überschritten.

Übrigens befand ich mich wohl unter den Leuten, mit denen ich unterwegs hier und da in Berührung kam, uninteressierte und sehr interessante Existenzen oft, denen ich allerdings nicht wie meiner ehemaligen Umgebung ein Gegenstand des Respekts war, aber von denen ich auch keine befremdeten Blicke und Fragen zu befürchten hatte.

Mit meiner Art von gesellschaftlicher Begabung erfreute ich mich in Pensionen zuweilen aufrichtiger Beliebtheit bei der übrigen Reisegesellschaft, — wobei ich mich einer Szene im Salon der Pension Minelli zu Palermo erinnere. In einem Kreise von Franzosen verschiedenen Alters hatte ich am Pianino von ungefähr begonnen, mit großem Aufwand von tragischem Mienenspiel, deklamierendem Gesang und rollenden Harmonien ein Musikdrama »von Richard Wagner« zu improvisieren,

---

1. **nicht viel mehr**: cf. *Dans le miroir (op. cit.* p. 14): « Brusquement, en vrai nomade, je plantai tout là et m'en fus à l'étranger, à Rome où je flânai durant un an sans projet ni emploi. Je passais mes jours à écrire et à dévorer cette matière littéraire à laquelle un homme qui se respecte consacre tout au plus ses heures de loisir [...] Mes moyens m'assuraient tout juste de quoi vivre [...]. »

que depuis le Corso Vittorio Emanuele je plongeai le regard sur Naples, étincelante de blancheur et vis au large la gracieuse silhouette de Capri flotter dans une vapeur bleutée... Cela ne fait en réalité que six ans, et guère davantage.

Oh, je vécus avec une parfaite prévoyance et à la mesure de mes moyens : dans de simples chambres particulières, dans des pensions bon marché ; — mais en raison de mes fréquents déplacements et parce qu'au début il m'était difficile de perdre mes habitudes de grand bourgeois, je ne parvenais pas, néanmoins, à éviter d'assez grosses dépenses. Je m'étais alloué quinze mille marks de mon capital pour la période où je voyagerais ; cette somme fut, on s'en doute, vite dépassée.

Du reste, je me sentais à l'aise parmi les gens qu'il m'arrivait de côtoyer en chemin, êtres désintéressés du monde et souvent très intéressants pour lesquels je ne représentais pas en tout cas, contrairement à mon entourage de jadis, un objet de respect, mais dont je n'avais pas non plus à redouter les questions et les regards interloqués.

Mon espèce de talent de société faisait parfois de moi, dans les pensions, le véritable favori des autres voyageurs — ce qui me rappelle une scène dans le salon de la pension Minelli à Palerme. Parmi un cercle de Français de tous âges, je m'étais mis d'aventure au piano et avais commencé à improviser un drame musical « de Richard Wagner », à grand renfort de mimiques tragiques, de chant déclamé et de ronflantes harmonies ;

2. **Ich hatte mir [...] ausgesetzt** : c'était Heinrich Mann « qui ambitionnait de mener la grande vie, en étrange contraste avec son souci de l'argent, malgré la prudente parcimonie avec laquelle il vivait dans de modestes pensions. Même l'âge assigné au protagoniste de l'histoire — vingt-sept ans — correspond davantage à celui d'Heinrich qu'à celui de Thomas : au début de l'été 1897, alors que Thomas révisait *Le Paillasse*, Heinrich était déjà bien avancé dans sa vingt-septième année. » (R. Winston, p. 79.)

und ich hatte soeben unter ungeheurem Beifall geschlossen, als ein alter Herr auf mich zueilte, der beinahe kein Haar mehr auf dem Kopfe hatte und dessen weiße, spärliche Koteletten auf seine graue Reisejoppe hinabflatterten. Er ergriff meine beiden Hände und rief mit Tränen in den Augen:

»Aber das ist erstaunlich! Das ist erstaunlich, mein teurer Herr[1]! Ich schwöre Ihnen, daß ich mich seit dreißig Jahren nicht mehr so köstlich unterhalten habe! Ah, Sie gestatten, daß ich Ihnen aus vollem Herzen danke, nicht wahr! Aber es ist nötig, daß Sie Schauspieler[2] oder Musiker werden!«

Es ist wahr, daß ich bei solchen Gelegenheiten etwas von dem genialen Übermut eines großen Malers[3] empfand, der im Freundeskreise sich herbeiließ, eine lächerliche zugleich und geistreiche Karikatur auf die Tischplatte zu zeichnen. Nach dem Diner aber begab ich mich allein in den Salon zurück und verbrachte eine einsame und wehmütige Stunde damit, dem Instrumente getragene Akkorde[4] zu entlocken, in die ich die Stimmung[5] zu legen[6] glaubte, die der Anblick Palermos in mir erweckt[7].

Ich hatte von Sizilien aus Afrika ganz flüchtig berührt[8], war alsdann nach Spanien gegangen, und dort, in der Nähe von Madrid, auf dem Lande war es, im Winter, an einem trüben, regnerischen Nachmittage, als ich zum ersten Male den Wunsch empfand, nach Deutschland zurückzukehren, — und die Notwendigkeit obendrein.

---

1. **mein <u>teurer</u> Herr**: comme le mot *cher* en français, l'adj. **teuer** possède à la fois le sens économique et affectif.

2. **Schauspieler**: Th. M. s'était lui-même essayé au théâtre, apparemment avec un certain succès: un mois après qu'il eut envoyé le manuscrit de *Walter Weiler* à Richard Dehmel, il participa, le 15 juin 1895, à une représentation du *Canard sauvage* d'Ibsen. « Carl Zuckmayer déclara que si Thomas Mann n'avait pas été un grand écrivain, il aurait été un grand acteur. » (Winston, p. 60.)

3. **eines großen Malers**: en utilisant une comparaison tirée du domaine pictural alors qu'il vient de décrire un succès musical, le

je venais de terminer au milieu d'applaudissements forcenés, lorsque se précipita sur moi un vieux monsieur qui n'avait presque plus de cheveux sur la tête et dont les rouflaquettes blanches et clairsemées battaient contre son pardessus gris. Il me saisit les deux mains et s'écria, les yeux pleins de larmes :

« Mais c'est étonnant ! C'est étonnant mon cher Monsieur ! Je vous jure que je ne me suis jamais aussi bien amusé depuis trente ans. Ah, vous me permettrez, n'est-ce pas, de vous remercier de tout cœur ! Mais il faut devenir acteur, ou musicien ! »

Il est vrai qu'en de telles circonstances, je ressentais un peu de l'orgueil génial du grand peintre qui, dans un cercle d'amis, s'est laissé convaincre de dessiner sur la nappe en papier une caricature à la fois ridicule et spirituelle. Mais après le dîner, je retournai seul dans le salon et passai une heure solitaire et mélancolique à flatter l'instrument pour lui arracher de longs accords, où je croyais traduire l'état d'âme qu'éveillait en moi le spectacle de Palerme.

J'avais, depuis la Sicile, fait une brève incursion en Afrique, puis je m'étais aussitôt rendu en Espagne et c'est là, dans la campagne madrilène, par un après-midi d'hiver sombre et pluvieux, que j'éprouvai pour la première fois le désir, et qui plus est la nécessité, de rentrer en Allemagne.

---

narrateur traduit bien l'essence de son mal : l'incapacité à centrer ses efforts sur un domaine artistique particulier.

4. **getragene Akkorde** : adj. = *mesuré, lent, solennel.*
5. **Stimmung** = *état d'âme, humeur, ambiance, tonalité.*
6. **legen** = *mettre, poser, déposer.*
7. **erweckt** : omission (littéraire) de l'auxiliaire **hatte**.
8. **Afrika flüchtig berührt** : v. = *toucher* (sens propre), *effleurer, frôler* ; **von... aus** : *à partir de.*

Denn abgesehen davon, daß ich begann, mich nach einem ruhigen, geregelten und ansässigen Leben zu sehnen, war es nicht schwer, mir auszurechnen, daß bis zu meiner Ankunft[2] in Deutschland bei aller Einschränkung[1] zwanzigtausend Mark verausgabt sein würden.

Ich zögerte nicht allzulange, den langsamen Rückweg durch Frankreich anzutreten, auf den ich bei längerem Aufenthalt[2] in einzelnen Städten annähernd ein halbes Jahr verwendete, und ich erinnere mich mit wehmütiger Deutlichkeit des Sommerabends[3], an dem ich in den Bahnhof der mitteldeutschen Residenzstadt[4] einfuhr, die ich mir beim Beginn meiner Reise bereits ausersehen hatte, — ein wenig unterrichtet nunmehr, mit einigen Erfahrungen und Kenntnissen versehen und ganz voll von einer kindlichen Freude, mir hier, in meiner sorglosen Unabhängigkeit und gern meinen bescheidenen Mitteln gemäß, nun ein ungestörtes und beschauliches Dasein gründen zu können.

Damals war ich fünfundzwanzig Jahre alt.

8

Der Platz war nicht übel gewählt. Es ist eine ansehnliche Stadt[5], noch ohne allzu lärmenden Großstadttrubel[6] und allzu anstößiges Geschäftstreiben[7], mit einigen ziemlich beträchtlichen alten Plätzen andererseits und einem Straßenleben, das weder der Lebhaftigkeit noch zum Teile der Eleganz entbehrt.

---

1. **bei aller Einschränkung** : subst. = *réduction, restriction, limitation.*

2. **Aufenthalt**, m. : 1) *arrêt, halte* 2) *séjour* 3) *résidence.*

3. **ich erinnere mich [...] des Sommerabends** : aujourd'hui : **sich erinnern an** + accusatif. On retrouve cette construction vieillie dans *Tristan*, ch. 10, p. 250 **(Erinnern Sie sich des Gartens ?)**.

Car outre la nostalgie que je commençais à ressentir d'une vie réglée, calme et établie, il ne m'était pas difficile de calculer que d'ici à mon retour en Allemagne, et en vivant au plus juste, j'aurais dépensé vingt mille marks.

Je n'hésitai pas trop longtemps à entamer mon long voyage de retour à travers la France, et j'y consacrai, en faisant de longues étapes dans certaines villes, presque la moitié d'une année; je me rappelle avec une précision mélancolique le soir d'été où mon train entra en gare dans la capitale d'Allemagne Centrale où j'avais déjà choisi de résider au début de mon voyage; j'étais un peu plus sage à présent, armé de quelques expériences et de quelques connaissances, et tout plein d'une joie enfantine à l'idée de pouvoir dorénavant établir dans l'indépendance, libre de tous soucis, et certes en fonction de mes modestes moyens, une existence contemplative et sans encombres.

J'avais alors vingt-cinq ans.

8

L'endroit n'était pas mal choisi. C'est une belle ville, qui échappe encore au vacarme et à la frénésie des métropoles et de leurs par trop vilaines activités commerciales, dotée par ailleurs de quelques vieilles places assez grandes, et de rues qui ne manquent ni de vie ni d'une certaine élégance.

---

4. **der mitteldeutschen Residenzstadt**: d'après Winston, cette ville ressemble globalement à Munich où l'auteur résidait à l'époque. Le terme **Residenzstadt** désigne une ville où un gouvernement (spirituel ou temporel) avait établi son siège.

5. **Es ist eine ansehnliche Stadt**: le passage au présent suggère que le narrateur réside toujours dans la ville décrite.

6. ***Großstadt-trubel**: subst. m. = *agitation, animation, mouvement.*

7. **anstößiges Geschäftstreiben**: adj. = *choquant, scandaleux, inconvenant, indécent.*

Die Umgebung besitzt mancherlei angenehme Punkte; aber ich habe stets die geschmackvoll angelegte Promenade bevorzugt, die sich auf dem »Lerchenberge[1]« hinzieht, einem schmalen und langgestreckten Hügel, an den ein großer Teil der Stadt sich lehnt und von dem man einen weiten Ausblick über Häuser, Kirchen und den weich geschlängelten Fluß[2] hinweg ins Freie genießt. An einigen Punkten, und besonders, wenn an schönen Sommernachmittagen eine Militärkapelle konzertiert und Equipagen und Spaziergänger sich hin und her bewegen, wird man dort an den Pincio[3] erinnert. — Aber ich werde dieser Promenade noch zu erwähnen haben[4]...

Niemand glaubt, mit welchem umständlichen Vergnügen[5] ich mir das geräumige Zimmer herrichtete, das ich nebst anstoßender Schlafkammer etwa inmitten der Stadt, in belebter Gegend gemietet hatte. Die elterlichen Möbel waren zwar zum größten Teil in den Besitz meiner Schwestern übergegangen, indessen war mir immerhin zugefallen[6], was ich gebrauchte: stattliche und gediegene[7] Dinge, die zusammen mit meinen Büchern und den beiden Vorfahrenporträts[8] eintrafen; vor allem aber der alte Flügel, den meine Mutter für mich bestimmt hatte.

In der Tat, als alles aufgestellt und geordnet war, als die Photographien, die ich auf Reisen gesammelt, alle Wände sowie den schweren Mahagonischreibtisch und die bauchige Kommode[9] schmückten, und als ich mich, fertig und geborgen[10],

---

1. ***Lerchen-berg** = m. à m. *mont aux alouettes.*

2. **den weich geschlängelten Fluß**: adj. = *sinueux* cf. **schlängeln** = *serpenter, faire des lacets, décrire des méandres* et **Schlange**, f. = *serpent.* C'est l'Isar, affluent du Danube.

3. **Pincio**: colline de Rome qui domine la basilique Saint-Pierre.

4. **Aber [...] zu erwähnen haben**: cf. ch. 11, p. 88.

5. **mit welchem umständlichen Vergnügen**: adj. = *compliqué, malcommode, embarrassant, qui complique les choses inutilement, trop minutieux, pointilleux.* Cf. l'expression **Umstände machen** = *faire des manières.*

6. **zugefallen: jmdm zu/fallen (ie/a)** = *échoir, revenir à qqn.*

Les environs comptent de nombreux sites agréables ; mais j'ai toujours préféré la promenade aménagée avec goût sur le Lerchenberg, colline étroite et allongée contre laquelle une grande partie de la ville est adossée, et d'où l'on jouit d'une vaste perspective sur les maisons, les églises et, par-delà le fleuve qui déroule doucement ses méandres, jusque dans la campagne. À certains moments, et en particulier lorsque par de beaux après-midi d'été, une fanfare militaire donne un concert et que les équipages et les promeneurs circulent en tous sens, on y songe au Pincio. — Mais j'aurai l'occasion d'évoquer à nouveau cette promenade...

Je pris un plaisir inimaginable à aménager dans ses moindres détails la grande pièce adjacente à la chambre à coucher que j'avais louée vers le centre ville, dans un quartier animé. Les meubles de mes parents étaient certes pour la plupart revenus à mes sœurs, mais j'avais tout de même hérité de ce qui m'était utile : de beaux objets solides qui arrivèrent avec mes livres et les deux portraits d'ancêtres ; mais avant tout du vieux piano à queue que m'avait destiné ma mère.

En fait, lorsque tout fut rangé et ordonné, lorsque les photographies que j'avais collectionnées pendant mes voyages décorèrent tous les murs, le lourd bureau en acajou et la commode ventrue, et qu'après en avoir terminé, bien à l'abri,

---

7. **gediegene Dinge :** adj. = *solide, pur* (en parlant d'un métal).
8. ***Vorfahren-porträts :** Th. M. lui-même hérita des portraits de son ancêtre Statius Brage et de son épouse.
9. **die bauchige Kommode :** adj. cf. **Bauch**, m. = *ventre, abdomen.*
10. **geborgen : bergen (a/o)** = *cacher, abriter.*

in einen Lehnsessel am Fenster niederließ, um abwechselnd die Straßen draußen und meine neue Wohnung zu betrachten, war mein Behagen nicht gering[1]. Und dennoch — ich habe diesen Augenblick nicht vergessen —, dennoch regte sich neben Zufriedenheit und Vertrauen sacht etwas anderes in mir, irgendein kleines Gefühl von Ängstlichkeit und Unruhe, das leise Bewußtsein irgendeiner Art von Empörung und Auflehnung[2] meinerseits gegen eine drohende Macht... der leicht bedrückende Gedanke, daß meine Lage, die bislang niemals mehr als etwas Vorläufiges gewesen war, nunmehr zum ersten Male als definitiv und unabänderlich betrachtet werden mußte...

Ich verschweige nicht, daß diese und ähnliche Empfindungen sich hie und da wiederholten. Aber sind die gewissen Nachmittagsstunden überhaupt zu vermeiden, in denen man hinaus in die wachsende Dämmerung und vielleicht in einen langsamen Regen blickt und das Opfer trübseherischer Anwandlungen[3] wird? In jedem Falle stand fest, daß meine Zukunft vollkommen gesichert war. Ich hatte die runde Summe von achtzigtausend Mark der städtischen Bank vertraut, die Zinsen betrugen — mein Gott, die Zeiten sind schlecht! — etwa sechshundert Mark für das Vierteljahr und gestatteten mir also, anständig zu leben, mich mit Lektüre zu versehen, hier und da ein Theater zu besuchen, — ein bißchen leichteren Zeitvertreibs[4] nicht ausgeschlossen. Meine Tage vergingen fortab[5] in Wirklichkeit dem Ideale gemäß, das von jeher mein Ziel gewesen war.

---

1. **war mein Behagen nicht gering** = m. à m. *mon bien-être ne fut pas mince.*

2. **Auflehnung**: cf. **sich gegen etw. auf/lehnen** = *se rebeller, se soulever contre qqch.*

3. ***trüb-seherischer Anwandlungen**: subst. = *accès* (de peur, de mélancolie, etc.). adj. : cf. **trüb(e)** = *trouble, terne, sombre, mélancolique, triste.* **trübselig** = *qui broie du noir.* **seherisch** = *prophétique, visionnaire.*

je m'enfonçai dans un fauteuil près de la fenêtre pour contempler tour à tour les rues à l'extérieur et ma nouvelle demeure, je me sentis fort à mon aise. Et pourtant — je n'ai pas oublié ce moment —, pourtant, à côté de cette confiance satisfaite, autre chose s'agitait doucement en moi, je ne sais quelle petite sensation d'angoisse et de malaise, la conscience secrète d'une espèce de révolte, de soulèvement de mon être contre une force menaçante... la pensée quelque peu oppressante que ma situation, qui n'avait jamais été jusque-là que provisoire, devait à présent, pour la première fois, être considérée comme définitive et inaltérable...

Je ne tairai point que ce sentiment, et d'autres analogues, se répétaient de temps à autre. Mais peut-on éviter entièrement certaines heures de l'après-midi où l'on porte son regard sur le crépuscule qui s'avance, et peut-être sur la pluie qui tombe lentement, et où l'on devient la proie de sombres appréhensions ? Il demeurait en tout cas certain que mon avenir était parfaitement assuré. J'avais confié à la banque de la ville la somme rondelette de quatre-vingt mille marks, les intérêts rapportaient — Dieu que les temps sont durs ! — environ six cents marks par trimestre et me permettaient donc de vivre décemment, de m'approvisionner en lectures, d'aller au théâtre de temps en temps — sans exclure quelques distractions moins sérieuses. La réalité de mes journées s'accordait à présent avec l'idéal qui avait toujours été mon but.

Le narrateur cite ici les propos qu'il devait se tenir en lui-même à l'époque décrite pour se rassurer sur ses accès de mélancolie, attribuant ces états d'âme à l'influence des conditions extérieures (le crépuscule, un après-midi pluvieux), et non à cette « puissance menaçante » qui s'agite en lui-même (**dennoch regte sich in mir**, § précédent).

4. ***Zeit-vertreib**, m. : cf. l'expr. **sich** (dat.) **die Zeit vertreiben** = *tuer le temps*.

5. **fortab** = **fortan** = **von nun an** = *désormais*.

Ich erhob mich etwa um zehn Uhr, frühstückte und verbrachte die Zeit bis zum Mittage am Klavier und mit der Lektüre einer literarischen Zeitschrift oder eines Buches. Dann schlenderte ich die Straße hinauf zu dem kleinen Restaurant, in dem ich mit Regelmäßigkeit verkehrte, speiste und machte darauf einen längeren Spaziergang durch die Straßen, durch eine Galerie, in die Umgegend, auf den Lerchenberg. Ich kehrte nach Hause zurück und nahm die Beschäftigung des Vormittags wieder auf: ich las, musizierte, unterhielt mich manchmal sogar mit einer Art von Zeichenkunst[1] oder schrieb mit Sorgfalt einen Brief. Wenn ich mich nach dem Abendessen nicht in ein Theater oder ein Konzert begab, so hielt ich mich im Café auf und las bis zum Schlafengehen die Zeitungen. Der Tag aber war gut und schön gewesen, er hatte einen beglückenden Inhalt gehabt, wenn mir am Klaviere ein Motiv gelungen war, das mir neu und schön erschien, wenn ich aus der Lektüre einer Novelle, aus dem Anblick eines Bildes eine zarte und anhaltende Stimmung[2] davongetragen hatte...

Übrigens unterlasse ich es nicht, zu sagen, daß ich in meinen Dispositionen mit einer gewissen Idealität zu Werke ging und daß ich mit Ernst darauf bedacht war, meinen Tagen so viel »Inhalt« zu geben wie nur immer möglich. Ich speiste bescheiden, hielt mir in der Regel nur einen Anzug, kurz, schränkte meine leiblichen Bedürfnisse mit Vorsicht ein, um andererseits in der Lage zu sein, für einen guten Platz in der Oper oder im Konzert einen hohen Preis zu zahlen, mir neue literarische Erscheinungen zu kaufen, diese oder jene Kunstausstellung zu besuchen...

---

1. **mit einer Art von Zeichenkunst**: Heinrich Mann possédait un talent de peintre et avait envisagé cette profession avant de devenir écrivain. Th. M. pratiquait aussi le dessin et possédait un certain talent pour la caricature (Winston, p. 29). On note le retour de l'expression **mit meiner Art von gesellschaftlicher Begabung** (cf. p. 60).

Ainsi, je me levais vers dix heures, déjeunais et jusqu'à midi, passais mon temps au piano et à lire une revue littéraire ou un livre. Je remontais ensuite la rue en flânant vers le petit restaurant que je fréquentais d'ordinaire, prenais mon repas, puis je faisais une assez longue promenade à travers les rues, dans une galerie d'art, dans les environs de la ville, sur le Lerchenberg. Je rentrais chez moi et reprenais les occupations de la matinée : je lisais, faisais de la musique, m'amusais même parfois vaguement à dessiner ou m'appliquais à écrire une lettre. Si après le dîner je n'allais pas au théâtre ou au concert, je m'installais au café et lisais les journaux jusqu'à l'heure du coucher. Mais la journée avait été belle, bonne, et d'un contenu satisfaisant, si j'avais trouvé un motif réussi au piano qui me parût à la fois beau et original, si de la lecture d'une nouvelle, de la contemplation d'un tableau, j'avais retiré une émotion tendre et durable...

Je n'omettrai pas non plus de dire qu'en organisant mon existence, je procédais avec un certain souci d'idéal, et veillais sérieusement à ce que mes journées fussent aussi riches en « contenu » que possible. Je faisais des repas modestes, avais en règle générale un seul costume, bref je réduisais soigneusement mes besoins corporels afin de pouvoir, par ailleurs, payer le prix fort pour une bonne place à l'opéra ou au concert, pour m'acheter de nouvelles parutions littéraires, visiter telle ou telle exposition...

---

2. **eine zarte und anhaltende Stimmung** : l'accent est donc, une fois encore, mis exclusivement sur la perception artistique, sur la qualité du sentiment éprouvé et son degré d'intensité. L'art fonctionne ici comme un paradis artificiel (cf. l'emploi du mot *drogue* **-Betäubung-** fin du ch. 10, p. 73) : les états d'âme éprouvés ne le sont que par emprunt ; leur durée même devient une considération majeure, puisqu'il s'agit de repousser les offensives de l'ennui qui guette leur fin (cf. dernier paragraphe de ce chapitre, p. 86).

Die Tage aber verstrichen, und es wurden Wochen und Monate daraus, — Langeweile[1]? Ich gebe zu: es ist nicht immer ein Buch zur Hand, das einer Reihe von Stunden den Inhalt verschaffen könnte; übrigens hast du ohne jedes Glück versucht, auf dem Klavier zu phantasieren, du sitzest am Fenster, rauchst Zigaretten, und unwiderstehlich beschleicht dich ein Gefühl der Abneigung von aller Welt und dir selbst; die Ängstlichkeit befällt dich wieder, die übelbekannte Ängstlichkeit, und du springst auf und machst dich davon, um dir auf der Straße mit dem heiteren Achselzucken des Glücklichen[2] die Berufs- und Arbeitsleute zu betrachten, die geistig und materiell zu unbegabt[3] sind für Muße und Genuß.

9

Ist ein Siebenundzwanzigjähriger überhaupt imstande, an die endgültige Unabänderlichkeit seiner Lage, und sei diese Unabänderlichkeit nur zu wahrscheinlich, im Ernste zu glauben? Das Zwitschern eines Vogels, ein winziges Stück Himmelsblau, irgendein halber und verwischter Traum zur Nacht, alles ist geeignet, plötzliche Ströme von vager Hoffnung in sein Herz zu gießen und es mit der festlichen Erwartung eines großen, unvorhergesehenen Glückes[4] zu erfüllen... Ich schlenderte von einem Tag in den andern, —

---

1. **Langeweile**: Th. M. ne découvre Schopenhauer qu'à l'automne 1899. L'*ennui* éprouvé par le paillasse n'en rappelle pas moins cette page du philosophe: « Ce qui fait l'occupation de tout être vivant, [...] c'est le désir de vivre. Eh bien, cette existence, une fois assurée, nous ne savons [...] à quoi l'employer! Alors intervient le *second ressort qui nous met en mouvement*, le désir de nous délivrer du fardeau de l'existence, de le rendre insensible, 'de tuer le temps', ce qui veut dire de *fuir l'ennui*. Aussi voyons-nous la plupart des gens à l'abri du besoin et des soucis, une fois débarrassés de tous les autres fardeaux, finir par être à charge à eux-mêmes, se dire à chaque heure qui passe: autant de gagné! » (cité dans *Schopenhauer*. Collection « Les Grands Textes », P.U.F., p. 176).

Les jours cependant s'écoulaient et devenaient des semaines et des mois. — De l'ennui ? Je l'admets : on n'a pas toujours sous la main un livre susceptible d'enrichir le contenu de plusieurs heures d'affilée ; on a, en outre, essayé sans le moindre succès de laisser libre cours à sa fantaisie au piano, on s'est assis à la fenêtre, on fume des cigarettes et on sent s'insinuer un irrésistible sentiment de dégoût vis-à-vis du monde entier et de soi-même ; on est à nouveau saisi par l'angoisse, l'angoisse maléfique et familière, et l'on bondit hors de chez soi pour aller contempler dans la rue, avec le joyeux haussement d'épaules du bienheureux, les gens qui ont un métier et un travail, et qui, tant sur le plan intellectuel que matériel, ne sont pas assez doués pour l'oisiveté et le plaisir.

9

Quand on a vingt-sept ans peut-on sérieusement croire sa situation définitive et immuable, même s'il semble fort probable qu'elle doive le rester ? Le pépiement d'un oiseau, une infime parcelle de ciel bleu, n'importe quel rêve à demi estompé pendant la nuit, tout est soudain susceptible de verser à torrents dans le cœur une espérance vague et de le remplir de l'attente joyeuse de quelque grand bonheur imprévu... Je flânais d'un jour à l'autre, —

2. **des Glücklichen** : noter l'ambiguïté de la formulation qui évoque *l'homme heureux* comme une tierce personne ≠ p. 28 et pp. 52-54.

3. **zu unbegabt** : les années de voyage n'ont donc nullement modifié le jugement du paillasse : il envisage toujours la société qui l'entoure selon la dichotomie homme de talent/philistin.

4. **mit der [...] Erwartung eines großen [...] Glückes** : le bonheur est l'objet d'une attente ; il semble donc à présent se distinguer de l'« oisiveté » et du « plaisir » évoqués au précédent paragraphe.

beschaulich, ohne ein Ziel, beschäftigt mit dieser oder jener kleinen Hoffnung, handele es sich auch nur um den Tag der Herausgabe einer unterhaltenden Zeitschrift, mit der energischen Überzeugung, glücklich zu sein, und hin und wieder ein wenig müde vor Einsamkeit.

Wahrhaftig, die Stunden waren nicht gerade selten[1], in denen ein Unwille[2] über Mangel an Verkehr und Gesellschaft mich ergriff, — denn ist es nötig, diesen Mangel zu erklären? Mir fehlte jede Verbindung mit der guten Gesellschaft und den ersten und zweiten Kreisen der Stadt; um mich bei der goldenen Jugend als fêtard einzuführen, gebrach es mir bei Gott an Mitteln, — und andererseits die Boheme? Aber ich bin ein Mensch von Erziehung, ich trage saubere Wäsche und einen heilen Anzug, und ich finde schlechterdings keine Lust darin, mit ungepflegten jungen Leuten an absinthklebrigen Tischen anarchistische Gespräche zu führen. Um kurz zu sein: es gab[3] keinen bestimmten Gesellschaftskreis, dem ich mit Selbstverständlichkeit angehört hätte[3], und die Bekanntschaften, die sich auf eine oder die andere Weise von selbst ergaben, waren selten, oberflächlich und kühl, — durch mein eigenes Verschulden[4], wie ich zugebe, denn ich hielt mich auch in solchen Fällen mit einem Gefühl der Unsicherheit zurück und mit dem unangenehmen Bewußtsein, nicht einmal einem verbummelten Maler auf kurze, klare und Anerkennung erweckende Weise sagen zu können, wer und was ich eigentlich sei.

---

1. **nicht... selten**: cf. p. 68. « Je ne tairai point que ce sentiment, et d'autres analogues, se répétaient *de temps à autre.* »

2. **Unwille**: subst. m. = *indignation, dépit, colère*; cf. **unwillig werden** = *se mettre en colère.*

3. **es gab [...] angehört hätte**: voici la définition même de l'outsider (en allemand: **der Außenseiter**). C'est le revers de ce « talent de société » évoqué p. 60 qu'il permet au paillasse de divertir *en* société, mais l'empêche d'appartenir à aucun cercle de *la* société. À cet égard, le titre anglais de la nouvelle proposé par David Luke *(The Joker)* convient parfaitement: le mot signifie bien sûr « bouffon » mais il représente

contemplatif, sans le moindre but, occupé à entretenir tel ou tel petit espoir, ne fût-ce que le jour de parution d'une revue amusante, avec l'énergique conviction d'être heureux, et de temps en temps un peu fatigué de ma solitude.

À vrai dire, elles n'étaient pas si rares, les heures où j'étais pris d'accès de colère face à cette absence de fréquentations et de compagnie, — faut-il en effet expliquer cette absence ? Je n'avais aucun contact avec la bonne société, qu'il s'agît des milieux les plus choisis ou de second ordre ; pour m'introduire parmi la jeunesse dorée en jouant les fêtards, mon Dieu, les moyens me faisaient défaut. — Et la bohème, d'un autre côté ? Mais je suis un homme de bonne éducation, je porte du linge propre et un costume impeccable, et je ne trouve pas le moindre plaisir à entretenir des conversations anarchistes avec des jeunes gens négligés autour de tables rendues poisseuses par l'absinthe. En bref, je n'appartenais naturellement à aucun cercle particulier de la société, et les rencontres qui, d'une manière ou d'une autre, se produisaient d'elles-mêmes, étaient rares, superficielles et sans chaleur, — par ma propre faute, je l'admets, car en de tels cas, trop peu sûr de moi-même, je demeurais en retrait, en proie à la désagréable conscience de ne pas pouvoir dire même à un peintre raté, d'une manière claire, rapide et qui lui inspirât du respect, qui j'étais et ce que j'étais en réalité.

---

aussi la carte à laquelle on peut attribuer toutes les couleurs, mais qui n'en possède elle-même aucune.

4. **durch mein eigenes Verschulden : etw. verschulden** = *être la cause de, se rendre responsable de qqch.* cf. **an etw. schuld sein** = *être responsable de qqch.*

Übrigens hatte ich ja wohl mit der »Gesellschaft« gebrochen und auf sie verzichtet, als ich mir die Freiheit nahm, ohne ihr in irgendeiner Weise zu dienen, meine eigenen Wege zu gehen[1], und wenn ich, um glücklich zu sein, der »Leute« bedurft hätte, so mußte ich mir erlauben, mich zu fragen, ob ich in diesem Falle nicht zur Stunde damit beschäftigt gewesen wäre, mich als Geschäftsmann größeren Stils gemeinnützlich[2] zu bereichern und mir den allgemeinen Neid und Respekt zu verschaffen.

Indessen[3] — indessen! Die Tatsache bestand, daß mich meine philosophische Vereinsamung in viel zu hohem Grade verdroß[4] und daß sie am Ende durchaus nicht mit meiner Auffassung von »Glück[5]« übereinstimmen[6] wollte, mit meinem Bewußtsein, meiner Überzeugung, glücklich zu sein, deren Erschütterung doch — es bestand kein Zweifel — schlechthin unmöglich war. Nicht glücklich sein, unglücklich sein: aber war das überhaupt denkbar? Es war undenkbar, und mit diesem Entscheid war die Frage erledigt, bis aufs neue[7] Stunden kamen, in denen mir dieses Fürsich-Sitzen, diese Zurückgezogenheit und Außerhalbstellung nicht in der Ordnung, durchaus nicht in der Ordnung erscheinen wollte und mich zum Erschrecken mürrisch machte.

»Mürrisch[8]« — war das eine Eigenschaft des Glücklichen? Ich erinnerte mich meines Lebens daheim in dem beschränkten Kreise,

---

1. **meine eigenen Wege zu gehen**: c'est précisément cette rupture avec la société que Bourget reprochait au dilettante (Schröter, p. 39).

2. ***gemein-nützlich**: cf. **gemein** = *commun* et **nützlich** = *utile*.

3. **indessen**: adv. a) *entre-temps*, b) *sur ces entrefaites*, c) *cependant*.

4. **verdroß**: **verdrießen (o/o)** = *contrarier, vexer, ennuyer, chagriner*. adj. **verdrießlich** = 1) *contrariant, fâcheux, désagréable* 2) *renfrogné, chagrin, morose*.

5. **meine Auffassung von »Glück«**: c'est la première fois que le narrateur met ouvertement en doute la logique inhérente à sa conception du bonheur.

Mais d'ailleurs j'avais bien rompu avec la « société » et renoncé à elle, lorsque j'avais pris la liberté, sans la servir en quelque manière, de suivre mon propre chemin ; et si, pour être heureux, j'avais eu besoin d'« autrui », je devais alors librement me poser cette question : dans cette hypothèse, n'aurais-je pas été à cette heure un marchand d'assez grande envergure occupé à s'enrichir pour le bien commun, et à se procurer l'envie et le respect de tous ?

Néanmoins — néanmoins ! Le fait demeurait que mon isolement philosophique me chagrinait à un degré excessif et s'avérait en dernier ressort absolument inconciliable avec ma conception du « bonheur », avec mon sentiment, ma conviction d'être heureux, conviction que pourtant — cela ne faisait aucun doute — rien au monde ne pouvait ébranler. Ne pas être heureux, être malheureux : mais cela était-il même pensable ? C'était impensable ; et par cette décision, la question se trouvait tranchée, jusqu'au retour des heures où cette vie passée dans mon coin, en retrait, hors du monde, semblait contraire, absolument contraire à l'ordre des choses, et me mettait d'une mauvaise humeur effroyable.

La « mauvaise humeur » — était-ce là un attribut du bienheureux ? Je me rappelais mon existence dans ma ville natale, dans le cercle restreint

6. **überein/stimmen : mit etw.*** = *concorder, être en harmonie avec qqch.*

7. **aufs neue :** expr. adverbiale = *de nouveau.*

8. **Mürrisch** = *grondeur, hargneux, morose, maussade*; **mürrisches Wesen** = *morosité.*

in dem ich mich mit dem vergnügten Bewußtsein meiner genial-artistischen Veranlagung bewegt hatte, — gesellig, liebenswürdig, die Augen voll Heiterkeit, Mokerie und überlegenem Wohlwollen für alle Welt, im Urteil der Leute ein wenig verwunderlich[1] und dennoch beliebt. Damals war ich glücklich gewesen, trotzdem[2] ich in dem großen Holzgeschäfte des Herrn Schlievogt hatte arbeiten müssen; und nun? Und nun?...

Aber ein über die Maßen interessantes Buch ist erschienen, ein neuer französischer Roman[3], dessen Ankauf ich mir gestattet habe und den ich, behaglich im Lehnsessel, mit Muße genießen werde. Dreihundert Seiten, wieder einmal, voll Geschmack, Blague und auserlesener Kunst! Ah, ich habe mir mein Leben zu meinem Wohlgefallen[4] eingerichtet! Bin ich vielleicht nicht glücklich? Eine Lächerlichkeit, diese Frage, und weiter nichts...

10

Wieder einmal ist ein Tag zu Ende, ein Tag, dem nicht abzusprechen ist, Gott sei Dank, daß er Inhalt hatte; der Abend ist da, die Vorhänge des Fensters sind geschlossen, auf dem Schreibtische brennt die Lampe, es ist beinahe schon Mitternacht. Man könnte zu Bette gehen, aber man verharrt halb liegend im Lehnsessel, und die Hände im Schoße gefaltet,

---

1. **verwunderlich** = *étonnant, surprenant, étrange*. cf. **wunderlich** = *bizarre, étrange, singulier*. **sich verwunderlichen** (plus courant: **sich wundern**) = *s'étonner, être surpris*. cf. l'expr. **Was Wunder, wenn...** = *Qu'y-a-t-il d'étonnant si...*

2. **trotzdem**: plutôt employé aujourd'hui comme adverbe signifiant *pourtant, malgré tout*, la conjonction *bien que* étant **obwohl, obschon**.

3. **ein... französischer Roman**: ce goût empreint d'un certain snobisme caractérise bien le dilettante.

où j'avais évolué, avec l'assurance satisfaite de mes dispositions au génie artistique — sociable, affable, les yeux pétillants de gaieté, d'ironie et d'une supériorité bienveillante envers le monde entier, passant pour quelque peu étrange auprès des gens, mais néanmoins apprécié. J'étais heureux à cette époque, quoiqu'il m'eût fallu travailler pour le grand commerce de bois de M. Schlievogt ; et à présent ? À présent ?...

Mais un livre plus intéressant que la moyenne vient de paraître, un nouveau roman français, que je me suis autorisé à acheter et goûterai à loisir, confortablement installé dans mon fauteuil. Trois cents pages, encore une fois, toutes pleines de bon goût, d'humour et d'art consommé. Eh ! c'est que j'ai aménagé mon existence pour mon plus grand agrément ! Je ne serais pas heureux, peut-être ? Balivernes que cette question, rien de plus...

10

Une nouvelle journée s'achève, journée dont on ne saurait nier, Dieu merci, qu'elle ait été riche en contenu ; le soir est arrivé, les rideaux des fenêtres sont tirés, la lampe brûle sur le bureau, il est déjà presque minuit. On pourrait aller se coucher, mais on s'attarde, à moitié allongé dans son fauteuil, et, les mains repliées sur les genoux,

---

4. **zu meinem *Wohl-gefallen :** le paillasse apprendra peu à peu à distinguer cette forme d'agrément de ce qu'il appellera, p. 120, **das Gefallen an sich selbst**, seule véritable garantie du bonheur.

blickt man zur Decke empor, um mit Ergebenheit das leise Graben und Zehren irgendeines halb unbestimmten Schmerzes zu verfolgen, der nicht hat verscheucht werden können.

Vor ein paar Stunden noch habe ich mich der Wirkung eines großen Kunstwerkes[1] hingegeben, einer dieser ungeheuren und grausamen Schöpfungen, welche mit dem verderbten Pomp eines ruchlos genialen Dilettantismus rütteln, betäuben, peinigen, beseligen, niederschmettern... Meine Nerven beben noch, meine Phantasie ist aufgewühlt, seltene Stimmungen wogen in mir auf und nieder, Stimmungen von Sehnsucht, religiöser Inbrunst, Triumph, mystischem Frieden, — und ein Bedürfnis ist dabei, das sie stets aufs neue emportreibt, das sie heraustreiben möchte: das Bedürfnis, sie zu äußern, sie mitzuteilen, sie zu zeigen, »etwas daraus zu machen[2]«...

Wie, wenn ich in der Tat ein Künstler wäre, befähigt, mich in Ton, Wort oder Bildwerk zu äußern, — am liebsten, aufrichtig gesprochen, in allem zu gleicher Zeit[3]? — Aber es ist wahr, daß ich allerhand vermag! Ich kann, zum guten Beispiel, mich am Flügel niederlassen, um mir im stillen Kämmerlein meine schönen Gefühle vollauf zum besten zu geben, und das sollte mir billig genügen; denn wenn ich, um glücklich zu sein, der »Leute« bedürfte, —zugegeben dies alles! Allein gesetzt, daß ich auch auf den Erfolg ein wenig Wert legte, auf den Ruhm, die Anerkennung, das Lob, den Neid, die Liebe?...

---

1. **eines großen Kunstwerkes**: allusion probable à Wagner dont Th. M., dans *Souffrance et Grandeur de Richard Wagner* (1933), avait critiqué le « dilettantisme poussé au génial et rendu monumental avec une force de volonté et une intelligence extrême » *(Wagner et notre temps*, trad. F. Bertaux, p. 70).

2. **das Bedürfnis** [...] **« etwas daraus zu machen »** : sur ce débordement de créativité impossible à canaliser, cf. *Schwere Stunde* (1905) : « Le talent lui-même — n'était-il pas douleur ? Et si *cela*, là-bas, cette œuvre infortunée, le faisait souffrir, n'était-ce pas dans l'ordre des choses et presque déjà bon signe ? Jamais il n'avait senti de jaillissement, et s'il le

on lève les yeux vers le plafond pour suivre avec résignation une douleur diffuse qui vous mine et vous ronge en silence, et qu'on n'est pas arrivé à chasser.

Voici quelques heures encore, je me suis abandonné aux effets d'un grand chef-d'œuvre, d'une de ces créations à la fois monstrueuses et cruelles qui, par le faste pervers d'un vil et génial dilettantisme, vous secouent, vous étourdissent, vous tourmentent, vous transportent de bonheur et vous écrasent sous leur poids... Mes nerfs sont encore tout tremblants, mon imagination en émoi ; d'inhabituels états d'âme montent et refluent en moi, empreints de désir, de ferveur religieuse, de triomphe, de paix mystique ; et un besoin les accompagne, qui ne cesse de les faire affleurer, qui voudrait les faire jaillir : le besoin de les exprimer, de les communiquer, de les montrer, « d'en faire quelque chose »...

Eh quoi, si j'étais en réalité un artiste capable de s'exprimer par les sons, par les mots ou par les images, et de préférence, pour être franc, par un mélange des trois ? — Mais c'est la vérité : je suis capable d'une multitude de choses ! Je puis, pour prendre un bon exemple, m'asseoir au piano pour m'offrir dans la petite pièce silencieuse la meilleure restitution de mes grandioses sentiments : voilà qui aurait toutes les raisons de me satisfaire ; car si, pour être heureux, j'avais besoin « d'autrui », — admettons tout cela ! Mais supposons simplement que j'accorde un peu de valeur au succès, au renom, à l'estime, aux louanges, à l'envie, à l'amour ?...

---

ressentait, alors il commencerait vraiment à se méfier. Seuls éprouvent ce jaillissement les bâcleurs et les dilettantes, ceux qui sont vite satisfaits, et les ignorants qui ne vivent pas sous la pression et la discipline du talent. » (*Die Erzählungen*, p. 416 ; traduit par nous.)

3. **in allem zu gleicher Zeit** : cf. « l'œuvre totale » où Wagner espérait réunir poésie, musique et théâtre, et qui représente ainsi l'ultime et parfaite expression du dilettantisme aux yeux de Th. M. (*Souffrance et Grandeur de Richard Wagner*, pp. 70-2).

Bei Gott! Schon wenn ich mich an die Szene in jenem Salon zu Palermo erinnere, so muß ich zugeben, daß ein ähnlicher Vorfall in diesem Augenblick für mich eine unvergleichlich wohltuende Ermunterung bedeuten würde.

Wohlüberlegt, ich kann nicht umhin[1], mir diese sophistische und lächerliche Begriffsunterscheidung[2] zu gestehen: die Unterscheidung zwischen innerem und äußerem Glück! — Das »äußere Glück«, was ist das eigentlich? — Es gibt eine Art von Menschen, Lieblingskinder Gottes, wie es scheint, deren Glück das Genie und deren Genie das Glück ist, Lichtmenschen[3], die mit dem Widerspiel und Abglanz[4] der Sonne in ihren Augen auf eine leichte, anmutige und liebenswürdige Weise durchs Leben tändeln, während alle Welt sie umringt, während alle Welt sie bewundert, belobt, beneidet und liebt, weil auch der Neid unfähig ist, sie zu hassen. Sie aber blicken darein wie die Kinder, spöttisch, verwöhnt, launisch, übermütig, mit einer sonnigen Freundlichkeit, sicher ihres Glückes und Genies, und als könne das alles durchaus nicht anders sein...

Was mich betrifft, ich leugne die Schwäche nicht, daß ich zu diesen Menschen gehören möchte, und es will mich, gleichviel ob mit Recht oder Unrecht, immer aufs neue bedünken, als hätte ich einstmals zu ihnen gehört: vollkommen »gleichviel«, denn seien wir ehrlich: es kommt darauf an, für was man sich hält, für was man sich gibt, für was man die Sicherheit hat, sich zu geben[5]!

---

1. **ich kann nicht umhin [...] zu...** = *je ne puis m'empêcher de...*

2. ***Begriffs-unterscheidung**: cf. **Begriff**, m. = *concept* et le verbe **begreifen (i/i)** = *saisir, comprendre, concevoir.*

3. **Lichtmenschen**: d'après Vaget *(Th. M. Kommentar*, p. 66) on peut apercevoir derrière cette évocation de l'antithèse du paillasse, l'image de Goethe, tel qu'il est opposé au dilettante dans *Schwerre Stunde* (cf. note 2, p. 80) : « Les détails de ce portrait de Goethe proviennent de *L'École*

Par ma foi, au seul souvenir de la scène dans ce salon à Palerme, je me dois de reconnaître qu'un épisode analogue, en ce moment, me procurerait un encouragement, un réconfort à nul autre pareil.

Tout bien réfléchi, je ne puis me refuser de faire cette ridicule distinction de sophiste, entre le bonheur intérieur et extérieur ! — Le « bonheur extérieur », qu'est-ce en réalité ? — Il est une espèce d'hommes, enfants chéris des dieux, semble-t-il, dont le bonheur est le génie et dont le génie est le bonheur, des êtres de lumière qui, reflétant l'éclat du soleil dans leurs yeux, traversent la vie en batifolant, légers, gracieux et affables, tandis que le monde entier les entoure, que le monde entier les couvre d'admiration, de louanges, d'envie et d'amour, parce que l'envie même est incapable de les haïr. Mais eux regardent tout cela comme des enfants moqueurs, trop gâtés, capricieux, orgueilleux, rayonnants de bienveillance, confiants dans leur bonheur et leur génie, et comme s'il ne pouvait absolument pas en être autrement...

Quant à moi, je ne nierai pas cette faiblesse : je voudrais être de ces hommes, et je ne cesse de croire à nouveau, peu importe que ce soit à tort ou à raison, avoir jadis été l'un des leurs : peu importe vraiment, car soyons honnêtes, tout dépend de ce pour quoi l'on se prend, de ce pour quoi l'on se fait passer, de ce pour quoi on a l'aplomb de se faire passer !

---

romantique de Henri Heine et de son *Histoire de la religion et de la philosophie en Allemagne* ; l'expression "homme de lumière" y est utilisée à propos du philosophe Schelling. »

4. **mit dem Widerspiel und Abglanz : Widerspiel**, n. = *contraire, contrepartie, opposé ;* **Abglanz**, m. = *éclat reflété, emprunté* (également au sens figuré).

5. **es kommt darauf an [...] sich zu geben :** cette théorie sera mise à l'épreuve lors de la rencontre avec l'ami Schilling, ch. 14, pp. 122-124.

Vielleicht verhält es sich in Wirklichkeit nicht anders, als daß ich auf dieses »äußere Glück« verzichtet habe, indem ich mich dem Dienst der »Gesellschaft« entzog und mir mein Leben ohne die »Leute« einrichtete. An meiner Zufriedenheit aber, damit ist, wie selbstverständlich, in keinem Augenblick zu zweifeln, kann nicht gezweifelt werden, darf nicht gezweifelt werden; — denn, um es zu wiederholen, und zwar mit einem verzweifelten Nachdruck zu wiederholen: Ich will und muß glücklich sein! Die Auffassung des »Glückes« als eine Art von Verdienst, Genie, Vornehmheit, Liebenswürdigkeit[1], die Auffassung des »Unglücks« als etwas Häßliches, Lichtscheues[2], Verächtliches und mit einem Worte Lächerliches ist mir zu tief eigentlich, als daß ich mich selbst noch zu achten vermöchte, wenn ich unglücklich wäre.

Wie dürfte ich mir gestatten, unglücklich zu sein? Welche Rolle[3] müßte ich vor mir spielen? Müßte ich nicht als eine Art von Fledermaus oder Eule im Dunkel hocken[4] und neidisch zu den »Lichtmenschen« hinüberblinzeln[5], den liebenswürdigen Glücklichen? Ich müßte sie hassen, mit jenem Haß, der nichts ist als eine vergiftete Liebe[6], — und mich verachten?

»Im Dunkeln hocken!« Ah, und mir fällt ein, was ich seit manchem Monat hin und wieder über meine »Außerhalbstellung« und »philosophische Vereinsamung« gedacht und gefühlt habe!

---

1. ***liebens-würdig**: adj. = m. à m. *digne d'amour*, cf. plus bas *aimable*.

2. **etwas [...] *<u>Licht-scheues</u>**: adj. = m. à m. *qui craint la lumière;* **scheu** = *timide, peureux, craintif.*

3. **Welche Rolle**: après avoir exercé ses talents d'acteur sur les autres (cf. ch. 3, p. 42 «jouer les affables»), le paillasse est désormais contraint de se jouer à lui-même la comédie du bonheur.

4. **hocken** = *se tenir accroupi, être blotti;* **die ganze Zeit zu Hause hocken** = *rester tout le temps à la maison.*

5. **hinüber/blinzeln**: cf. ch. 5, p. 52: «Je faisais partie de l'élite des riches, des enviés qui avaient une fois pour toutes le droit <u>d'abaisser</u>

Peut-être tout se déroule-t-il en réalité effectivement comme si j'avais renoncé à ce « bonheur extérieur » en me soustrayant au service de la « société » et en me ménageant une vie indépendante des « autres gens ». Mais que j'en sois satisfait, il ne faut, cela s'entend, en douter à aucun moment, on ne saurait en douter, on n'a pas le droit d'en douter ; — car, pour le répéter, et en vérité pour le répéter avec l'énergie du désespoir : je veux et dois être heureux ! Le « bonheur », synonyme de mérite, de génie, de distinction, d'affabilité ; le « malheur », synonyme de ce qui est laid, ami de l'ombre, méprisable, et en un mot ridicule : cette conception m'est trop profondément essentielle pour que je puisse encore me respecter moi-même si j'étais malheureux.

Comment pourrais-je me permettre d'être malheureux ? Quel rôle devrais-je donc jouer vis-à-vis de moi-même ? Ne devrais-je pas, comme une espèce de chauve-souris ou de chouette, rester tapi dans l'obscurité et cligner jalousement des yeux vers les hauteurs, vers les êtres de lumière, vers les aimables bienheureux ? Je devrais les haïr, de cette haine qui n'est rien d'autre qu'un amour empoisonné, — et me mépriser ?

« Rester tapi dans l'obscurité ! » Ah... et me reviennent à l'esprit cette pensée et ce sentiment que m'inspirent depuis bien des mois mon « retrait hors du monde » et mon « isolement philosophique » !

---

leur regard avec un mépris bienveillant sur les pauvres, sur les malheureux, sur ceux qui les enviaient. » Les rôles sont maintenant intervertis : c'est le paillasse lui-même qui se trouve en position d'inférieur.

6. **vergiftete Liebe : vergiften** = *empoisonner*, cf. **Gift**, n. = *poison.*

Und die Angst meldet sich wieder, die übelbekannte Angst! Und das Bewußtsein irgendeiner Art von Empörung gegen eine drohende Macht[1]...

— Unzweifelhaft, daß sich ein Trost fand, eine Ablenkung, eine Betäubung[2] für dieses Mal und ein anderes und wiederum ein nächstes. Aber es kehrte wieder, alles dies, es kehrte tausendmal wieder im Laufe der Monate und der Jahre.

11

Es gibt Herbsttage, die wie ein Wunder sind. Der Sommer ist vorüber, draußen hat längst das Laub zu vergilben begonnen, und in der Straße hat tagelang bereits der Wind um alle Ecken gepfiffen, während in den Rinnsteinen unreinliche Bäche sprudelten. Du hast dich[3] darein ergeben, du hast dich sozusagen am Ofen bereit gesetzt, um den Winter über dich ergehen zu lassen; eines Morgens aber beim Erwachen bemerkst du mit ungläubigen Augen, daß ein schmaler Streif von leuchtendem Blau zwischen den Fenstervorhängen hindurch in dein Zimmer blitzt. Ganz erstaunt springst du aus dem Bette, du öffnest das Fenster, eine Woge von zitterndem Sonnenlicht strömt dir entgegen, und zugleich vernimmst du durch alles Straßengeräusch hindurch ein geschwätziges und munteres Vogelgezwitscher, während es dir nicht anders ist, als atmetest du mit der frischen und leichten Luft eines Oktobertages die unvergleichlich süße und verheißungsvolle Würze ein, die sonst den Winden des Mai gehört.

---

1. **eine drohende Macht** : cf. ch. 8, p. 69 « la conscience secrète d'une espèce de révolte, de soulèvement de mon être contre une force menaçante... » Celle-ci sera définie dans les trois chapitres suivants. « *Le Petit Monsieur Friedemann* » lui aussi devient la victime d'une force qu'il a réprimée toute sa vie durant. Tel est également le cas d'Aschenbach

Et l'angoisse s'annonce à nouveau, cette angoisse désagréablement familière ! Et un vague sentiment de révolte contre une force menaçante...

— Sans doute, il se trouva une consolation, une distraction, une drogue pour cette fois et pour la suivante, et pour la suivante encore. Mais tout cela revint, tout cela revint en se répétant mille fois au cours des mois et des années.

11

Il y a des journées d'automne presque miraculeuses. L'été s'en est allé, dehors les feuilles ont depuis longtemps commencé à jaunir et pendant des journées entières, déjà, le vent a soufflé à tous les coins de rue, tandis que des ruisseaux d'eau sale se déversaient dans les caniveaux. On s'y est résigné, on s'est pour ainsi dire assis près du poêle, prêt à supporter patiemment l'hiver ; mais un matin au réveil, on remarque d'un œil incrédule qu'une mince bande d'un bleu éclatant resplendit dans la chambre à travers les rideaux. Tout surpris, on saute de son lit, on ouvre la fenêtre, on est inondé par un flot de soleil vacillant, et l'on perçoit en même temps, à travers toutes les rumeurs de la rue, le pépiement bavard et joyeux des oiseaux, tandis qu'on a la nette impression de respirer avec l'air frais et léger d'une journée d'octobre l'arôme incomparablement doux et prometteur qui, d'habitude, accompagne les brises de mai.

---

dans *La Mort à Venise*. Thème essentiel dans l'œuvre de Th. M., et dont on trouve ici un des premiers développements.

2. **eine Betäubung** : subst. = *étourdissement, assoupissement, stupeur*. **Betäubungsmittel** = *stupéfiant, anesthésique*. **betäuben** = 1) *anesthésier, insensibiliser* 2) *étourdir, assourdir, engourdir*. Cf. p. 71, note 2.

3. **Du hast dich...** : m. à m. *tu t'y es résigné*, mais cette formulation a plutôt une valeur généralisante.

Es ist Frühling, es ist ganz augenscheinlich Frühling, dem Kalender zum Trotz[1], und du wirfst dich in die Kleider, um unter dem schimmernden Himmel durch die Straßen und ins Freie[2] zu eilen...

Ein so unverhoffter und merkwürdiger Tag erschien vor nunmehr etwa vier Monaten — wir stehen augenscheinlich am Anfang des Februar —, und an diesem Tage sah ich etwas ausnehmend Hübsches[3]. Vor neun Uhr am Morgen hatte ich mich aufgemacht, und ganz erfüllt von einer leichten und freudigen Stimmung, von einer unbestimmten Hoffnung auf Veränderungen, Überraschungen und Glück schlug ich den Weg zum Lerchenberge ein. Ich stieg am rechten Ende der Hügel hinan, und ich verfolgte[4] seinen ganzen Rücken der Länge nach, indem ich mich stets auf der Hauptpromenade am Rande und an der niedrigen Steinrampe hielt, um auf dem ganzen Wege, der wohl eine kleine halbe Stunde in Anspruch nimmt[5], den Ausblick über die leicht terrassenförmig abfallende Stadt und den Fluß frei zu haben, dessen Schlingungen in der Sonne blinkten und hinter dem die Landschaft mit Hügeln und Grün im Sonnendunst verschwamm.

Es war noch beinahe menschenleer hier oben. Die Bänke jenseits des Weges standen einsam, und hie und da blickte zwischen den Bäumen eine Statue hervor, weißschimmernd vor Sonne, während doch ein welkes Blatt dann und wann langsam darauf niedertaumelte.

---

1. **zum Trotz**: précédé du datif = *en dépit de*; cf. le v. **(jmdm) trotzen** = *défier, braver, affronter, tenir tête (à qqn).*

2. **ins Freie**: acc. (quand il y a mouvement); au dat. **im Freien** = *en plein air, dehors, en pleine campagne.*

3. **etwas ausnehmend Hübsches**: cette formule cherche à afficher un certain détachement, dont on verra qu'il correspond bien peu au sentiment réellement éprouvé par le narrateur.

4. **verfolgen**: 1) *poursuivre, pourchasser, donner la chasse à, persécuter*; 2) **die Ereignisse gespannt*** = *suivre les événements avec passion.*

C'est le printemps, c'est très manifestement le printemps, en dépit du calendrier, et l'on se jette sur ses vêtements pour se précipiter à travers les rues et sous le ciel éclatant, vers le grand air...

Une journée aussi étonnante et inespérée se présenta, il y a de cela près de quatre mois — nous sommes visiblement début février —, et ce jour-là, je vis quelque chose d'exceptionnellement joli. Dès avant neuf heures du matin, je m'étais mis en route le cœur léger, d'humeur joyeuse, et tout plein de l'espoir de je ne sais quels changements, de je ne sais quelle heureuse surprise, je pris le chemin du Lerchenberg. Je gravis la colline par la droite et j'en longeai toute la crête en me tenant au bord de l'avenue dont je suivais le parapet en pierre peu élevé, jouissant ainsi tout le long du chemin, qui prenait bien une petite demi-heure, d'une libre perspective sur la ville légèrement inclinée en terrasses et sur la rivière dont les méandres scintillaient au soleil, tandis qu'au-delà le paysage de collines et de verdure s'estompait dans la brume ensoleillée.

Il n'y avait encore presque personne sur ces hauteurs. Les bancs de chaque côté du chemin demeuraient solitaires, et ici et là, entre les arbres, une statue d'un blanc étincelant sous le soleil montrait la tête, tandis pourtant qu'une feuille morte tombait lentement de temps à autre en tournoyant.

---

5. **in Anspruch nimmt**: subst. m. = 1) *prétention;* **große Ansprüche haben** = *avoir de grandes prétentions*, 2) **jmdn sehr in Anspruch nehmen** = *occuper beaucoup qqn*; **die Aufmerksamkeit jmds in A. nehmen** = *requérir, captiver l'attention de qqn.*

Die Stille, der ich horchte, während ich im Wandern den Blick auf das lichte Panorama zur Seite gerichtet hielt, blieb ungestört, bis ich das Ende des Hügels erreicht hatte und der Weg sich zwischen alten Kastanien zu senken begann. Hier jedoch klang hinter mir Pferdegestampf und das Rollen eines Wagens auf, der sich in raschem Trabe näherte und dem ich an der Mitte etwa des Abstieges Platz machen mußte. Ich trat zur Seite und blieb stehen.

Es war ein kleiner, ganz leichter und zweirädriger Jagdwagen[1], bespannt[2] mit zwei großen, blanken und lebhaft schnaubenden Füchsen. Die Zügel hielt eine junge Dame von neunzehn vielleicht oder zwanzig Jahren, neben der ein alter Herr von stattlichem und vornehmem Äußern saß, mit weißem à la russe aufgebürstetem Schnurrbart und dichten, weißen Augenbrauen. Ein Bedienter in einfacher, schwarzsilberner Livree dekorierte[3] den Rücksitz.

Das Tempo der Pferde war beim Beginn des Abstieges zum Schritt verzögert[4] worden, da das eine von ihnen nervös und unruhig schien. Es hatte sich weit seitwärts von der Deichsel entfernt, drückte den Kopf auf die Brust und setzte seine schlanken Beine mit einem so zitternden Widerstreben, daß der alte Herr, ein wenig besorgt, sich vorbeugte, um mit seiner elegant behandschuhten Linken der jungen Dame beim Straffziehen[5] der Zügel behilflich[6] zu sein.

---

1. **ein [...] *zwei-rädriger *Jagd-wagen**: adj. cf. **Rad**, = *roue*; subst. cf. **Jagd**, f. = *chasse*. (N.B. : un cabriolet ne comporte que deux roues.) Début de l'épisode annoncé au 1er paragraphe du ch. 8, p. 67.

2. **bespannt : einen Wagen mit Pferden bespannen** = *atteler des chevaux à une voiture* ≠ au sens propre et figuré : **gespannt sein** *être tendu.*

3. **dekorierte :** le terme est révélateur du regard d'esthète porté sur le monde, et qui s'affirme depuis le début de ce chapitre.

4. **verzögern** = *retarder, différer ;* **sich*** = *se traîner en longueur, se faire attendre.* ≠ **zögern** : sens psychologique : *hésiter.*

Rien ne troubla le silence auquel, tout en me promenant, je prêtais l'oreille sans détourner le regard de ce lumineux panorama sur le côté, jusqu'au moment où j'eus atteint l'extrémité de la colline et où le chemin commença à descendre parmi les vieux marronniers. Là, cependant, j'entendis retentir derrière moi le martèlement d'un cheval et le roulement d'une voiture qui s'approchait au grand trot et à laquelle je dus faire place vers le milieu de la descente. Je m'écartai et restai immobile.

C'était un petit cabriolet de chasse tout léger, tiré par deux grands alezans à la robe lustrée, qui s'ébrouaient vivement. Une jeune dame de dix-neuf ou peut-être vingt ans tenait les rênes ; à côté d'elle était assis un vieux monsieur d'allure imposante et distinguée avec une barbiche blanche retroussée à la russe et d'épais sourcils blancs. Un serviteur vêtu d'une simple livrée noir et argent décorait le siège arrière.

Les chevaux avaient été mis au pas au moment d'amorcer la descente, car l'un d'entre eux semblait nerveux et agité. Il s'était beaucoup écarté du timon, pressait la tête contre son poitrail, ses jambes effilées tressaillaient, refusant d'avancer, si bien que le vieux monsieur, un peu inquiet, se pencha en avant pour aider la jeune dame, de sa main gauche élégamment gantée, à tirer sur les rênes.

---

5. ***straff-ziehen : straff** = *tendu, raide,* **ziehen (o/o)** = *tirer.*

6. **jmdm bei etw. behilflich sein** = *aider qqn à faire qqch.*, cf. **die Hilfe :** *l'aide, le secours.*

Die Lenkung[1] schien ihr nur vorübergehend[2] und halb zum Scherze anvertraut worden, wenigstens sah es aus, als ob sie das Kutschieren mit einer Art von kindlicher Wichtigkeit und Unerfahrenheit[3] zugleich behandelte. Sie machte eine kleine, ernsthafte und indignierte Kopfbewegung, während sie das scheuende und stolpernde Tier zu beruhigen suchte.

Sie war brünett und schlank[4]. Auf ihrem Haar, das überm Nacken zu einem festen Knoten[5] gewunden war und das sich ganz leicht und lose um Stirn und Schläfen legte, so daß einzelne lichtbraune Fäden zu unterscheiden waren, saß ein runder, dunkelfarbiger Strohhut, geschmückt ausschließlich mit einem kleinen Arrangement von Bandwerk. Übrigens trug sie eine kurze, dunkelblaue Jacke und einen schlichtgearbeiteten[6] Rock aus hellgrauem Tuch.

In ihrem ovalen und feingeformten Gesicht, dessen zartbrünetter Teint von der Morgenluft frisch gerötet war, bildeten das Anziehendste[7] sicherlich die Augen : ein Paar schmaler und langgeschnittener Augen[8], deren kaum zur Hälfte sichtbare Iris blitzend schwarz war und über denen sich außerordentlich gleichmäßige und wie mit der Feder gezeichnete Brauen wölbten[9]. Die Nase war vielleicht ein wenig zu lang, und der Mund, dessen Lippenlinien jedenfalls klar und fein waren, hätte schmaler sein dürfen. Im Augenblicke aber wurde ihm durch die schimmernd weißen und etwas voneinander entfernt stehenden Zähne ein Reiz gegeben,

---

1. **Die Lenkung** = *direction, conduite;* **lenken** = *conduire, piloter, diriger.*

2. **vorübergehend** : adj. = *passager, éphémère, temporaire, provisoire;* adv. = *en passant, provisoirement.*

3. ***Un-erfahrenheit** : cf. **Erfahrung** = *expérience* et l'adj. **erfahren** = *expérimenté, qui a de la pratique, de l'expérience.*

4. **Sie war brünett und schlank** : ici commence, après l'évocation relativement détaillée des parents au 1er ch., le premier véritable portrait

Celles-ci semblaient ne lui avoir été confiées que pour un temps et à demi pour plaisanter. On avait en tout cas l'impression qu'elle conduisait l'attelage avec un mélange de gravité et d'inexpérience enfantine. Elle fit de la tête un petit mouvement à la fois sérieux et indigné tout en cherchant à calmer l'animal effarouché qui bronchait.

Elle était brune et élancée. Ses cheveux, rassemblés en un solide chignon au-dessus de la nuque, reposaient en flottant légèrement sur son front et sur ses tempes, si bien qu'on y distinguait des mèches châtain clair. Ils étaient couverts d'un chapeau rond de couleur sombre, avec pour toute parure un petit arrangement de rubans. Elle portait en outre une courte jaquette bleu foncé et une robe à la coupe simple, d'une étoffe gris clair.

Elle avait le visage ovale et les traits fins, le teint mat et délicat, rosi par la fraîcheur de l'air matinal; les yeux formaient sans nul doute le principal attrait: deux yeux fendus en amande, dont l'iris, seulement à demi visible, brillait d'un noir éclatant, et surmontés de sourcils qui formaient un arc d'une extraordinaire régularité, comme tracé à la plume. Le nez était peut-être un peu long et la bouche, dont les lèvres dessinaient en tout cas une ligne claire et fine, aurait pu être moins pleine. Mais à cet instant précis, ses dents d'une blancheur éclatante et légèrement écartées lui conféraient un attrait particulier,

---

de la nouvelle, description à la mesure de l'importance conférée à cette rencontre.

5. **Knoten**: subst. m. = 1) *nœud* 2) *chignon.*

6. **schlicht**: adj. = *simple, modeste, frugal.*

7. **das Anziehendste**: **anziehen (o/o)** = 1) *enfiler, mettre;* 2) *attirer;* **sich*** = *s'habiller.*

8. ***lang-geschnittene Augen**: m. à m. *yeux longuement fendus* cf. **schneiden (i/i)** = *couper, tailler.*

9. **sich [...] wölbten**: v. réfléchi = *se voûter*, cf. **Wölbung** = *voûte, cintre.*

die das junge Mädchen bei den Bemühungen um das Pferd energisch auf die Unterlippe drückte und mit denen sie das fast kindlich runde Kinn ein wenig emporzog.

Es wäre ganz falsch, zu sagen, daß dieses Gesicht von auffallender und bewunderungswürdiger Schönheit gewesen sei. Es besaß den Reiz der Jugend und der fröhlichen Frische, und dieser Reiz war gleichsam geglättet, stillgemacht und veredelt durch die wohlhabende Sorglosigkeit, vornehme Erziehung und luxuriöse Pflege; es war gewiß, daß diese schmalen und blitzenden Augen, die jetzt mit verwöhnter Ärgerlichkeit auf das störrische Pferd blickten, in der nächsten Minute wieder den Ausdruck sicheren und selbstverständlichen Glückes[1] annehmen würden. — Die Ärmel der Jacke, die an den Schultern weit und bauschig waren, umspannten ganz knapp die schlanken Handgelenke, und niemals habe ich einen entzückenderen Eindruck von auserlesener Eleganz empfangen als durch die Art, mit der diese schmalen, unbekleideten, mattweißen Hände die Zügel hielten! —

Ich stand am Wege, von keinem Blicke gestreift[2], während der Wagen vorüberfuhr, und ich ging langsam weiter, als er sich wieder in Trab setzte und rasch verschwand. Was ich empfand, war Freude und Bewunderung; aber irgendein seltsamer und stechender Schmerz meldete sich[3] zur gleichen Zeit, ein herbes und drängendes Gefühl von — Neid? von Liebe? — ich wagte es nicht auszudenken —, von Selbstverachtung?

---

1. **selbstverständlichen Glückes**: avant même d'être radicalement remis en question, le bonheur du paillasse n'allait jamais de soi, il était déjà l'objet d'un effort — lacunaire — de définition, donc de réflexion; la réflexion, génératrice de distance vis-à-vis de soi-même, entrave au bonheur *naïf*, est un trait commun aux personnages d'artistes *sentimentaux* (sur ce terme schillerien, cf. notre préface à *La Mort à Venise*, pp. 9-10) dans l'œuvre de Th. M. (cf. *Tonio Kröger* et les réflexions de Spinell sur la « mauvaise conscience » de l'écrivain dans *Tristan*, ch. 6, p. 172).

tandis que la jeune fille, dans ses efforts pour maîtriser le cheval, mordait énergiquement sa lèvre inférieure et relevait quelque peu son menton d'une rondeur presque enfantine.

Il serait entièrement faux de dire que ce visage était d'une saisissante et admirable beauté. Il avait le charme de la jeunesse et en avait la joyeuse fraîcheur, mais ce charme avait été comme poli, adouci et ennobli par une vie d'aisance et d'insouciance, une excellente éducation et les soins qui accompagnent une existence luxueuse ; il était certain que ses yeux en amande et étincelants, qui regardaient maintenant avec un air d'enfant gâté en colère le cheval rétif, reprendraient la minute suivante l'expression confiante d'un bonheur allant de soi. Les manches de la jaquette, larges et bouffantes aux épaules, serraient étroitement ses poignets graciles, et je n'ai jamais ressenti aussi délicieuse impression d'élégance et de raffinement qu'à voir la façon dont elle tenait les rênes de ses mains nues à la peau claire et mate ! —

Je restai au bord du chemin, sans qu'un regard m'effleurât, tandis que la voiture passait, et je poursuivis ma route lentement lorsqu'elle se remit au trot pour disparaître bientôt. J'éprouvai un mélange de joie et d'admiration ; mais je ne sais quelle étrange et perçante douleur se fit sentir en même temps, un sentiment amer et obsédant de — d'envie ? d'amour ? — je n'osais pas aller au bout de ma pensée —, de mépris de moi-même ?

2. **von keinem Blicke gestreift** : première expérience d'exclusion, à laquelle succéderont la scène de l'opéra, celle de la vente de charité, et la confrontation avec Schilling au 14e ch.

3. **irgendein [...] Schmerz meldete sich** : cf. l'emploi du même verbe ch. 10, p. 86 (avant-dernier § : **Und die Angst meldet sich wieder**). La « force menaçante » que le narrateur redoutait commence maintenant à se préciser.

Während ich schreibe, kommt mir die Vorstellung eines armseligen Bettlers, der vor dem Schaufenster eines Juweliers in den kostbaren Schimmer eines Edelsteinkleinods starrt. Dieser Mensch wird es in seinem Innern nicht zu dem klaren Wunsche bringen, das Geschmeid zu besitzen; denn schon der Gedanke an diesen Wunsch wäre eine lächerliche Unmöglichkeit, die ihn vor sich selbst zum Gespött[1] machen würde.

12

Ich will erzählen, daß ich infolge eines Zufalles diese junge Dame nach Verlauf von acht Tagen bereits zum zweiten Male sah, und zwar in der Oper. Man gab Gounods »Margarethe[2]«, und kaum hatte ich den hellerleuchteten Saal betreten, um mich zu meinem Parkettplatze zu begeben, als ich sie zur Linken des alten Herrn in einer Proszeniumsloge der anderen Seite gewahrte. Nebenbei stellte ich fest, daß mich lächerlicherweise ein kleiner Schreck und etwas Verwirrung dabei berührte und daß ich aus irgendeinem Grunde meine Augen sofort abschweifen und über die anderen Ränge und Logen hinwandern ließ. Erst beim Beginn der Ouvertüre entschloß ich mich, die Herrschaften ein wenig eingehender zu betrachten.

---

1. **Gespött**: subst. n. = *risée* **zum*der Leute werden** = *devenir la risée des gens.* **jmdn zum * machen** = *tourner qqn en dérision.* Cf. le v. **spotten (über jdn)** *se moquer de, railler.* Le narrateur se définit de plus en plus clairement comme paillasse, c'est-à-dire non plus seulement comme amuseur, ainsi qu'il en avait manifesté le talent dans la pension Minelli, mais aussi comme objet de dérision, tout d'abord à ses propres yeux, puis à ceux des autres (cf. ch. 13, p. 117, la scène à la vente de charité).

2. « **Margarethe** » : c'est le titre allemand du *Faust* de Gounod (1859). Le choix de l'opéra n'est pas indifférent, puisque l'intrigue s'y concentre principalement sur les amours de Faust et Marguerite. Scène à

Tandis que j'écris, l'image me vient d'un pauvre mendiant qui regarde dans la vitrine d'un joaillier le riche étincellement d'un bijou. Cet homme n'arrivera pas au fond de lui-même à souhaiter clairement le posséder; car dans la seule pensée d'un tel souhait il y aurait une si grotesque impossibilité, qu'elle le rendrait ridicule à ses propres yeux.

12

Je tiens à raconter qu'à la suite d'un hasard, je vis cette jeune dame une seconde fois huit jours plus tard, et ce à l'opéra. On donnait le *Faust* de Gounod et à peine avais-je pénétré dans la salle brillamment éclairée pour me rendre à mon fauteuil d'orchestre, que je l'aperçus à la gauche du vieux monsieur dans une loge d'avant-scène, de l'autre côté. Je constatai à cette occasion que, de manière assez ridicule, un soupçon de frayeur et un léger désarroi m'effleurèrent et que, pour je ne sais quelle raison, je détournai aussitôt le regard et parcourus des yeux les autres rangs et les autres loges. Ce n'est qu'au début de l'ouverture que je me décidai à observer de manière plus approfondie la compagnie.

---

comparer avec le ch. 9 du *Petit Monsieur Friedemann*. Dans cette nouvelle de mai 1897 (donc légèrement antérieure au *Paillasse*, paru en septembre 1897), le personnage difforme assiste à une représentation de *Lohengrin* dans la même loge que Madame von Rinnlingen; cette « rencontre » suscite chez le petit Monsieur Friedemann le retour de sentiments qu'il avait cru pouvoir étouffer par son mode de vie.

Der alte Herr, in streng[1] geschlossenem Gehrock mit schwarzer Schleife, saß mit einer ruhigen Würde in seinen Sessel zurückgelehnt und ließ die eine der braunbekleideten Hände leicht auf dem Sammet der Logenbrüstung[2] ruhen, während die andere hie und da[3] langsam über den Bart oder über das kurzgehaltene ergraute Haupthaar strich. Das junge Mädchen dagegen — seine Tochter, ohne Zweifel — saß interessiert und lebhaft vorgebeugt, beide Hände, in denen sie ihren Fächer hielt, auf dem Sammetpolster. Dann und wann machte sie eine kurze Kopfbewegung, um das lockere, lichtbraune Haar ein wenig von der Stirn und den Schläfen zurückzuwerfen.

Sie trug eine ganz leichte Bluse aus heller Seide, in deren Gürtel ein Veilchensträußchen steckte, und ihre schmalen Augen blitzten in der scharfen Beleuchtung noch schwärzer als vor acht Tagen. Übrigens machte ich die Beobachtung, daß die Mundhaltung, die ich damals an ihr bemerkt hatte, ihr überhaupt eigentümlich war: in jedem Augenblicke setzte sie ihre weißen, in kleinen regelmäßigen Abständen schimmernden Zähne auf die Unterlippe und zog das Kinn ein wenig empor. Diese unschuldige Miene, die von gar keiner Koketterie zeugte[4], der ruhig und fröhlich zugleich umherwandernde Blick ihrer Augen, ihr zarter und weißer Hals, welcher frei war und um den sich ein schmales Seidenband von der Farbe der Taille schmiegte[5],

---

1. **streng** = m. à m. ici *strictement fermée*; sens de l'adj. : *sévère, rigoureux, austère*, l'adv. signifiant *avec rigueur, avec sévérité*.

2. ***Logen-brüstung** : subst. f. = *parapet, balustrade*.

3. **hie und da** = *par-ci, par-là*, et, au sens temporel, *de temps à autre*.

4. **die von gar keiner Koketterie zeugte** = m. à m. *qui ne témoignait d'aucune coquetterie*. Cf. le v. **zeugen (von etw.)** *témoigner de qqch.*, et **das Zeugnis**, voir n. 4 p. 41.

5. **sich schmiegen** : **sich an jmdn** * = *se serrer, se blottir contre qqn*; **sich eng um jmds Gestalt** * = *épouser, mouler le corps de qqn*. Notation très sensuelle : après avoir décrit la posture de la jeune fille, son visage

Le vieux monsieur, vêtu d'une redingote serrée et d'une lavallière noire, était bien calé dans son fauteuil, plein d'une calme dignité, et laissait une de ses mains gantées de brun reposer doucement sur le rebord en velours de sa loge, tandis que de temps en temps, il se caressait lentement la barbe de l'autre main, ou la passait dans ses cheveux courts et grisonnants. La jeune fille, en revanche, — sa fille, sans nul doute — était assise, l'air intéressé et penchée vivement vers l'avant, tenant son éventail entre ses mains posées sur le capitonnage de velours. Elle esquissait de temps en temps un mouvement de la tête pour écarter un peu de son front et de ses tempes sa souple chevelure châtain.

Elle portait un corsage très léger de soie claire, avec un petit bouquet de violettes dans la ceinture, et à la vive clarté des lampes, ses yeux minces dardaient des éclairs plus noirs encore que huit jours auparavant. J'observai en outre que sa façon d'ouvrir la bouche, dont j'avais alors été frappé, lui était absolument particulière : elle appuyait à tout moment ses dents blanches qui brillaient à intervalles réguliers sur sa lèvre inférieure et relevait un peu le menton. Cette mine à l'innocence dénuée de toute coquetterie, ce regard vagabond, à la fois calme et joyeux, son cou blanc et délicat qui était découvert et enserré par un mince ruban de soie de la même couleur que sa ceinture,

---

et ses vêtements, le regard du narrateur vient se fixer sur le ruban qui entoure son cou dénudé, et avec lequel il semble vouloir ne faire qu'un...

die Bewegung, mit der sie sich hie und da an den alten Herrn wandte, um ihn auf irgend etwas im Orchester, am Vorhang, in einer Loge aufmerksam zu machen, — alles brachte den Eindruck einer unsäglich feinen und lieblichen Kindlichkeit hervor, die jedoch nichts in irgendeinem Grade Rührendes und »Mitleid«-Erregendes an sich hatte. Es war eine vornehme, abgemessene und durch elegantes Wohlleben sicher und überlegen[1] gemachte Kindlichkeit, und sie legte ein Glück an den Tag[2], dem nichts Übermütiges, sondern eher etwas Stilles eignete, weil es selbstverständlich[3] war.

Gounods geistreiche und zärtliche Musik war, wie mich dünkte, keine falsche Begleitung zu diesem Anblick, und ich lauschte ihr, ohne auf die Bühne zu achten und ganz und gar hingegeben an eine milde und nachdenkliche Stimmung, deren Wehmut ohne diese Musik vielleicht schmerzlicher gewesen wäre. In der Pause aber bereits, die dem ersten Akte folgte, erhob sich von seinem Parkettplatz ein Herr von, sagen wir einmal: siebenundzwanzig bis dreißig Jahren[4], welcher verschwand und gleich darauf mit einer geschickten Verbeugung in der Loge meiner Aufmerksamkeit erschien. Der alte Herr streckte ihm alsbald die Hand entgegen, und auch die junge Dame reichte ihm mit einem freundlichen Kopfnicken die ihre, die er mit Anstand an seine Lippen führte, worauf man ihn nötigte, Platz zu nehmen.

Ich erkläre mich bereit, zu bekennen[5], daß dieser Herr den unvergleichlichsten Hemdeinsatz besaß, den ich in meinem Leben erblicken durfte.

---

1. **überlegen gemacht**: m. à m. *rendue supérieure*; le paillasse se perçoit implicitement en situation d'infériorité.

2. **etw. an den Tag legen** = *manifester qqch.*; **an den Tag kommen** = *se faire jour, apparaître clairement.*

3. **selbstverständlich**: cf. p. 94 **den Ausdruck [...] selbstverständlichen Glückes**. Ce second portrait trahit chez le paillasse l'obsession de l'innocence perdue. Un certain nombre de termes évoquent ce paradis

le mouvement avec lequel elle se tournait de temps à autre vers le vieux monsieur pour lui indiquer quelque chose dans l'orchestre, sur le rideau, dans une loge, — tout cela donnait l'impression d'une finesse, d'une grâce et d'une candeur indicibles, sans pourtant avoir rien d'émouvant ou qui pût le moins du monde éveiller la « pitié ». Cette candeur avait de la distinction, de la mesure, elle avait la certitude et la supériorité que confère une vie élégante et aisée, et affichait un bonheur dénué d'arrogance, calme tout au contraire, parce qu'il allait de soi.

La musique à la fois tendre et spirituelle de Gounod accompagnait fort bien, à mon goût, ce spectacle et je l'écoutais sans prêter attention à la scène, m'abandonnant à un état d'âme doux et pensif, dont la mélancolie eût peut-être été plus douloureuse sans cette musique. Mais dès le premier entracte, un monsieur, disons d'environ vingt-sept à trente ans, se leva de sa place au parterre et s'éclipsa pour apparaître peu après devant mon regard attentif, dans la loge, où il fit une adroite révérence. Le vieux monsieur lui tendit aussitôt la main et la jeune dame, avec un hochement de tête amical, lui donna également la sienne, qu'il porta très poliment à ses lèvres, sur quoi on l'invita à s'asseoir.

Je me déclare prêt à reconnaître que ce monsieur possédait le plus incomparable plastron qu'il m'ait jamais été donné de contempler.

---

perdu : **unschuldig, ruhig und fröhlich, frei, Kindlichkeit, Glück, selbstverständlich**. On note la couleur claire de la blouse, les dents blanches et le cou blanc de la jeune fille ; elle appartient donc à ces êtres de lumière évoqués p. 82.

4. **siebenundzwanzig bis dreißig Jahren :** c'est-à-dire exactement le même âge que le narrateur (cf. p. 73). Cet unique point commun accentue d'autant les différences infranchissables qui séparent le paillasse du personnage évoqué ici.

5. **bekennen (a/a) :** v. = *confesser, avouer, reconnaître*. **Bekenntnis**, n. = *confession, aveu.*

Er war vollkommen bloßgelegt, dieser Hemdeinsatz, denn die Weste war nichts als ein schmaler, schwarzer Streifen, und die Frackjacke, die nicht früher als weit unterhalb des Magens durch einen Knopf geschlossen wurde, war von den Schultern aus in ungewöhnlich weitem Bogen ausgeschnitten. Der Hemdeinsatz aber, der an dem hohen und scharf zurückgeschlagenen Stehkragen durch eine breite, schwarze Schleife abgeschlossen wurde und auf dem in gemessenen Abständen zwei große, viereckige und ebenfalls schwarze Knöpfe standen, war von blendendem Weiß[1], und er war bewunderungswürdig gestärkt, ohne darum der Schmiegsamkeit zu ermangeln, denn in der Gegend des Magens bildete er auf angenehme Art eine Vertiefung, um sich dann wiederum zu einem gefälligen und schimmernden Buckel zu erheben.

Es versteht sich[2], daß dieses Hemd[3] den größten Teil der Aufmerksamkeit für sich verlangte; der Kopf aber, seinerseits, der vollkommen rund war und dessen Schädel eine Decke ganz kurzgeschorenen, hellblonden Haares[4] überzog, war geschmückt mit einem rand- und bandlosen Binokel, einem nicht zu starken, blonden und leichtgekräuselten Schnurrbart und auf der einen Wange mit einer Menge von kleinen Mensurschrammen, die sich bis zur Schläfe hinaufzogen. Übrigens war dieser Herr ohne Fehler gebaut und bewegte sich mit Sicherheit.

Ich habe im Verlaufe des Abends — denn er verblieb in der Loge — zwei Positionen an ihm beobachtet[5], die ihm besonders eigentümlich schienen.

---

1. **von blendendem Weiß** : cf. 2 § plus haut, n. 3 p. 100.

2. **Es versteht sich [...] für sich verlangte** = m. à m. *Il va de soi que ce plastron sollicitait la plupart de l'attention.*

3. **dieses Hemd** : p. 41, le narrateur s'était décrit « trop occupé à repérer l'élément comique dans les gestes des professeurs » ; dans la minutie avec laquelle ce plastron est évoqué, on retrouve le talent du caricaturiste qui donne au portrait une coloration grotesque, grâce à l'amplification d'un détail comique.

Il était entièrement découvert, ce plastron, car son gilet n'était rien qu'une mince bande noire et son frac, fermé par un seul bouton beaucoup plus bas que l'estomac, était taillé depuis les épaules pour former un arc d'une ampleur inhabituelle. Or ce plastron, qui se terminait par un col montant fortement rabattu par un large nœud papillon noir, comportait, à intervalles réguliers, deux grands boutons carrés, noirs eux aussi ; il était d'une aveuglante blancheur et admirablement empesé, sans pour autant manquer de souplesse, car aux alentours de l'estomac, il se creusait agréablement pour ensuite se bomber à nouveau très à propos en un renflement étincelant.

Il va de soi que ce plastron concentrait toute l'attention ; la tête, quant à elle, était parfaitement ronde et le crâne recouvert de cheveux blond clair très courts ; elle était parée d'un binocle sans branche ni monture, d'une barbiche blonde et frisottante, et sur une joue se remarquait une multitude de petites estafilades reçues en duel, qui montaient jusqu'à la tempe. Ce monsieur était par ailleurs fort bien bâti et se déplaçait avec assurance.

J'ai observé chez lui au cours de la soirée — car il demeura dans la loge — deux positions qui lui semblaient particulières.

---

4. **hellblonden Haares** : cette couleur de cheveux marque l'appartenance au type « naïf ». On la retrouve chez M. Klöterjahn (cf. *Tristan*, p. 151), lui aussi représentant de la vie active, aux antipodes de l'artiste.

5. **Ich habe [...] an ihm beobachtet** : ce personnage est le seul dans la nouvelle à faire l'objet d'une observation aussi détaillée que la jeune fille. Alors que le portrait de cette dernière était une façon de s'approprier par l'écriture l'objet inaccessible du désir, la minutie avec laquelle le propriétaire du plastron est évoqué tient davantage du règlement de compte. Le narrateur y stigmatise le type du philistin qu'il abhorre (cf. n. 1, p. 44).

Gesetzt nämlich, daß[1] die Unterhaltung mit den Herrschaften ruhte, so saß er, ein Bein über das andere geschlagen und das Fernglas auf den Knien, mit Bequemlichkeit zurückgelehnt, senkte das Haupt und schob den ganzen Mund heftig hervor, um sich in die Betrachtung seiner beiden Schnurrbartenden zu versenken, gänzlich hypnotisiert davon, wie es schien, und indem er langsam und still den Kopf von der einen Seite nach der anderen wandte. In einer Konversation, andernfalls, mit der jungen Dame begriffen, änderte er aus Ehrerbietung die Stellung seiner Beine, lehnte sich jedoch noch weiter zurück, wobei er mit den Händen seinen Sessel erfaßte, erhob das Haupt so weit wie immer möglich und lächelte mit ziemlich weit geöffnetem Munde in liebenswürdiger und bis zu einem gewissen Grade überlegener Weise[2] auf seine junge Nachbarin nieder. Diesen Herrn mußte ein wundervoll glückliches Selbstbewußtsein erfüllen...

Im Ernste gesprochen, ich weiß dergleichen zu schätzen[3]. Keiner seiner Bewegungen, und sei ihre Nonchalance immerhin gewagt gewesen, folgte eine peinliche Verlegenheit; er war getragen von Selbstgefühl[4]. Und warum sollte dies anders sein? Es war klar: er hatte, ohne sich vielleicht besonders hervorzutun, seinen korrekten Weg gemacht, er würde denselben bis zu klaren und nützlichen Zielen verfolgen, er lebte im Schatten des Einverständnisses[5] mit aller Welt und in der Sonne[6] der allgemeinen Achtung.

---

1. **Gesetzt [...] daß** = *supposé que..., en admettant que...*

2. **überlegener Weise** : cf. n. 1, p. 100. Nouvelle ressemblance entre ce personnage et la jeune fille ; tous deux appartiennent au même monde : celui dont le paillasse est exclu.

3. **schätzen** = *évaluer, jauger, estimer*. Usage volontairement ambigu de ce terme, dont on ne peut déterminer s'il cache un jugement positif ou négatif.

4. **getragen von Selbstgefühl** : cf. n. 4, p. 79.

5. **des Einverständnisses** : le narrateur évoque encore cette « entente »

Lorsque l'entretien avec la compagnie s'interrompait, il restait assis, les jambes croisées et les jumelles sur les genoux, confortablement penché en arrière, la tête baissée et les lèvres projetées vers l'avant, pour s'abîmer dans la contemplation des deux extrémités de sa barbiche, complètement hypnotisé par celles-ci, à ce qu'il semblait, tout en tournant lentement la tête d'un côté puis de l'autre. À l'inverse, absorbé dans une conversation avec la jeune dame, il modifiait par respect la position de ses jambes, s'appuyant cependant davantage encore en arrière, tout en saisissant des deux mains son fauteuil, levait la tête aussi loin qu'il le pouvait et souriait de haut, la bouche assez grande ouverte, avec affabilité et un certain air de supériorité, en direction de sa jeune voisine. Ce monsieur devait être merveilleusement heureux et très conscient de sa propre valeur...

Soyons sérieux : je sais apprécier de tels individus. Aucun de ses gestes, si osée qu'en ait été pourtant la nonchalance, ne s'accompagnait d'un pénible embarras ; il était porté par le sentiment de son propre mérite. Et pourquoi en eût-il dû être autrement ? C'était clair : sans peut-être se distinguer outre mesure, il avait correctement fait son chemin, le poursuivait vers un but clair et utile, il vivait à l'ombre d'une entente avec le monde entier et au soleil de l'estime générale.

---

avec ironie, mais indique déjà clairement qu'elle va de pair avec l'harmonie intérieure.

6. **in der Sonne** : cf. n. 3, p. 82.

Mittlerweile[1] saß er dort in der Loge und plauderte mit einem jungen Mädchen, für dessen reinen und köstlichen Reiz er vielleicht nicht unzugänglich war und dessen Hand er in diesem Falle sich guten Mutes erbitten konnte. Wahrhaftig, ich spüre keine Lust, irgendein mißächtliches Wort[2] über diesen Herrn zu äußern[3]!

Ich aber, ich meinesteils? Ich saß hier unten und mochte aus der Entfernung, aus dem Dunkel heraus[4] grämlich beobachten, wie jenes kostbare und unerreichliche Geschöpf mit diesem Nichtswürdigen[5] plauderte und lachte! Ausgeschlossen, unbeachtet, unberechtigt, fremd, hors ligne, deklassiert, Paria, erbärmlich vor mir selbst...

Ich blieb bis zum Ende, und ich traf die drei Herrschaften in der Garderobe wieder, wo man sich beim Umlegen der Pelze ein wenig aufhielt und mit diesem oder jenem ein paar Worte wechselte, hier mit einer Dame, dort mit einem Offizier... Der junge Herr begleitete Vater und Tochter, als sie das Theater verließen, und ich folgte ihnen in einem kleinen Abstande durch das Vestibül.

Es regnete nicht, es standen ein paar Sterne am Himmel, und man nahm keinen Wagen. Gemächlich[6] und plaudernd schritten die drei vor mir her, der ich sie in scheuer Entfernung verfolgte, — niedergedrückt, gepeinigt von einem stechend schmerzlichen, höhnischen, elenden Gefühl...

---

1. **Mittlerweile** = *en attendant, dans l'intervalle, entre-temps*; syn.: **indessen**.

2. **irgendein mißächtliches Wort**: cf. **mißachten** = *mépriser, dédaigner* et **Mißachtung**, f. = *dédain, mépris*.

3. **Wahrhaftig [...] zu äußern!**: à rapprocher de **Ich weiß dergleichen zu schätzen**. Parce que le personnage décrit représente tout ce dont la vie du paillasse a constitué l'antithèse, ce dernier ne peut éprouver pour lui que du mépris, sans néanmoins pouvoir s'empêcher de l'envier. D'où une formulation par antiphrase.

4. **aus dem Dunkel heraus**: cf. la fin du ch. 10, p. 84, où le narrateur

Pour l'heure, il était assis là dans la loge, et conversait avec une jeune fille dont le charme pur et exquis ne le laissait peut-être pas indifférent et dont il pouvait, si c'était le cas, demander la main sans crainte. Vraiment, je ne me sens aucune envie de laisser échapper la moindre expression de dédain au sujet de ce monsieur !

Et moi, de mon côté ? J'étais assis là, en bas, et je pouvais à distance, dans l'obscurité, regarder d'un air maussade cette créature précieuse et inaccessible bavarder et rire avec ce vaurien. Exclu, ignoré, proscrit, étranger, hors ligne, déclassé, paria, pitoyable à mes propres yeux...

Je restai jusqu'à la fin, et les retrouvai tous trois au vestiaire où l'on s'attardait tout en remettant sa fourrure et en échangeant quelques mots avec tel ou tel, ici avec une dame, là avec un officier... Le jeune monsieur accompagna père et fille à la sortie du théâtre et je les suivis d'assez près en traversant le vestibule.

Il ne pleuvait pas, il y avait quelques étoiles dans le ciel et l'on ne prit pas de voiture. Tranquillement, en bavardant, ils marchèrent tous les trois devant moi, moi qui les suivais à quelque distance, timide, — terrassé, torturé par un sentiment aigu de douleur, de mépris et de détresse...

---

se compare à « une chauve-souris ou une chouette » qui regarde les bienheureux en clignant de l'œil.

5. **mit diesem Nichtswürdigen :** face au spectacle douloureux, une ironie mordante constituait pour le narrateur un dernier moyen de mise à distance. Le recours à une formulation directe manifeste que le paillasse a désormais perdu toutes ses défenses.

6. **Gemächlich = langsam, ruhig** ; cf. **gemach** = *doucement, lentement.* N.B. **Gemach**, n. = *pièce, salle.*

Man hatte nicht weit zu gehen; kaum war eine Straße zurückgelegt, als man vor einem stattlichen Hause mit schlichter Fassade stehenblieb, und gleich darauf verschwanden Vater und Tochter nach herzlicher Verabschiedung von ihrem Begleiter, der seinerseits beschleunigten Schrittes davonging.

An der schweren, geschnitzten Tür des Hauses war der Name »Justizrat Rainer« zu lesen[1].

13

Ich bin entschlossen, diese Niederschrift zu Ende zu führen, obgleich ich vor innerem Widerstreben in jedem Augenblicke aufspringen und davonlaufen möchte. Ich habe in dieser Angelegenheit so bis zur Erschlaffung gegraben und gebohrt! Ich bin alles dessen so bis zur Übelkeit[2] überdrüssig!...

Es sind nicht völlig drei Monate, daß mich die Zeitungen über einen »Basar« unterrichteten, der zu Zwecken der Wohltätigkeit[3] im Rathause der Stadt arrangiert worden war, und zwar unter Beteiligung der vornehmen Welt. Ich las diese Annonce mit Aufmerksamkeit, und ich war gleich darauf entschlossen, den Basar zu besuchen. Sie wird dort sein, dachte ich, vielleicht als Verkäuferin, und in diesem Falle wird nichts mich abhalten, mich ihr zu nähern. Ruhig überlegt, bin ich Mensch von Bildung und guter Familie, und wenn mir dieses Fräulein Rainer gefällt, so ist es mir bei solcher Gelegenheit so wenig wie dem Herrn mit dem erstaunlichen Hemdeinsatz[4] verwehrt, sie anzureden, ein paar scherzhafte Worte mit ihr zu wechseln...

---

1. **An der schweren [...] zu lesen**: p. 106, le narrateur avait utilisé pour lui-même le terme d'exclu **(ausgeschlossen)**. La présente scène réalise au sens propre cette notion : le paillasse se retrouve « à la porte » de la demeure.

On avait peu de chemin à faire ; à peine eut-on franchi une rue que l'on s'arrêta devant une imposante demeure à la sobre façade, et aussitôt père et fille disparurent après les cordiales salutations de leur accompagnateur qui, lui, s'éloigna d'un pas vif...

Sur la lourde porte ouvragée de la demeure, on pouvait lire le nom « Rainer, Conseiller à la Cour ».

13

Je suis résolu à mener jusqu'au bout cet écrit, quoiqu'une résistance intérieure me donne à tout moment envie de bondir et de m'enfuir. Je me suis tant épuisé à creuser et à fouiller dans cette affaire ! Je suis si dégoûté de tout cela, à en avoir la nausée !...

Voilà moins de trois mois, j'ai appris dans les journaux qu'un « bazar » avait été organisé à l'Hôtel de Ville, une vente de charité avec la participation du beau monde. Je lus attentivement l'annonce et décidai aussitôt de m'y rendre. Elle y sera, pensai-je, peut-être comme vendeuse, et dans ce cas, rien ne m'empêchera de l'approcher. À y réfléchir calmement, je suis un homme cultivé et de bonne famille, et si cette demoiselle Rainer me plaît, je n'ai, en de telles circonstances, pas moins que le monsieur au plastron extraordinaire le droit de lui adresser la parole pour échanger deux mots de plaisanterie...

---

2. **zur Übelkeit** : cf. **der Ekel**, 1res lignes de la nouvelle, p. 26.

3. **zu Zwecken der Wohltätigkeit** = m. à m. *à des fins de bienfaisance*. Le Sénateur Mann avait été membre de la Société pour la Promotion de la Charité et avait contribué à la fondation d'une Association pour les colonies de vacances destinées aux pauvres (Winston, p. 34).

4. **dem Herrn mit dem [...] Hemdeinsatz** : trait de l'ironie mannienne qu'on retrouvera dans *Tristan* (cf. **die Herren mit den unbeherrschten Beinen**, pp. 156 et 204) : dans les deux cas, le narrateur réduit le personnage à une seule — et grotesque — caractéristique physique ou vestimentaire.

Es war ein windiger und regnerischer Nachmittag, als ich mich zum Rathause begab, vor dessen Portal ein Gedränge von Menschen und Wagen herrschte. Ich bahnte[1] mir einen Weg in das Gebäude, erlegte das Eintrittsgeld[2], gab Überzieher und Hut in Verwahrung[3] und gelangte mit einiger Anstrengung die breite, mit Menschen bedeckte Treppe hinauf ins erste Stockwerk und in den Festsaal, aus dem mir ein schwüler Dunst von Wein, Speisen, Parfüms und Tannengeruch, ein wirrer Lärm von Gelächter, Gespräch, Musik, Ausrufen und Gongschlägen entgegendrang.

Der ungeheuer hohe und weite Raum war mit Fahnen und Girlanden buntfarbig geschmückt, und an den Wänden wie in der Mitte zogen sich die Buden[4] hin, offene Verkaufsstellen sowohl wie geschlossene Verschläge, deren Besuch phantastisch maskierte Herren[5] aus vollen Lungen empfahlen. Die Damen, die ringsumher Blumen, Handarbeiten, Tabak und Erfrischungen aller Art verkauften, waren gleichfalls in verschiedener Weise kostümiert. Am oberen Ende des Saales lärmte auf einer mit Pflanzen besetzten Estrade die Musikkapelle, während in dem nicht breiten Gange, den die Buden frei ließen, ein kompakter Zug von Menschen sich langsam vorwärts bewegte.

Ein wenig frappiert[6] von dem Geräusch der Musik, der Glückshäfen, der lustigen Reklame, schloß ich mich dem Strome an, und noch war keine Minute vergangen, als ich vier Schritte links vom Eingange die junge Dame erblickte, die ich hier suchte.

---

1. **bahnen** : v. = *frayer, percer, ouvrir, tracer* (un chemin) ; cf. **Bahn**, f. = (notamment) *piste, parcours, voie.*

2. **erlegte das *Eintritts-geld : erlegen (a/e)** (vieilli) = 1) *abattre, tuer* 2) *payer, s'acquitter de* ; syn. courant : **bezahlen. Eintrittsgeld** = *prix d'entrée.*

3. **gab [...] in Verwahrung : in *geben** = *donner, laisser en garde ;* **verwahren** = *garder, mettre sous clef ;* cf. l'expr. **ein Geheimnis wahren** = *garder un secret.*

Ce fut par un après-midi pluvieux et de grand vent que je me rendis à l'Hôtel de Ville ; une foule de gens et de voitures se pressait devant le portail. Je me frayai un chemin dans le bâtiment, payai l'entrée, déposai mon manteau et mon chapeau et, avec quelque effort, en montant le large escalier couvert de monde, je parvins au premier étage, dans la salle des fêtes : une vapeur étouffante d'odeurs de vin, de victuailles, de parfums et de sapin, un tourbillon de rires, de conversations, de musique, d'éclats de voix et de coups de gong vinrent se presser à ma rencontre.

La salle d'une hauteur et d'une largeur imposantes était ornée de drapeaux et de guirlandes multicolores ; le long des murs, ainsi qu'au milieu, les stands se succédaient, comptoirs à découvert et petites boutiques fermées dont des messieurs revêtus de masques grotesques recommandaient la visite à gorge déployée. Les dames qui, à l'entour, vendaient des fleurs, des broderies, du tabac et toutes sortes de rafraîchissements étaient également costumées de diverses manières. À une extrémité de la salle retentissait la fanfare sur une estrade couverte de plantes, tandis que dans l'allée assez étroite que ménageaient les stands, un flot compact s'avançait avec lenteur.

Un peu abasourdi par le bruit de la musique, des stands de loterie, des boniments joyeux, je me joignis au courant et une minute ne s'était pas encore écoulée, lorsque je vis à quatre pas à gauche de l'entrée la jeune dame que je cherchais ici.

---

4. **die Buden** : subst. f. = 1) *baraque, stand,* 2) *piaule, turne* (d'étudiant ou de militaire).

5. **phantastisch maskierte Herren** : la vente de charité est l'occasion d'un renversement qui témoigne à nouveau de l'inadaptation du personnage : le paillasse (c'est-à-dire le clown, le bouffon) y apparaît en costume de ville, alors que les membres de la bonne société, sont, eux, revêtus de masques...

6. **frappiert** : v. **frappieren** = *surprendre ;* **frappant**, adj. : même sens qu'en français.

Sie hielt in einer kleinen, mit Tannenlaub bekränzten Bude Weine und Limonaden feil[1] und war als Italienerin gekleidet: mit dem bunten Rock, der weißen, rechtwinkligen Kopfbedeckung und dem kurzen Mieder der Albanerinnen, dessen Hemdärmel ihre zarten Arme bis zu den Ellenbogen entblößt ließen. Ein wenig erhitzt lehnte sie seitwärts am Verkaufstisch, spielte mit ihrem bunten Fächer und plauderte mit einer Anzahl von Herren, die rauchend die Bude umstanden und unter denen ich mit dem ersten Blicke den Wohlbekannten gewahrte; ihr zunächst stand er am Tische, vier Finger jeder Hand in den Seitentaschen seines Jacketts[2].

Ich drängte langsam vorüber, entschlossen, zu ihr zu treten, sobald eine Gelegenheit sich böte, sobald sie weniger in Anspruch genommen wäre. — Ah! Es sollte sich erweisen[3] nunmehr, ob ich noch über einen Rest von fröhlicher Sicherheit und selbstbewußter Gewandtheit[4] verfügte oder ob die Morosität und die halbe Verzweiflung meiner letzten Wochen berechtigt gewesen war! Was hatte mich eigentlich angefochten? Woher angesichts dieses Mädchens dies peinigende und elende Mischgefühl aus Neid, Liebe, Scham und gereizter Bitterkeit, das mir auch nun wieder, ich bekenne es[5], das Gesicht erhitzte? Freimut! Liebenswürdigkeit! Heitere und anmutige Selbstgefälligkeit[6], zum Teufel, wie sie einem begabten und glücklichen Menschen geziemt[7]!

---

1. **feil/halten** = ***bieten** (vieilli); cf. **feil**, adj. = **verkäuflich** = *vendable.*

2. **vier Finger [...] Jacketts**: posture pleine de suffisance qui rappelle la scène à l'opéra où le personnage était assis, « confortablement penché en arrière » (p. 104).

3. **sich erweisen (ie/ie)** = *se montrer, se révéler.* **Das Mittel hat sich als unwirksam erwiesen**: *le remède s'est révélé inefficace.* **beweisen** = *prouver, établir.*

4. ***selbst-bewußter Gewandheit**: adj. = *qui a le sentiment de, conscient de sa propre valeur, sûr de soi.*

Elle vendait du vin et de la limonade dans un petit stand décoré de branches de sapin, habillée en italienne : avec la jupe multicolore, avec le fichu blanc carré et le corselet court que portent les albanaises, dont les manches laissaient ses bras délicats dénudés jusqu'aux coudes. Un peu échauffée, elle s'appuyait de côté sur le comptoir, jouait avec son éventail coloré, et bavardait avec un certain nombre de messieurs qui fumaient tout autour du stand, et parmi lesquels j'aperçus du premier coup d'œil ma vieille connaissance ; il se tenait juste à côté d'elle au comptoir, les quatre doigts de chaque main dans les poches de sa jaquette.

Je passai lentement dans la bousculade, décidé à m'approcher d'elle sitôt qu'une occasion se présenterait, sitôt qu'elle serait moins sollicitée. — Ah ! On allait bien voir désormais s'il me restait encore un peu de joyeuse assurance, d'agilité et de fierté, ou si la morosité et le quasi-désespoir de mes dernières semaines avaient été justifiés ! Quelle mouche m'avait donc piqué ? D'où était venu face à cette jeune fille ce sentiment douloureux et misérable, mélange d'envie, d'amour, de honte, d'amertume et d'attirance qui, je le confesse, à ce moment encore, m'enflammait le visage ? De la franchise ! De l'affabilité ! Un peu de gaieté, un peu de gracieuse complaisance envers soi-même, par tous les diables, comme il sied à un homme comblé de talents et de bonheur !

---

5. **ich bekenne es** : cf. p. 100 **ich erkläre mich bereit, zu bekennen...** l'usage du terme dans ces deux contextes révèle le tour pris par le récit. Dans le premier cas, le zèle avec lequel le narrateur s'empressait de rendre hommage au plastron ne servait qu'à accentuer le ridicule de l'objet et de son propriétaire. L'« aveu » dont il s'agissait était donc purement rhétorique. Ici, au contraire, le narrateur retrace un épisode humiliant et place donc le récit sous le sceau de la *confession*, non plus de la simple autobiographie.

6. ***Selbst-gefälligkeit** : cf. **gefallen (ie/a)** = *plaire*.

7. **geziemt** : cf. **es ziemt (geziemt) sich, zu...** = *il est convenable de...* **geziemend** = *convenable, décent*.

Und ich dachte mit einem nervösen Eifer der scherzhaften Wendung, dem guten Worte, der italienischen Anrede nach, mit der ich mich ihr zu nähern beabsichtigte...

Es währte[1] eine gut Weile, bis ich in der schwerfällig vorwärts schiebenden Menge den Weg um den Saal zurückgelegt hatte, — und in der Tat: als ich mich aufs neue bei der kleinen Weinbude befand, war der Halbkreis von Herren verschwunden, und nur der Wohlbekannte lehnte noch am Schanktische, indem er sich aufs lebhafteste mit der jungen Verkäuferin unterhielt. Nun wohl, so mußte ich mir erlauben, diese Unterhaltung zu unterbrechen... Und mit einer kurzen Wendung verließ ich den Strom und stand am Tische.

Was geschah? Ah, nichts! Beinahe nichts[2]! Die Konversation brach ab, der Wohlbekannte trat einen Schritt zur Seite, indem er mit allen fünf Fingern sein rand- und bandloses Binokel erfaßte und mich zwischen diesen Fingern hindurch betrachtete, und die junge Dame ließ einen ruhigen und prüfenden Blick über mich hingleiten, — über meinen Anzug bis auf die Stiefel hinab. Dieser Anzug war keineswegs neu, und diese Stiefel waren vom Straßenkot besudelt, ich wußte das. Überdies war ich erhitzt, und mein Haar war sehr möglicherweise in Unordnung. Ich war nicht kühl, nicht frei, nicht auf der Höhe der Situation. Das Gefühl, daß ich, ein Fremder[3], Unberechtigter[4], Unzugehöriger[5], hier störte und mich lächerlich machte, befiel mich.

---

1. **währte** : cf. la prép. **während** (+ gén.) = *pendant*. v. syn. : **dauern** = *durer*.

2. **Beinahe nichts** : sur le procédé du récit rétrospectif livrant dès le début au lecteur l'aboutissement de l'action, cf. l'incipit de la nouvelle, p. 26. Parce que, ici, à nouveau, l'issue de l'épisode est connue d'avance, le narrateur frustre le lecteur de la perspective d'une péripétie divertissante. Il attire plutôt son attention sur la nécessité qui le pousse à écrire : le récit n'est pas ici une fin en soi, mais seulement le moyen d'une expiation.

Et je songeais avec un empressement nerveux à la tournure plaisante, au bon mot, à l'apostrophe par laquelle je comptais l'aborder en italien...

Il s'écoula un bon moment avant que j'eusse refait le tour de la salle au milieu de la foule qui progressait péniblement, — et de fait, lorsque je me trouvai à nouveau devant le petit stand de rafraîchissements, le demi-cercle des messieurs avait disparu et seule la vieille connaissance était encore penchée sur le comptoir, dans une conversation très animée avec la jeune vendeuse. Eh bien ! il me fallait prendre la liberté d'interrompre cet entretien... Et après un rapide changement de cap, je quittai le flot pour me planter devant le comptoir.

Que se passa-t-il ? Hélas rien ! Presque rien ! La conversation cessa, la vieille connaissance fit un pas de côté tout en saisissant entre ses cinq doigts son binocle sans branche ni monture pour m'observer à travers ces doigts, et la jeune dame fit glisser sur moi un regard calme et scrutateur, — le long de mon costume, jusqu'à mes bottes. Ce costume n'avait rien de neuf, et ces bottes étaient crottées, je le savais. J'étais de surcroît échauffé et il est fort possible que mes cheveux aient été en désordre. Je manquais de froideur, d'aisance, je n'étais pas maître de la situation. Le sentiment que j'étais un étranger, sans aucun droit ni aucune raison de me trouver là, que je dérangeais ici et me ridiculisais, m'envahit.

---

3. **ein Fremder** : le modèle du jeune homme *étranger* au monde où il évolue est directement hérité du romantisme : cf. le poème de Schmidt von Lübeck **Der Wanderer** mis en musique par Schubert : « **Ich bin ein Fremder überall** » ; **fremd** ≠ **ausländisch** : adj. *étranger* (d'un autre pays).

4. **Unberechtigter** : adj. substantivé = *non autorisé, non fondé*. Cf. **Recht**, subst. n. = *droit*.

5. **Unzugehöriger** : cf. **zu/gehören** = *appartenir à, faire partie de*.

Unsicherheit, Hilflosigkeit, Haß und Jämmerlichkeit verwirrten mir den Blick, und mit einem Worte, ich führte meine munteren Absichten aus, indem ich mit finster zusammengezogenen Brauen, mit heiserer Stimme und auf kurze, beinahe grobe Weise sagte:

»Ich bitte um ein Glas Wein.«

Es ist vollkommen gleichgültig, ob ich mich irrte, als ich zu bemerken glaubte, daß das junge Mädchen einen raschen und spöttischen Blick[1] zu ihrem Freunde hinüberspielen ließ. Schweigend wie er und ich gab sie mir den Wein, und ohne den Blick zu erheben, rot und verstört vor Wut und Schmerz, eine unglückliche und lächerliche Figur, stand ich zwischen diesen beiden, trank ein paar Schlucke, legte das Geld auf den Tisch, verbeugte mich fassungslos, verließ den Saal und stürzte ins Freie.

Seit diesem Augenblicke ist es zu Ende mit mir, und es fügt der Sache bitterwenig[2] hinzu, daß ich ein paar Tage später in den Journalen die Verkündigung fand:

»Die Verlobung meiner Tochter Anna mit Herrn Assessor Dr. Alfred Witznagel beehre ich mich ergebenst anzuzeigen. Justizrat Rainer[3].«

---

1. **einen raschen und spöttischen Blick:** au chapitre 12, (pp. 100-104) le narrateur avait lui-même lancé un regard analogue sur l'accoutrement et les manières de la « vieille connaissance » (p. 114). Conformément à la logique du récit (« on périt par où l'on a péché »), il se voit à présent payé de la monnaie de sa propre pièce.

2. **bitterwenig : = blutwenig** = *infiniment peu ;* le premier adj. renforce le sens du second ; **bitter** = m. à m. *amer*, id. ***ur-alt** : *très vieux*, ***steinreich** = *riche comme Crésus.*

Le manque de confiance, l'impuissance, la haine, la lâcheté me troublèrent le regard ; en un mot, je mis à exécution mon joyeux projet, et dis d'un air sombre, le sourcil froncé, d'une voix étouffée, et sur un ton abrupt, presque grossier :

« Un verre de vin, je vous prie. »

Peu importe que je me sois trompé ou non en croyant remarquer que la jeune fille avait lancé de côté à son ami un bref regard moqueur. Muette comme lui et moi, elle me donna du vin ; sans lever le regard, rouge, fou de rage et de douleur, misérable et grotesque personnage, je me tins entre eux deux, bus quelques gorgées, déposai l'argent sur la table, m'inclinai, la mine déconfite, et quittai la salle pour me précipiter à l'air libre.

Depuis cet instant, c'en est fini de moi, et il importe fort peu d'ajouter à l'histoire que quelques jours plus tard, je trouvai cet avis dans les journaux :

« J'ai le très grand honneur d'annoncer les fiançailles de ma fille Anna avec M. l'Assesseur Alfred Witznagel. Le Conseiller à la Cour Rainer. »

---

3. **Justizrat Rainer** : cf. les dernières lignes du ch. 12 (p. 108). Ici, une autre porte se referme sur le paillasse, celle du bonheur sentimental. Il est ironique que le personnage, amateur des fortes sensations que lui procurait la lecture, apprenne précisément la nouvelle en lisant, tout comme il avait découvert le nom de la jeune fille à la porte de sa demeure.

Seit diesem Augenblick ist es zu Ende mit mir. Mein letzter Rest von Glücksbewußtsein und Selbstgefälligkeit ist zu Tode gehetzt zusammengebrochen, ich kann nicht mehr, ja, ich bin unglücklich, ich gestehe es ein, und ich sehe eine klägliche und lächerliche Figur in mir! — Aber ich halte das nicht aus! Ich gehe zugrunde! Ich werde mich totschießen, sei es heute oder morgen!

Meine erste Regung, mein erster Instinkt war der schlaue Versuch, das Belletristische[1] aus der Sache zu ziehen und mein erbärmliches Übelbefinden in »unglückliche Liebe« umzudeuten: eine Albernheit, wie sich von selbst versteht. Man geht an keiner unglücklichen Liebe zugrunde. Eine unglückliche Liebe ist eine Attitüde, die nicht übel ist. In einer unglücklichen Liebe gefällt man sich. Ich aber gehe daran zugrunde, daß es mit allem Gefallen an mir selbst so ohne Hoffnung zu Ende ist!

Liebte ich, wenn endlich einmal diese Frage erlaubt ist, liebte ich dieses Mädchen denn eigentlich? — Vielleicht... aber wie und warum? War diese Liebe nicht eine Ausgeburt meiner längst schon gereizten und kranken Eitelkeit, die beim ersten Anblick dieser unerreichbaren Kostbarkeit peinigend aufbegehrt war und Gefühle von Neid, Haß und Selbstverachtung hervorgebracht hatte, für die dann die Liebe bloß Vorwand, Ausweg und Rettung war?

---

1. **das Bellettristische** [...] **zu ziehen**: adj. subs.: cf. **der Bellettrist** = *auteur d'œuvres littéraires* et **die Bellettristik** = *belles lettres*. Cf. Schröter, p. 38: le paillasse rappelle « le dilettante Dorsenne [personnage de Bourget], “cet homme si curieux de se sentir sentir”. Comme pour ce dernier, ses humeurs et ses désirs étranges sont seulement un moyen d'en tirer quelque chose. Le “tout est matière pour vous” est repris à nouveau dans la nouvelle *Le Paillasse*, au moment où celui-ci cherche à se libérer de son désir d'amour. » Certes, le paillasse finit bien par composer un récit qu'il livre au lecteur, mais l'écriture

14

Depuis cet instant, c'en est fini de moi. Le faible sentiment de bonheur et le peu de complaisance envers moi-même qui me restaient, mis aux abois, se sont effondrés ; je n'en puis plus : oui, je suis malheureux, je l'avoue, et je vois en moi un personnage pitoyable et grotesque ! — Mais je ne puis le supporter ! Je cours à ma perte. Je me tirerai une balle dans la tête, aujourd'hui même ou demain !

Mon premier mouvement, mon premier instinct fut de tenter astucieusement d'extraire de cet épisode ce qu'il avait de littéraire et d'interpréter ma pitoyable indisposition comme un « amour malheureux » : sottise, cela va de soi. On ne meurt pas d'un amour malheureux. L'amour malheureux est une attitude qui n'est pas sans charme. Dans un amour malheureux, on se plaît à soi-même. Mais ce dont je meurs, c'est d'avoir si désespérément cessé de me plaire à moi-même.

Aimais-je, si cette question m'est enfin une seule fois permise, aimais-je donc vraiment cette jeune fille ? — Peut-être... mais comment et pourquoi ? Cet amour n'était-il pas le fruit de ma vanité depuis longtemps attisée et malade et qui, au premier regard posé sur ce trésor inaccessible, avait douloureusement regimbé, pour faire surgir des sentiments d'envie, de haine et de mépris de moi-même, face auxquels l'amour avait alors seulement été un prétexte, un exutoire, une délivrance ?

---

revêt désormais pour lui une fonction moins esthétique que morale : elle devient un mode d'expiation.

Ja, das alles ist Eitelkeit[1]! Und hat mich nicht mein Vater schon einst einen Bajazzo genannt?

Ach, ich war nicht berechtigt, ich am wenigsten, mich seitab zu setzen und die »Gesellschaft« zu ignorieren, ich, der ich zu eitel bin, ihre Miß- und Nichtachtung zu ertragen, der ich ihrer und ihres Beifalls nicht zu entraten[2] vermag! — Aber es handelt sich nicht um Berechtigung? Sondern um Notwendigkeit? Und mein unbrauchbares Bajazzotum hätte für keine soziale Stellung getaugt? Nun wohl, eben dieses Bajazzotum ist es, an dem ich in jedem Falle zugrunde gehen mußte.

Gleichgültigkeit, ich weiß, das wäre eine Art von Glück[3]... Aber ich bin nicht imstande, gleichgültig gegen mich zu sein, ich bin nicht imstande, mich mit anderen Augen anzusehen als mit denen der »Leute«, und ich gehe an bösem Gewissen zugrunde, — erfüllt von Unschuld... Sollte das böse Gewissen denn niemals etwas anderes sein als eiternde Eitelkeit? —

Es gibt nur ein Unglück: das Gefallen an sich selbst einbüßen. Sich nicht mehr zu gefallen, das ist das Unglück, — ah, und ich habe das stets sehr deutlich gefühlt! Alles übrige ist Spiel und Bereicherung des Lebens, in jedem anderen Leiden kann man so außerordentlich mit sich zufrieden sein, sich so vorzüglich ausnehmen. Die Zwietracht erst mit dir selbst, das böse Gewissen im Leiden, die Kämpfe der Eitelkeit erst sind es, die dich zu einem kläglichen und widerwärtigen Anblick machen...

---

1. **das ist alles Eitelkeit** : reprend le *tout est vanité* de l'*Ecclésiaste*. Le mot *vanité*, ici et dans le précédent §, est pris dans deux acceptions différentes : il est tout d'abord synonyme d'*orgueil*, puis, dans la référence au texte biblique et tout en conservant son sens précédent, il désigne aussi « ce qui est vain, vide, sans solidité, sans durée ». (Littré). On notera que l'Ecclésiaste conclut : *Je vois qu'il n'y a rien de mieux pour l'homme que de jouir de ses œuvres, car telle est sa part* (Eccl. 3, 22). C'est précisément cette alternative qui fait défaut au paillasse.

Oui, tout cela est vanité ! Et mon père ne m'a-t-il pas déjà traité jadis de Paillasse ?

Hélas, je n'avais pas le droit, moi moins que personne, de me mettre à l'écart et d'ignorer la « société », moi qui suis trop vaniteux pour supporter qu'elle me dédaigne et m'ignore, moi qui ne puis me soustraire à elle et à ses applaudissements ! — Et si ce n'était pas une question de droit ? Mais de nécessité ? Et mon inutile talent de paillasse n'aurait convenu à aucune position sociale ? Eh bien, c'est ce même talent de paillasse qui devait, en tous les cas, causer ma perte.

L'indifférence, je le sais, voilà qui serait une forme de bonheur... Mais je ne suis pas capable d'être indifférent vis-à-vis de moi-même, je ne suis pas capable de jeter sur ma personne un regard autre que celui « d'autrui » et je meurs de mauvaise conscience, — en toute innocence... La mauvaise conscience ne serait-elle donc jamais autre chose qu'une forme purulente de vanité ?

Il n'y a qu'une sorte de malheur : cesser de se plaire à soi-même. Ne plus se plaire à soi-même, voilà le malheur, — ah ! je l'ai toujours senti avec beaucoup de netteté ! Tout le reste n'est qu'un jeu, une façon d'enrichir sa vie ; dans toutes les autres souffrances, on peut être si extraordinairement content de soi, avoir l'air si supérieur. Seule la discorde avec vous-même, seule la mauvaise conscience dans la souffrance, seuls les sursauts de la vanité, font de vous un spectacle pitoyable et repoussant...

---

2. **entraten : (ie/a)** + gén. (rare) = **entbehren** (+ acc.) = *se passer de...*

3. **eine Art von Glück :** cf. le début, p. 28, où la même formule est utilisée. Reprise significative du degré d'immobilisme total qu'a atteint l'existence du Paillasse : le récit n'exerce pas ici vis-à-vis du personnage la fonction libératrice qu'on aurait pu supposer à l'origine de son entreprise narrative : c'est le retour au présupposé initial, devenu maintenant conclusion.

Ein alter Bekannter erschien auf der Bildfläche, ein Herr namens Schilling[1], mit dem ich einst in dem großen Holzgeschäfte des Herrn Schlievogt gemeinschaftlich der Gesellschaft diente. Er berührte[2] in Geschäften die Stadt und kam, mich zu besuchen, — ein »skeptisches Individuum[3]«, die Hände in den Hosentaschen, mit einem schwarzgeränderten Pincenez und einem realistisch duldsamen[4] Achselzucken[5]. Er traf des Abends ein und sagte: »Ich bleibe ein paar Tage hier.« — Wir gingen in eine Weinstube.

Er begegnete mir[6], als sei ich noch der glückliche Selbstgefällige, als den er mich gekannt hatte, und in dem guten Glauben, mir nur meine eigne fröhliche Meinung entgegenzubringen, sagte er:

»Bei Gott, du hast dir dein Leben angenehm eingerichtet, mein Junge! Unabhängig, was? frei! Eigentlich hast du recht, zum Teufel! Man lebt nur einmal, wie? Was geht einen im Grunde das übrige an? Du bist der Klügere von uns beiden, das muß ich sagen. Übrigens, du warst immer ein Genie...« Und wie ehemals fuhr er fort, mich bereitwilligst anzuerkennen und mir gefällig zu sein, ohne zu ahnen, daß ich meinerseits voll Angst war, zu mißfallen.

Mit verzweifelten Anstrengungen bemühte ich mich, den Platz zu behaupten, den ich in seinen Augen einnahm, nach wie vor auf der Höhe zu erscheinen, glücklich und selbstzufrieden zu erscheinen, — umsonst!

---

1. **Schilling**: cf. n. 4, p. 49.

2. **berührte**: cf. note 8, p. 63.

3. **ein »skeptisches Individuum«** Schilling a partiellement rejoint le monde des philistins: sa posture rappelle celle de l'assesseur Witznagel à la vente de charité (p. 112). Son scepticisme indique qu'il est cependant parvenu à cette même indifférence que le paillasse appelait de ses vœux. Alors que Witznagel représentait l'antithèse du narrateur, la confrontation avec Schilling est d'autant plus douloureuse que celui-ci présente au paillasse l'image de ce qui, à très peu de choses près, aurait pu être son propre devenir: sans afficher la suffisance du naïf

Une ancienne connaissance fit une réapparition, un monsieur nommé Schilling; ensemble nous avions jadis servi la société dans le grand commerce de bois de M. Schlievogt. Il passait par la ville pour affaires et vint me rendre visite, — un « sceptique », les mains dans les poches de son pantalon, avec son pince-nez bordé de noir et un haussement d'épaules à la fois conciliant et réaliste. Il arriva un soir et dit : « Je reste ici quelques jours. » Nous allâmes dans une taverne.

Il me traita comme si j'étais encore le personnage heureux et satisfait de lui-même qu'il avait connu jadis, et sincèrement convaincu de refléter la joyeuse opinion que j'avais de moi-même, il me dit :

« Pardi, tu t'es aménagé une existence bien agréable, mon garçon ! Indépendant, n'est-ce pas ? Libre ! Vraiment, tu as raison, parbleu. On ne vit qu'une fois, pas vrai ? Qu'importe le reste, au fond ? C'est toi le plus intelligent de nous deux, je dois le dire. D'ailleurs, tu as toujours été un génie... » Et comme jadis, il continua avec la meilleure grâce à chanter mes louanges et à me manifester sa complaisance sans soupçonner que de mon côté je redoutais terriblement de lui déplaire.

Avec des efforts désespérés, je tentai de ne pas déchoir de la place que j'occupais à ses yeux, de paraître, maintenant comme auparavant, maître de la situation, de paraître heureux et satisfait de moi-même, — en vain !

Witznagel, il a néanmoins réussi à se tailler une place dans une société dont il ne partage pas les valeurs.

4. **duldsam :** cf. **dulden** = *souffrir, tolérer* et **Duldsamkeit** = *tolérance.*

5. **Achselzucken :** Schilling possède le haussement d'épaules caractéristique du bienheureux (cf. p. 72 **mit dem heiteren Achselzucken des Glücklichen**).

6. **er begegnete mir :** v. (+ datif) = 1) *rencontrer, croiser* 2) *traiter.* **jmdm freundlich begegnen** = *recevoir qqn amicalement.*

Mir fehlte jedes Rückgrat[1], jeder gute Mut, jede Kontenance, ich kam ihm mit einer matten[2] Verlegenheit, einer geduckten Unsicherheit entgegen, — und er erfaßte das mit unglaublicher Schnelligkeit! Es war entsetzlich, zu sehen, wie er, der vollkommen bereit gewesen war, mich als glücklichen und überlegenen Menschen anzuerkennen, begann, mich zu durchschauen, mich erstaunt anzusehen, kühl zu werden, überlegen zu werden, ungeduldig und widerwillig zu werden und mir schließlich seine Verachtung mit jeder Miene zu zeigen. Er brach früh auf, und am nächsten Tage belehrten mich ein paar flüchtige Zeilen darüber, daß er dennoch genötigt gewesen sei, abzureisen.

Es ist Tatsache, alle Welt ist viel zu angelegentlich mit sich selbst beschäftigt[3], als daß man ernstlich eine Meinung über einen anderen zu haben vermöchte; man akzeptiert mit träger Bereitwilligkeit[4] den Grad von Respekt, den du die Sicherheit hast, vor dir selber an den Tag zu legen. Sei, wie du willst, lebe, wie du willst, aber zeige kecke Zuversicht und kein böses Gewissen, und niemand wird moralisch genug sein, dich zu verachten. Erlebe es andererseits, die Einigkeit mit dir zu verlieren, die Selbstgefälligkeit einzubüßen[5], zeige, daß du dich verachtest, und blindlings wird man dir recht geben. — Was mich betrifft, ich bin verloren...

---

1. ***Rück-grat** = *épine dorsale*; d'où le sens figuré des expressions : **R. haben** = *ne pas plier l'échine* et **kein R. haben** = *manquer de courage*.

2. **matt** = 1) *faible, languissant, épuisé, abattu* 2) *qui manque de vigueur, d'énergie*.

3. **mit etw. angelegentlich beschäftigt sein** = *s'occuper de qqch. intensivement*.

4. ***Bereit-willigkeit** : cf. les adj. **bereit** = *prêt, disposé à* et **willig** = *consentant*.

5. **die Selbstgefälligkeit <u>einzubüßen</u>** : v. = *perdre*. Cf. n. 5, p. 105. La perte de l'entente avec soi-même succède inévitablement à cette **Außerhalbstellung** évoquée p. 76 (cf. n. 1, p. 76). Comme l'indique Spinell dans *Tristan* (p. 175), ce n'est qu'au prix d'une discipline

Je n'avais pas une once de fermeté, de courage, de contenance, je lui opposai un mol embarras, une incertitude craintive, — et il s'en rendit compte avec une incroyable rapidité ! Il était atroce de voir la façon dont lui, qui était tout prêt à reconnaître en moi un homme heureux et supérieur, commença à me percer à jour, à me regarder avec étonnement, à devenir froid, supérieur, impatient et dégoûté, pour finalement me manifester son mépris par toutes sortes de mines. Il s'en alla tôt et le lendemain quelques lignes écrites à la hâte m'apprirent qu'il avait malgré tout été contraint de partir.

C'est un fait, tout le monde est beaucoup trop préoccupé du détail de soi-même pour pouvoir sérieusement avoir un avis sur autrui ; on accepte avec une obligeance paresseuse le degré de respect que vous aurez l'assurance d'afficher vis-à-vis de vous-même. Soyez comme vous voudrez, vivez comme vous voudrez, mais arborez une assurance effrontée, sans la moindre mauvaise conscience, et personne ne sera assez moral pour vous mépriser. Apprenez, à l'inverse, ce que c'est que de perdre l'entente avec soi-même, de cesser de se plaire à soi-même, montrez que vous vous méprisez et l'on vous donnera aveuglément raison. — En ce qui me concerne, je suis perdu...

---

extrêmement rigoureuse, — donc incompatible avec l'hédonisme du paillasse — que l'artiste parvient, pendant de brefs instants, à être satisfait de lui-même. À cet égard, le paillasse représente l'antithèse d'Aschenbach dans *La Mort à Venise* ; on note cependant que ces deux nouvelles, si opposés que soient le dilettante et l'écrivain-ascète (cf. n. 2, p. 80) évoquent toutes deux, à quinze ans de distance, le destin de tempéraments artistiques également soumis à un processus de *dégénérescence* (cf. p. 27, n. 5).

Ich höre auf zu schreiben, ich werfe die Feder fort, — voll Ekel, voll Ekel! — Ein Ende machen: aber wäre das nicht beinahe zu heldenhaft für einen »Bajazzo«? Es wird sich ergeben, fürchte ich, daß ich weiterleben, weiteressen, schlafen und mich ein wenig beschäftigen werde und mich allgemach dumpfsinnig daran gewöhnen, eine »unglückliche und lächerliche Figur[1]« zu sein.

Mein Gott, wer hätte es gedacht, wer hätte es denken können, daß es ein solches Verhängnis[2] und Unglück ist, als ein »Bajazzo« geboren zu werden!...

---

1. **eine unglückliche und lächerliche Figur**: cf. p. 116, fin du ch. 13, la même formule et p. 118, le 1er paragraphe du ch. 14 **eine klägliche und lächerliche Figur**.

2. **Verhängnis**: cf. **verhängen** = *décider, ordonner qqch. contre qqn;* **eine Strafe über jmdn***: *prononcer une peine contre qqn.* C'est précisément parce que la fatalité est à l'œuvre que le narrateur choisit de donner à son histoire la structure d'un récit rétrospectif (cf. p. 26, n. 1). Bourget s'élevait contre les excès du naturalisme à la Zola (où le déterminisme social était le moteur principal de l'action); Th. M. illustre par ce récit-examen de conscience une nécessité d'ordre exclusivement *psychologique* qui rappelle la doctrine protestante de la prédestination.

J'arrête d'écrire, je jette la plume, — je suis dégoûté, dégoûté ! — En finir : mais ne serait-ce pas presque trop héroïque pour un « paillasse » ? Voici ce qui arrivera, je le crains : je continuerai à vivre, à manger, à dormir et à m'occuper vaguement, je m'habituerai peu à peu, dans la torpeur, à camper « un personnage misérable et grotesque ».

Mon Dieu, qui aurait songé, qui aurait pu songer que ce fût une telle fatalité et un tel malheur d'être né « paillasse » !...

Tristan

Hier[1] ist »Einfried«, das Sanatorium! Weiß und geradlinig liegt es mit seinem langgestreckten Hauptgebäude und seinem Seitenflügel inmitten des weiten Gartens, der mit Grotten, Laubengängen und kleinen Pavillons aus Baumrinde ergötzlich ausgestattet ist, und hinter seinen Schieferdächern ragen tannengrün, massig und weich zerklüftet[2] die Berge himmelan.

Nach wie vor leitet Doktor Leander[3] die Anstalt. Mit seinem zweispitzigen schwarzen Bart, der hart und kraus ist wie das Roßhaar, mit dem man die Möbel stopft, seinen dicken, funkelnden Brillengläsern und diesem Aspekt eines Mannes, den die Wissenschaft gekältet, gehärtet und mit stillem, nachsichtigem Pessimismus erfüllt hat, hält er auf kurz angebundene und verschlossene Art[4] die Leidenden in seinem Bann, — alle diese Individuen, die, zu schwach, sich selbst Gesetze zu geben und sie zu halten, ihm ihr Vermögen ausliefern, um sich von seiner Strenge stützen lassen zu dürfen.

Was Fräulein von Osterloh betrifft, so steht sie mit unermüdlicher Hingabe dem Haushalte vor. Mein Gott, wie tätig sie, treppauf und treppab, von einem Ende der Anstalt zum anderen eilt!

---

1. **Hier** : c'est le ton de la « visite guidée » qui est adopté ici, d'où le point d'exclamation. L'usage du mot déictique **hier** suggère que le narrateur lui-même réside à Einfried.

2. **tannengrün, massig und weich zerklüftet** : D. souligne la tension qui existe entre ces divers termes descriptifs qui ne se recoupent pas, mais dont l'hétérogénéité viserait à permettre au lecteur de se représenter le paysage dans sa totalité.

3. **Leander** : nom légendaire. L'histoire de Héro et Léandre présente des similarités avec T&l (amour nocturne, Héro rejoint son amant dans la mort) : Léandre « traversait chaque nuit l'Hellespont à la nage pour rejoindre Héro, une prêtresse d'Aphrodite, qui demeurait sur la rive opposée. Elle guidait avec un flambeau le parcours de son amant. Ils ne se quittaient plus qu'au matin, lorsque perçait l'aurore. Mais par une

1

Nous sommes ici au sanatorium d'Einfried! Dans sa blancheur rectiligne, il se déploie avec son corps de bâtiment allongé et son aile, au milieu du vaste jardin plaisamment agrémenté de charmilles, de grottes et de petits pavillons en écorce d'arbre ; et derrière ses toits en ardoise, les montagnes vertes de sapins, massives et mollement ravinées, s'élèvent vers le ciel.

Depuis toujours, c'est le docteur Léandre qui dirige l'institution. Avec sa barbe noire à double pointe, drue et frisée comme le crin qui sert à rembourrer le mobilier, avec ses verres de lunettes épais et étincelants, avec cet aspect propre à l'homme que la science a rendu froid et dur, et empli d'un pessimisme silencieux et tolérant, avec sa manière brusque et taciturne, il tient les patients sous son charme, — tous ces êtres qui, trop faibles pour se donner des lois et s'y tenir, lui livrent leur fortune afin de pouvoir être soutenus par sa rigueur.

Quant à Mlle von Osterloh, c'est elle qui tient la maison avec un dévouement infatigable. Mon Dieu, avec quelle activité elle monte et descend les escaliers pour se précipiter d'un bout à l'autre de l'institution !

---

nuit d'orage, la bourrasque souffla la flamme du flambeau. Léandre se perdit dans la noirceur des flots et, à bout de forces, se noya [...]. Désespérée, [Héro] se précipita dans les flots et rejoignit de la sorte, au sein du trépas, son amant infortuné. » (J. Schmidt, *Dictionnaire de la mythologie grecque et romaine*.)

4. **auf kurz angebundene... Art : kurz angebunden sein** = *se montrer brusque, peu loquace.*

Sie herrscht in Küche und Vorratskammer, sie klettert in den Wäscheschränken umher, sie kommandiert die Dienerschaft und bestellt unter den Gesichtspunkten der Sparsamkeit, der Hygiene, des Wohlgeschmacks und der äußeren Anmut[1] den Tisch des Hauses, sie wirtschaftet mit einer rasenden Umsicht, und in ihrer extremen Tüchtigkeit liegt ein beständiger Vorwurf für die gesamte Männerwelt verborgen, von der noch niemand darauf verfallen ist, sie heimzuführen. Auf ihren Wangen aber glüht[2] in zwei runden, karmoisinroten Flecken die unauslöschliche Hoffnung[3], dereinst[4] Frau Doktor Leander zu werden...

Ozon und stille, stille Luft... für Lungenkranke ist »Einfried«, was Doktor Leanders Neider und Rivalen auch sagen mögen, aufs wärmste zu empfehlen. Aber es halten sich nicht nur Phthisiker, es halten sich Patienten aller Art, Herren, Damen und sogar Kinder hier auf: Doktor Leander hat auf den verschiedensten Gebieten Erfolge aufzuweisen. Es gibt hier gastrisch Leidende, wie die Magistratsrätin Spatz[5], die überdies an den Ohren krankt, Herrschaften mit Herzfehlern, Paralytiker, Rheumatiker und Nervöse in allen Zuständen. Ein diabetischer General[6] verzehrt hier unter immerwährendem Murren seine Pension.

---

1. **der äußeren Anmut** = m. à m. *de la grâce extérieure.*

2. **glüht**: cf. son nom ***Oster-loh. Lohe**, f. = *flamme, foyer ardent.*

3. **die unauslöschliche Hoffnung**: cf. **löschen** (= *éteindre*), terme central dans T&I puisque l'extinction de la torche et l'abandon à la nuit permettent à la passion de prendre son essor (acte II). Également, allusion au flambeau de Héro qui, lui, finit par s'éteindre (cf. n. 3, p. 130). Th. M. nous propose sous les traits de Mlle von Osterloh la version moderne et caricaturale de la prêtresse légendaire Héro. Voir aussi la scène d'« enlèvement » modernisée, ch. 7, pp. 194-196.

4. **dereinst**: adv. vieilli et littéraire.

5. **die *Magistrats-rätin Spatz**: **Spatz**, m. = *moineau.* (**Spatzenhirn**, n. = *cervelle de moineau*). Le grotesque réapparaît ici encore dans le choix du nom. Mme Spatz se montrera en effet digne de ce patronyme (cf. ch.

Elle règne sur les cuisines et le garde-manger, elle va grimpant dans les armoires à linge, elle commande à la domesticité, elle approvisionne la table de la maison selon les exigences de l'économie, de l'hygiène, du bon goût et de l'élégance, elle assure l'intendance avec une vigilance forcenée et son extrême efficacité dissimule un reproche constant envers le sexe masculin dans son ensemble, aucun de ses représentants ne s'étant encore avisé de la prendre pour femme. Mais un espoir inextinguible fait brûler sur ses joues deux taches rouge cramoisi : celui de devenir un jour Mme le Docteur Léandre...

Ozone et air calme, si calme... Pour les malades du poumon, quoi qu'en disent les envieux et les rivaux du docteur Léandre, Einfried est à recommander chaudement. Mais les phtisiques ne sont pas seuls à séjourner ici, y séjournent également toute sorte de patients, des messieurs, des dames et même des enfants : le docteur Léandre a remporté des succès dans les domaines les plus divers. Il y a ici des gens qui souffrent du système gastrique, telle Mme Spatz, épouse d'un conseiller municipal, qui est en outre dure d'oreille, il y a des cardiaques, des paralytiques, des rhumatisants et des maladies nerveuses à tous les stades. Un général diabétique dépense ici toute sa retraite, en ronchonnant sans discontinuer.

6, p. 171 : « La conseillère Spatz rit également et trouva la chose étrange ; mais elle ne dit pas qu'elle la comprenait »...). **Magistrat**, m. = *municipalité, autorités municipales* (Allemagne du Nord).

6. **Ein diabetischer General** : combinaison de termes qui n'est pas sans mettre en doute le prestige de l'uniforme.

Mehrere Herren[1] mit entfleischten Gesichtern werfen auf jene unbeherrschte Art ihre Beine, die nichts Gutes bedeutet. Eine fünfzigjährige Dame, die Pastorin Höhlenrauch[2], die neunzehn Kinder zur Welt gebracht hat und absolut keines Gedankens mehr fähig ist, gelangt dennoch nicht zum Frieden, sondern irrt, von einer blöden Unrast getrieben, seit einem Jahre bereits am Arm ihrer Privatpflegerin[3] starr und stumm, ziellos und unheimlich[4] durch das ganze Haus.

Dann und wann stirbt jemand von den »Schweren«, die in ihren Zimmern liegen und nicht zu den Mahlzeiten noch im Konversationszimmer erscheinen, und niemand, selbst der Zimmernachbar nicht, erfährt etwas davon[5]. In stiller Nacht wird der wächserne Gast beiseite geschafft, und ungestört nimmt das Treiben in »Einfried« seinen Fortgang, das Massieren, Elektrisieren und Injizieren, das Duschen, Baden, Turnen, Schwitzen und Inhalieren in den verschiedenen mit allen Errungenschaften der Neuzeit ausgestatteten Räumlichkeiten...

Ja, es geht lebhaft zu hierselbst[6]. Das Institut steht in Flor. Der Portier, am Eingange des Seitenflügels, rührt die große Glocke, wenn neue Gäste eintreffen, und in aller Form geleitet Doktor Leander, zusammen mit Fräulein von Osterloh, die Abreisenden zum Wagen.

---

1. **Mehrere Herren**: sans doute atteints de syphilis tertiaire.

2. **die Pastorin Höhlenrauch**: **Höhle**, f. = *caverne, grotte, antre, tanière;* **Rauch**, m. = *fumée*. Fumée qui monte d'une caverne (ou des enfers ?) : nom assez cocasse pour l'épouse d'un pasteur... Avec les messieurs à la jambe folle, l'épouse du pasteur représente, selon D., l'un des deux aspects de la morale sexuelle de l'époque. Les syphilitiques souffrent d'avoir trop recherché le plaisir pour lui-même. L'épouse du pasteur, au contraire, doit sa condition présente à une sexualité exclusivement tournée vers la procréation.

3. ***Privat-pflegerin**: cf. **pflegen** = *soigner, donner des soins à...*

4. **unheimlich** = *étrangement inquiétant*, selon la traduction consacrée de ce terme commenté par Freud.

5. **und niemand [...] erfährt etwas davon**: la mort fait figure de

De nombreux messieurs au visage décharné lèvent la jambe de cette manière incontrôlée qui n'augure rien de bon. Une dame de cinquante ans, l'épouse du pasteur Höhlenrauch, qui a mis au monde dix-neuf enfants et qui est désormais absolument incapable de la moindre pensée, n'arrive pourtant pas à trouver la paix, mais depuis un an déjà, mue par une agitation imbécile, au bras de sa garde-malade particulière, le regard fixe, muette, sans but elle erre lugubrement à travers la maison tout entière.

De temps en temps, quelqu'un meurt parmi les « grands malades » qui restent couchés dans leurs chambres et n'apparaissent ni aux repas ni dans le salon et personne, pas même leur voisin de chambre, n'en apprend rien. Dans le silence de la nuit, le pensionnaire au teint de cire est escamoté, et la vie à Einfried continue de suivre son cours imperturbable : massages, électrochocs, piqûres, douches, bains, gymnastique, sudations et inhalations dans les divers locaux équipés de toutes les dernières conquêtes de la modernité...

Oui, c'est très vivant ici. L'institut prospère. Le portier, à l'entrée de l'aile latérale, sonne la grande cloche quand de nouveaux pensionnaires arrivent, et le docteur Léandre accompagne à leur voiture, en bonne et due forme, de concert avec Mlle von Osterloh, les voyageurs en partance.

---

maladie honteuse à Einfried, comme ce sera aussi le cas dans le sanatorium de *La Montagne magique* (1924). Noter l'imprécision voulue de **Dann und wann**, et la suite de verbes substantivés dont l'abondance semble vouloir faire oublier au lecteur l'évocation des « pensionnaires au teint de cire ».

6. **es geht lebhaft zu hierselbst** : ironie de cette formule qui décrit aussi bien la vivacité paradoxale avec laquelle les cadavres sont escamotés.

Was für Existenzen hat »Einfried« nicht schon beherbergt! Sogar ein Schriftsteller ist da, ein exzentrischer Mensch, der den Namen irgendeines Minerals oder Edelsteines führt und hier dem Herrgott die Tage stiehlt[1]...

Übrigens ist, neben Herrn Doktor Leander, noch ein zweiter Arzt vorhanden, für die leichten Fälle und die Hoffnungslosen. Aber er heißt Müller und ist überhaupt nicht der Rede wert[2].

2

Anfang Januar brachte[3] Großkaufmann Klöterjahn — in Firma A.C. Klöterjahn & Comp. — seine Gattin nach »Einfried«; der Portier rührte die Glocke, und Fräulein von Osterloh begrüßte die weither gereisten Herrschaften[4] im Empfangszimmer zu ebener Erde, das, wie beinahe das ganze vornehme alte Haus, in wunderbar reinem Empirestil[5] eingerichtet war. Gleich darauf erschien auch Doktor Leander; er verbeugte sich, und es entspann sich eine erste, für beide Teile orientierende Konversation[6].

Draußen lag der winterliche Garten mit Matten über den Beeten, verschneiten Grotten und vereinsamten Tempelchen,

---

1. **dem Herrgott die Tage stiehlt** = m. à m. *qui vole ses journées au Bon Dieu*. Le narrateur ne semble pas se considérer lui-même comme un écrivain de cette espèce (ou même comme un écrivain tout court). Son ironie se rapproche de celle du docteur Léandre et de M. Klöterjahn, tous deux hommes d'action dont le narrateur se révèle partager les valeurs au fil du récit.

2. **nicht der Rede wert**: cf. **reden**: *parler de*; formule à prendre au pied de la lettre. On vient de voir en effet que tous les personnages jugés dignes d'intérêt par le narrateur l'étaient d'abord par le nom qui leur était conféré. Le cratylisme sous-jacent à ce premier chapitre voue le docteur Müller, de par l'extrême banalité de son nom, au quasi-anonymat, d'où la relation de cause à effet que le **und** semble établir entre le nom du personnage et son absence de relief.

Quelles personnalités Einfried n'a-t-il pas déjà hébergées ! Il y a même là un écrivain, un excentrique qui porte le nom de je ne sais quel minéral ou pierre précieuse et passe ici son temps à ne rien faire...

En outre, il y a encore, à côté du docteur Léandre, un deuxième médecin, disponible pour les cas légers ou désespérés. Mais il s'appelle Müller et ne mérite nullement qu'on s'attarde sur lui.

2

Début janvier, le négociant Klöterjahn — de la firme A.C. Klöterjahn & Cie — amena son épouse à Einfried ; le portier fit sonner la cloche et Mlle von Osterloh vint saluer les voyageurs arrivés de loin, dans la salle d'accueil au rez-de-chaussée, meublée, comme presque toute l'ancienne et vénérable maison, dans un style Empire d'une merveilleuse pureté. Peu après, le docteur Léandre fit lui aussi son apparition ; il s'inclina, et une première conversation exploratoire s'engagea entre les deux parties. Dehors s'étendait le jardin hivernal avec ses parterres recouverts de paillassons, ses grottes enneigées et ses petits temples solitaires,

---

3. **brachte** : l'usage du prétérit (du v. **bringen**) signale, après un chapitre de présentation, le passage au récit proprement dit.

4. **die Herrschaften** = *ces Messieurs-Dames.*

5. **Empirestil** : cf. l'adj. **geradlinig** qui sert à décrire le bâtiment p. 130. Cf. aussi les remarques de Spinell ch. 6, p. 171.

6. **es entspann sich [...] Konversation** = m. à m. *et s'engagea une première conversation d'orientation pour les deux parties.*

und zwei Hausknechte schleppten vom Wagen her, der auf der Chaussee vor der Gatterpforte hielt — denn es führte keine Anfahrt zum Hause —, die Koffer der neuen Gäste herbei.

»Langsam, Gabriele, take care[1], mein Engel[2], und halte den Mund zu«, hatte Herr Klöterjahn[3] gesagt, als er seine Frau durch den Garten führte; und in dieses »take care« mußte zärtlichen und zitternden Herzens[4] jedermann innerlich einstimmen[5], der sie erblickte, — wenn auch nicht zu leugnen ist, daß Herr Klöterjahn es anstandslos[6] auf deutsch hätte sagen können[7].

Der Kutscher, welcher die Herrschaften von der Station zum Sanatorium gefahren hatte, ein roher, unbewußter Mann[8] ohne Feingefühl, hatte geradezu die Zunge zwischen die Zähne genommen vor ohnmächtiger Behutsamkeit[9], während der Großkaufmann seiner Gattin beim Aussteigen behilflich war; ja, es hatte ausgesehen, als ob die beiden Braunen, in der stillen Frostluft qualmend[10], mit rückwärts gerollten Augen angestrengt diesen ängstlichen Vorgang verfolgten, voll Besorgnis für soviel schwache Grazie und zarten Liebreiz.

---

1. **take care**: alors que dans la vieille Allemagne (que représente Einfried) le français était la langue de prédilection, l'emploi de l'anglais signale 1) l'appartenance de Klöterjahn à la classe des nouveaux riches 2) un changement dans le climat politique: hostilité envers la France et tentative d'égaler la première puissance coloniale et commerciale de l'époque. (D.)

2. **mein Engel**: le portrait qui va suivre confirmera la justesse de ce terme.

3. **Klöterjahn**: en dialecte bas-allemand, le mot **Klot** (plur. **Klöte**) signifie *testicule.*

4. **zärtlichen und zitternden Herzens**: génitif qualitatif, littéraire cf. l'expr. **guten Muts sein** = *prendre courage.*

5. **ein/stimmen**: cf. **stimme**, f. = *voix* et l'adv. **einstimmig** = *à l'unisson.*

6. **anstandslos** = *sans hésitation, sans difficulté* cf. l'expr. **Anstände bekommen** = *avoir des difficultés.* **Anstand**, m. = *bienséance, convenances, savoir-vivre.*

et deux domestiques apportèrent à bout de bras, depuis la voiture stationnée sur la chaussée devant la porte grillagée — car il n'y avait pas de grande allée menant jusqu'à la maison —, les valises des nouveaux pensionnaires.

« Lentement, Gabrielle, take care, mon ange, et garde la bouche fermée », avait dit M. Klöterjahn, tout en conduisant sa femme à travers le jardin ; et tous les spectateurs présents durent répéter en eux-mêmes d'un cœur tremblant et attendri ce « take care », quand bien même, on ne saurait le nier, M. Klöterjahn aurait pu sans difficulté le dire en allemand.

Le cocher qui avait conduit les voyageurs depuis la station jusqu'au sanatorium, personnage rude, instinctif et peu raffiné, s'était littéralement pris la langue entre les dents, incapable de manifester autrement sa prévenance pendant que le négociant aidait son épouse à descendre ; il avait même semblé que les deux chevaux bai brun dont les naseaux fumaient dans l'air calme et glacé suivaient cette inquiétante opération avec effort, en roulant les yeux vers l'arrière, tout pleins d'appréhension pour tant de faiblesse, de grâce, et de frêles attraits.

---

7. **hätte sagen können** : noter l'auxiliaire en première position et le double infinitif. Cf. même structure, p. 202 **die kleine Krone... hätte blinken sehen**. L'anglomanie de M. Klöterjahn sera évoquée plus en détail ch. 3, p. 150.

8. **ein [...] unbewußter Mann** : adj. = *inconscient, involontaire, instinctif* ; cf. **Bewußtsein**, n. = *conscience*.

9. **vor ohnmächtiger Behutsamkeit** : adj. = *impuissant*, subst. = *précaution, prudence, circonspection* ; **vor** + subst. = *par* (**vor Angst** = *par peur*).

10. **qualmend** : cf. **Qualm**, m. = *fumée épaisse, bouffées de fumée*.

Die junge Frau litt an der Luftröhre, wie ausdrücklich in dem anmeldenden Schreiben zu lesen stand, das Herr Klöterjahn vom Strande der Ostsee aus an den dirigierenden Arzt von »Einfried« gerichtet hatte, und Gott sei Dank[1], daß es nicht die Lunge war! Wenn es aber dennoch die Lunge gewesen wäre, — diese neue Patientin hätte keinen holderen und veredelteren, keinen entrückteren und unstofflicheren Anblick[2] gewähren können als jetzt, da sie an der Seite ihres stämmigen Gatten[3], weich und ermüdet in den weißlackierten, gradlinigen Armsessel zurückgelehnt, dem Gespräche folgte.

Ihre schönen, blassen Hände, ohne Schmuck bis auf den schlichten Ehering, ruhten in den Schoßfalten eines schweren und dunklen Tuchrockes, und sie trug eine silbergraue, anschließende Taille mit festem Stehkragen, die mit hochaufliegenden Sammetarabesken über und über besetzt war. Aber diese gewichtigen und warmen Stoffe ließen die unsägliche Zartheit, Süßigkeit und Mattigkeit des Köpfchens nur noch rührender, unirdischer[4] und lieblicher erscheinen. Ihr lichtbraunes Haar, tief im Nacken zu einem Knoten zusammengefaßt, war glatt zurückgestrichen, und nur in der Nähe der rechten Schläfe fiel eine krause, lose Locke[5] in die Stirn,

1. **Gott sei Dank!**: le narrateur reprend ici à son compte la formule sans doute utilisée par Klöterjahn dans sa lettre et qui réapparaîtra dans sa bouche ch. 9, p. 242 (**» aber da es Gott sei Dank die Luftröhre ist... «**)

2. **keinen [...] veredelteren [...] Anblick**: l'adj. désigne ce qui a subi un processus de purification, de sublimation (cf. **edel** = *noble*).

3. **an der Seite ihres stämmigen Gatten**: contraste marqué entre la fragilité de l'héroïne et la solidité de son époux, entre son aspect immatériel et le solide appétit que manifestera Klöterjahn dès son arrivée (cf. la fin du ch. p. 154). Cette série de termes (v. aussi p. suivante) évoquant tous la fragilité, la blancheur (presque incolore) et l'immatérialité **(schwache Grazie, zarten Liebreiz [...] veredelteren, keinen entrückteren und unstofflicheren Anblick, [...] ihre blaßen Hände [...] unirdischer [...] Klarheit und Makellosigkeit dieser wie durchsichtigen Stirn [...] Verschießen, [...] blaß)** trouvera un écho dans l'évocation de la

La jeune dame souffrait de la trachée, comme on pouvait explicitement le lire dans la lettre d'introduction que M. Klöterjahn avait adressée, depuis les bords de la mer Baltique, au médecin qui dirigeait Einfried, et, Dieu merci, ce n'était pas le poumon ! Et même si, malgré tout, ç'avait été le poumon, — cette nouvelle patiente n'aurait pu présenter un aspect plus aimable et plus éthéré, plus abstrait, plus immatériel qu'en ce moment où, aux côtés de son robuste époux, elle suivait la conversation, l'air fatigué, mollement enfoncée dans le fauteuil droit en bois laqué blanc.

Ses belles mains pâles, avec une simple alliance pour toute parure, reposaient sur ses genoux, dans les replis d'une épaisse et sombre jupe de drap, et elle portait un étroit corsage gris argenté, à collet montant, entièrement recouvert d'épaisses arabesques en velours. Mais ces lourdes et chaudes étoffes donnaient à la délicatesse, à la douceur, à la langueur indicibles de sa petite tête un caractère plus touchant, plus irréel, plus adorable encore. Ses cheveux châtains, réunis en chignon au bas de la nuque, lisses, étaient tirés en arrière ; seule à proximité de la tempe droite, une mèche libre, bouclée, tombait sur le front

---

femme (« Créature miraculeuse, sylphe, substance vaporeuse ») à laquelle se livre Spinell au début du ch. 7, p. 184 (ce qui pose la question du rapport entre ce personnage et le narrateur).

4. ***un-irdischer** : cf. **irdisch** = terrestre.
5. **eine (...) lose Locke** : adj. = *détaché*.

unfern der Stelle, wo über der markant gezeichneten Braue ein kleines, seltsames Äderchen sich blaßblau und kränklich[1] in der Klarheit und Makellosigkeit dieser wie durchsichtigen Stirn verzweigte[2]. Dies blaue Äderchen über dem Auge beherrschte auf eine beunruhigende Art das ganze feine Oval des Gesichts[3]. Es trat sichtbarer hervor, sobald die Frau zu sprechen begann, ja sobald sie auch nur lächelte, und es gab alsdann dem Gesichtsausdruck etwas Angestrengtes, ja selbst Bedrängtes, was unbestimmte Befürchtungen erweckte. Dennoch sprach sie und lächelte. Sie sprach freimütig und freundlich mit ihrer leicht verschleierten[4] Stimme, und sie lächelte mit ihren Augen, die ein wenig mühsam blickten, ja hie und da eine kleine Neigung zum Verschießen zeigten, und deren Winkel, zu beiden Seiten der schmalen Nasenwurzel, in tiefem Schatten lagen, sowie mit ihrem schönen, breiten Munde, der blaß war und dennoch zu leuchten schien, vielleicht, weil seine Lippen so überaus scharf und deutlich umrissen waren. Manchmal hüstelte sie. Hierbei führte sie ihr Taschentuch zum Munde und betrachtete es[5] alsdann.

»Hüstle nicht[6], Gabriele«, sagte Herr Klöterjahn. »Du weißt, daß Doktor Hinzpeter zu Hause es dir extra verboten hat, darling, und es ist bloß, daß man sich zusammennimmt, mein Engel.

---

1. **wo [...] ein kleines, seltsames Äderchen sich blaßblau und kränklich [...] verzweigte** : cette petite veine bleue est l'empreinte que semble avoir posée la mort sur ce visage, elle marque le destin de ce que Spinell appellera dans sa lettre à Klöterjahn **Todesschönheit** (beauté vouée à la mort). Cf. *Der Wille zum Glück* (1896), la description de Paolo (*Die Erzählungen*, p. 45) ; cf. aussi, dans *Le Petit Monsieur Friedemann*, 9e ch., le bras de Madame von Rinnlingen ; cf. enfin le même trait distinctif chez Thomas Buddenbrook, (*Les Buddenbrook*, livre IV, ch. 10). Dans *La Mort à Venise*, Tadzio, malgré (et en raison même de) sa beauté, donne des signes de faiblesse physique suggérant qu'il ne vivra pas longtemps. (« Il est très tendre, il est maladif, songea Aschenbach. Il ne vivra sans doute pas vieux. » Même collection, p. 127.)

non loin de l'endroit où, au-dessus du sourcil nettement dessiné, une étrange petite veine bleu pâle, maladive, se ramifiait dans la clarté immaculée de ce front presque diaphane. Cette petite veine bleue dominait de façon inquiétante tout le délicat ovale du visage. Elle ressortait avec plus d'évidence encore sitôt que la dame se mettait à parler, sitôt même qu'elle souriait seulement, et conférait alors à sa physionomie un air tendu, angoissé même, qui éveillait des craintes indéfinissables. Et pourtant elle parlait et souriait. Elle parlait d'un ton libre et affable, la voix légèrement voilée, et souriait de ses yeux qui avaient quelque difficulté à fixer les objets, qui avaient même de temps à autre tendance à perdre leur couleur, et dont les coins, de part et d'autre de l'étroite racine du nez, étaient plongés dans une ombre profonde ; elle souriait aussi de sa jolie bouche allongée, qui était pâle et semblait pourtant resplendir, peut-être parce que le contour de ses lèvres était tracé avec une netteté et une précision extrêmes. Parfois, elle toussotait. Elle portait en même temps son mouchoir à ses lèvres et l'examinait aussitôt.

« Ne tousse pas, Gabrielle », dit M. Klöterjahn. « Tu sais que le docteur Hinzpeter, à la maison, te l'a formellement interdit, darling, et le tout c'est de se dominer, mon ange.

---

2. **sich [...] verzweigte** : cf. **Zweig**, m. = *branche.*

3. **das ganze feine Oval des Gesichts** : caractéristique physique qu'on retrouve dans *Le Paillasse*, ch. 11, p. 92 : **In ihrem ovalen und feingeformten Gesicht** [...].

4. **verschleiert** : adj. cf. **Schleier**, m. = *voile.*

5. **betrachtete es** : à la recherche d'une éventuelle trace de sang.

6. **» Hüstle nicht «** : naïveté de cette recommandation, *la toux* **(der Husten)** étant un phénomène difficilement contrôlable ; cf. aussi « garde la bouche fermée » : ces deux ordres manifestent la gaucherie bien intentionnée du personnage que Mme Klöterjahn contrastera ultérieurement avec la prévenance de Spinell (p. 201).

Es ist, wie gesagt[1], die Luftröhre[2] «, wiederholte er. » Ich glaubte wahrhaftig, es wäre die Lunge, als es losging, und kriegte[3], weiß Gott, einen Schreck. Aber es ist nicht die Lunge, nee, Deubel noch mal[4], auf so was lassen wir uns nicht ein, was, Gabriele? hö, hö! «

» Zweifelsohne «, sagte Doktor Leander und funkelte sie mit seinen Brillengläsern an[5].

Hierauf verlangte Herr Klöterjahn Kaffee, — Kaffee und Buttersemmeln, und er hatte eine anschauliche Art, den K-Laut ganz hinten im Schlunde zu bilden und » Bottersemmeln « zu sagen, daß jedermann Appetit bekommen mußte.

Er bekam, was er wünschte, bekam auch Zimmer für sich und seine Gattin, und man richtete sich ein.

Übrigens übernahm Doktor Leander selbst die Behandlung, ohne Doktor Müller für den Fall in Anspruch zu nehmen[6].

---

1. **wie gesagt**: insistance pathétique et quelque peu grotesque dans cette reprise.

2. **die Luftröhre**: **Röhre** = *tube, valve*, cf. **Rohr**, n. = *tuyau, tube, conduit*. **Luft**, f. = *air*.

3. **kriegen**: vocabulaire familier, peut signifier *attraper, recevoir, avoir droit à*; rien à voir avec **Krieg**, m. = *la guerre*.

4. **Deubel noch mal**: forme dialectale d'Allemagne du Nord (= **Teufel**).

5. **funkelte sie... an**: on devine un soupçon de scepticisme dans la

Comme nous l'avons dit, c'est la trachée», répéta-t-il. «J'ai vraiment cru que c'était le poumon quand tout a commencé, et Dieu sait quelle peur j'ai eue! Mais ce n'est pas le poumon, non, par tous les diables, nous n'allons pas nous laisser entraîner là-dedans, pas vrai, Gabrielle? Hé hé!

— Sans nul doute», dit le docteur Léandre et ses lunettes jetèrent sur elle des étincelles.

Là-dessus, M. Klöterjahn réclama du café, — du café et des petits pains beurrés, et il eut une façon si expressive de former le son «K» avec le fond du gosier et de dire «des petits pains borrés» qu'il dut donner faim à tout le monde.

Il obtint ce qu'il souhaitait, obtint également des chambres pour lui-même et son épouse, et l'on s'installa.

Au demeurant, le docteur Léandre se chargea lui-même du traitement, sans faire appel, pour ce cas, aux services du docteur Müller.

---

remarque et le regard scrutateur du Dr Léandre. Ces *étincelles* **(der Funker)** jaillissent-elles parce que M. Klöterjahn vient justement d'invoquer le diable?...

6. **ohne [...] in Anspruch zu nehmen**: libre au lecteur de déterminer la catégorie de malades à laquelle Mme Klöterjahn est censée appartenir (cf. p. 136 les attributions du Dr Müller).

Die Persönlichkeit der neuen Patientin erregte ungewöhnliches Aufsehen in »Einfried«, und Herr Klöterjahn, gewöhnt an solche Erfolge, nahm jede Huldigung, die man ihr darbrachte, mit Genugtuung entgegen. Der diabetische General[1] hörte einen Augenblick zu murren auf, als er ihrer zum ersten Male ansichtig wurde, die Herren mit den entfleischten Gesichtern lächelten und versuchten angestrengt, ihre Beine zu beherrschen, wenn sie in ihre Nähe kamen, und die Magistratsrätin Spatz schloß sich ihr sofort als ätere Freundin an. Ja, sie machte Eindruck, die Frau, die Herrn Klöterjahns Namen trug! Ein Schriftsteller[2], der seit ein paar Wochen in »Einfried« seine Zeit verbrachte, ein befremdender Kauz, dessen Name wie der eines Edelsteines lautete, verfärbte sich geradezu, als sie auf dem Korridor an ihm vorüberging, blieb stehen und stand noch immer wie angewurzelt[3], als sie schon längst entschwunden war.

Zwei Tage waren noch nicht vergangen, als die ganze Kurgesellschaft mit ihrer Geschichte vertraut war. Sie war aus Bremen gebürtig, was übrigens, wenn sie sprach, an gewissen liebenswürdigen Lautverzerrungen[4] zu erkennen war, und hatte dortselbst vor zwiefacher Jahresfrist dem Großhändler Klöterjahn ihr Jawort fürs Leben erteilt.

---

1. **der diabetische General** : la reprise de la même épithète homérique (p. 132) cantonne le général à son rôle de personnage secondaire, entièrement défini non par sa psychologie, mais par sa maladie et son constant ronchonnement. Sur le rapport de ces reprises avec la technique du leitmotiv, cf. notre Préface, pp. 18-19.

2. **Ein Schriftsteller** : le narrateur persiste à taire le nom du principal personnage de la nouvelle. Deux interprétations sont possibles ici : 1) signe du mépris que lui témoigne le narrateur 2) focalisation sur Klöterjahn qui aurait très bien pu avoir été informé, après son arrivée, de l'existence d'« un écrivain » résidant à Einfried depuis une quinzaine de jours. Cela expliquerait notamment la variation sur la formule nettement péjorative utilisée à la fin du chap. 1, p. 136. Ici, le jugement

3

La personnalité de la nouvelle patiente fit une sensation peu ordinaire à Einfried, et M. Klöterjahn, habitué à de tels succès, reçut avec satisfaction tous les hommages qu'on rendit à son épouse. Le général diabétique cessa un instant de ronchonner la première fois qu'il l'aperçut, les messieurs au visage décharné souriaient et cherchaient avec effort à contrôler leurs jambes lorsqu'ils passaient dans son voisinage, et la conseillère Spatz, en sa qualité d'aînée, se lia aussitôt d'amitié avec elle. Oui, elle fit impression, la dame qui portait le nom de M. Klöterjahn ! Un écrivain qui, depuis quelques semaines, passait son temps à Einfried, bizarre olibrius dont le nom ressemblait à celui d'une pierre précieuse, changea tout simplement de couleur lorsqu'elle passa devant lui dans le corridor, resta immobile et se tint comme enraciné longtemps encore après qu'elle eut disparu.

Deux jours ne s'étaient pas écoulés que tous les pensionnaires connaissaient son histoire. Elle était née à Brême, ce qui se repérait d'ailleurs, lorsqu'elle parlait, à certaines charmantes inflexions, et c'est là que, deux ans auparavant, elle avait dit oui pour la vie au négociant Klöterjahn.

---

de valeur a disparu, comme si le nouveau locuteur (Klöterjahn lui-même ?) refusait de le prendre à son compte. Le narrateur adopte ainsi une pluralité de voix qui se répondent de loin en loin, sans nécessairement que les propos des personnages soient cités entre guillemets.

3. **wie angewurzelt** : dans un contexte de réactions déjà comiques, ce coup de foudre est frappé de grotesque par ce soudain « enracinement » au milieu d'un corridor.

4. ***Laut-verzerrungen** = m. à m. *déformations sonores*.

Sie war ihm in seine Vaterstadt, dort oben am Ostseestrande, gefolgt und hatte ihm vor nun etwa zehn Monaten unter ganz außergewöhnlich schweren und gefährlichen Umständen ein Kind, einen bewundernswert lebhaften und wohlgeratenen Sohn und Erben[1] beschert. Seit diesen furchtbaren Tagen aber war sie nicht wieder zu Kräften gekommen, gesetzt, daß sie jemals bei Kräften gewesen war. Sie war kaum vom Wochenbette erstanden, äußerst erschöpft, äußerst verarmt an Lebenskräften, als sie beim Husten ein wenig Blut aufgebracht[2] hatte, — oh, nicht viel, ein unbedeutendes bißchen Blut; aber es wäre doch besser überhaupt nicht zum Vorschein[3] gekommen, und das Bedenkliche war, daß derselbe kleine unheimliche Vorfall sich nach kurzer Zeit wiederholte. Nun, es gab Mittel hiergegen, und Doktor Hinzpeter, der Hausarzt, bediente sich ihrer. Vollständige Ruhe wurde geboten, Eisstückchen wurden geschluckt, Morphium ward gegen den Hustenreiz verabfolgt und das Herz nach Möglichkeit beruhigt. Die Genesung aber wollte sich nicht einstellen, und während[4] das Kind, Anton Klöterjahn der Jüngere, ein Prachtstück[5] von einem Baby, mit ungeheurer Energie und Rücksichtslosigkeit seinen Platz im Leben eroberte und behauptete, schien die junge Mutter in einer sanften und stillen Glut dahinzuschwinden[6]...

---

1. **einen bewundernswert lebhaften und wohlgeratenen Sohn und Erben** : cf. n. 3, p. 140. Contraste immédiat entre la vivacité et la bonne santé exceptionnelles de l'enfant et, à nouveau, la fragilité de sa mère. Comme le père, l'enfant se situe du côté de la vie organique, aux antipodes de l'art et de la spiritualité tels que les conçoit Spinell. Noter l'optique utilitariste sous-jacente à la formule **Sohn und Erben** : c'est le point de vue de M. Klöterjahn qui s'exprime ici.

2. **aufgebracht : aufbringen : 1) ein Schiff *** = *capturer un navire* 2) **Geld*** = *trouver, se procurer de l'argent ;* **Gründe*** = *mettre en avant des raisons* 3) **eine Mode*** = *introduire une mode* 4) **jdn*** = *irriter, mettre en colère.*

3. **Vorschein :** m. : **zum Vorschein kommen** = *apparaître, se manifester.*

Elle l'avait suivi dans la ville de ses pères, là-bas, sur les bords de la mer Baltique et lui avait, voici maintenant environ dix mois, en des circonstances extraordinairement difficiles et dangereuses, donné un fils et un héritier admirablement vif et réussi. Mais depuis ces terribles journées, elle n'avait pas repris toutes ses forces, à supposer qu'elle en ait jamais eu possession. À peine s'était-elle relevée de ses couches, dans un état d'épuisement extrême, en partie drainée de sa force vitale, qu'elle avait craché un peu de sang en toussant, — oh, très peu, une petite quantité de sang négligeable ; mais on aurait préféré qu'il n'y eût rien du tout, et chose troublante, le même petit incident inquiétant s'était répété peu de temps après. Certes, il y avait des remèdes, et le docteur Hinzpeter, le médecin de famille, y eut recours. Un repos absolu lui fut prescrit, elle avala de petits morceaux de glace, on administra de la morphine contre l'envie de tousser et on fit tout ce qui était possible pour calmer son cœur. Mais la guérison se refusait à venir et tandis que l'enfant, Anton Klöterjahn le jeune, bébé superbe, conquérait et affirmait sa place dans la vie avec une énergie et une brutalité démesurées, la jeune mère semblait consumée par une douce et paisible flamme...

---

4. **und während [...] dahinzuschwinden :** un parallèle est ici établi entre le dépérissement de la mère et la force croissante du bébé qui semble la drainer de toute force vitale.

5. **ein *Pracht-stück : Pracht**, f. = *magnificence, pompe, somptuosité, faste*.

6. ***dahin-zu-schwinden :** préfixe (séparable) d'un certain nombre de verbes signifiant l'étiolement, le dépérissement, la disparition ; cf. **dahingehen** = *s'en aller, disparaître ;* **dahinschwinden** = *s'en aller, passer, fondre ;* **dahinsiechen** = *dépérir, mourir à petit feu ;* **dahinsterben** = *se mourir*.

Es war, wie gesagt, die Luftröhre[1], ein Wort, das in Doktor Hinzpeters Munde eine überraschend tröstliche, beruhigende, fast erheiternde Wirkung auf alle Gemüter ausübte. Aber obgleich[2] es nicht die Lunge war, hatte der Doktor schließlich den Einfluß eines milderen Klimas und des Aufenthaltes in einer Kuranstalt zur Beschleunigung der Heilung als dringend[3] wünschenswert erachtet, und der Ruf des Sanatoriums »Einfried« und seines Leiters hatte das übrige getan.

So verhielt es sich; und Herr Klöterjahn selbst erzählte es jedem, der Interesse[4] dafür an den Tag legte. Er redete laut, salopp und gutgelaunt[5], wie ein Mann, dessen Verdauung[6] sich in so guter Ordnung befindet wie seine Börse, mit weit ausladenden Lippenbewegungen, in der breiten und dennoch rapiden Art der Küstenbewohner vom Norden. Manche Worte schleuderte er hervor, daß jeder Laut einer kleinen Entladung glich, und lachte darüber wie über einen gelungenen Spaß[7].

Er war mittelgroß, breit, stark und kurzbeinig und besaß ein volles, rotes Gesicht mit wasserblauen Augen, die von ganz hellblonden Wimpern beschattet waren, geräumigen Nüstern[8] und feuchten Lippen. Er trug einen englischen Backenbart, war ganz englisch gekleidet und zeigte sich entzückt, eine englische Familie,

---

1. **die Luftröhre**: cf. ch. 2, p. 140 et p. 144: les propos de M. Klöterjahn »**Es ist, wie gesagt, die Luftröhre**« Distinction de sophiste, sans doute, puisque le médecin de famille juge tout de même indispensable d'envoyer la mère en sanatorium.

2. **obgleich,** conj. = **obwohl, obschon**.

3. **dringend**: adj. = *urgent, pressant*, adv. = *d'urgence*. syn. **dringlich**. Cf. **auf etw. dringen (a/u)** = *insister sur qqch.*; **darauf dringen, daß...** = *insister pour que...*

4. **Interesse**: ***für etw. an den Tag legen** = *manifester de l'intérêt pour qqch.*

5. **gutgelaunt**: cf. l'expr. **guter/schlechter Laune sein** = *être de bonne/de mauvaise humeur*.

6. **dessen Verdauung [...] wie seine Börse**: cette formule place sur le

C'était, comme nous l'avons dit, la trachée, mot qui, sorti de la bouche du docteur Hinzpeter, avait de manière surprenante répandu la consolation, l'apaisement et presque la gaieté dans tous les esprits. Mais quoique ce ne fût pas le poumon, le docteur avait fini par juger extrêmement souhaitable l'influence d'un climat plus doux et d'un séjour en maison de repos, afin de hâter la guérison ; la réputation du sanatorium d'Einfried et de son directeur avait fait le reste.

Voilà ce qu'il en était ; et M. Klöterjahn lui-même racontait l'histoire à quiconque semblait s'y intéresser. Il parlait fort, sur un ton jovial et bonhomme, en personne dont la digestion se porte aussi bien que ses finances, avec de larges mouvements des lèvres, de cette manière ample et pourtant rapide propre aux habitants des côtes septentrionales. Il éructait nombre de ses propos, de sorte que chaque syllabe ressemblait à une petite décharge, et en riait comme d'une bonne plaisanterie.

Il était de taille moyenne, large d'épaules et robuste ; il avait les jambes courtes et le visage plein et rubicond, des yeux bleu ciel ombragés de cils blonds très clairs, les narines dilatées et les lèvres humides. Il portait des favoris anglais, s'habillait entièrement à l'anglaise, et se montra ravi de rencontrer à Einfried une famille anglaise,

---

même plan les activités financières et digestives de Klöterjahn, en tant que manifestations d'une même vitalité triomphante. Cf. aussi p. 166 et p. 154 la formule **sein blühendes Kind, sein ebenfalls blühendes Geschäft** qui met encore une fois sur le même plan deux réalités apparemment hétérogènes.

7. **einen gelungenen Spaß** : cf. **gelingen (a/u)** = *réussir*. **Es ist mir gelungen, zu...** = *j'ai réussi à...*

8. **geräumigen Nüstern** : adj. = *ample, spacieux*, cf. **Raum**, m. = *espace*.

Vater, Mutter und drei hübsche Kinder mit ihrer nurse, in »Einfried« anzutreffen, die sich hier aufhielt, einzig und allein, weil sie nicht wußte, wo sie sich sonst aufhalten sollte, und mit der er morgens englisch frühstückte[1]. Übrigens liebte er es, viel und gut zu speisen und zu trinken, zeigte sich als ein wirklicher Kenner von Küche und Keller und unterhielt die Kurgesellschaft aufs anregendste von den Diners, die daheim in seinem Bekanntenkreise gegeben wurden, sowie mit der Schilderung gewisser auserlesener, hier unbekannter Platten. Hierbei zogen seine Augen sich mit freundlichem Ausdruck zusammen und seine Sprache erhielt etwas Gaumiges und Nasales, indes leicht schmatzende Geräusche im Schlunde sie begleiteten. Daß er auch anderen irdischen Freuden nicht grundsätzlich[2] abhold[3] war, bewies er an jenem Abend, als ein Kurgast von »Einfried«, ein Schriftsteller von Beruf[4], ihn auf dem Korridor in ziemlich unerlaubter Weise mit einem Stubenmädchen scherzen sah, — ein kleiner, humoristischer Vorgang[5], zu dem der betreffende Schriftsteller eine lächerlich angeekelte Miene machte.

Was Herrn Klöterjahns Gattin anging, so war klar und deutlich zu beobachten, daß sie ihm von Herzen zugetan war. Sie folgte lächelnd seinen Worten und Bewegungen: nicht mit der überheblichen Nachsicht, die manche Leidenden den Gesunden entgegenbringen,

---

1. **englisch frühstückte**: cette préférence pour une nourriture riche figure visiblement aux yeux de l'auteur parmi les caractéristiques du monde des négociants d'Allemagne du Nord à son époque. On la retrouve dans *Les Buddenbrook* et elle est aussi mentionnée dans *La Montagne magique*. (D.)

2. ***grund-sätzlich**: cf. **Grundsatz**, m. = *axiome, principe.*

3. **abhold** = *mal disposé*; cf. **hold** = 1) *favorable, propice* 2) *aimable, gracieux, doux.*

4. **ein Schriftsteller von Beruf**: cf. p. 136 **sogar ein Schriftsteller ist da** et p. 146 **ein Schriftsteller...** Élément ludique: le narrateur persiste à évoquer l'écrivain, mais ne dressera son portrait qu'au début du ch. 4, p. 154.

le père, la mère et trois jolis enfants avec leur nurse, qui demeurait là pour la seule et unique raison qu'elle n'aurait su où demeurer ailleurs, et avec laquelle il déjeunait le matin à l'anglaise. Il appréciait d'ailleurs la bonne chère et le bon vin en abondance, se révélait un véritable connaisseur pour la cuisine et pour la cave, et entretenait de très alléchante façon les curistes des dîners qui se donnaient dans sa région, chez ses amis, ainsi que par l'évocation de certains plats choisis inconnus ici. Alors ses yeux se rapprochaient l'un de l'autre d'un air bienveillant, son discours revêtait des sonorités palatales et nasales et s'accompagnait de légers murmures de déglutition. Il n'était pas fondamentalement hostile aux autres plaisirs terrestres, ainsi qu'il en donna la preuve le jour où un curiste d'Einfried, écrivain de métier, le vit plaisanter de manière assez libre avec une femme de chambre, — petit épisode humoristique qui inspira à l'écrivain en question une mine de dégoût ridicule.

Quant à l'épouse de M. Klöterjahn, il était clair et net à l'observer, qu'elle lui était de tout cœur acquise. Elle suivait en souriant ses paroles et ses gestes, non pas avec cette arrogante indulgence manifestée par tant de patients envers les bien portants,

---

5. **ein kleiner, humoristischer Vorgang**: perspective bienveillante du narrateur qui, comme plus tard Klöterjahn lui-même (p. 268), ne prête pas à cet épisode plus d'importance qu'il n'en mérite. Cette optique s'avérera fort différente de celle de l'écrivain, puisqu'il fera référence à l'événement en question dans sa longue lettre, ch. 10, p. 259. Parce qu'il se situe du côté de l'art, de la beauté et de la mort, Spinell ne peut qu'être dégoûté par ce qui, de la part de Klöterjahn, constitue une manifestation vitale (cf. le terme **Lebensäußerungen**, p. suivante).

sondern mit der liebenswürdigen Freude und Teilnahme gutgearteter Kranker an den zuversichtlichen Lebensäußerungen von Leuten, die in ihrer Haut sich wohlfühlen[1].

Herr Klöterjahn verweilte nicht lange in »Einfried«. Er hatte seine Gattin hierher[2] geleitet; nach Verlauf einer Woche aber, als er sie wohl aufgehoben und in guten Händen wußte, war seines Bleibens nicht länger. Pflichten von gleicher Wichtigkeit, sein blühendes Kind, sein ebenfalls blühendes Geschäft, riefen ihn in die Heimat zurück; sie zwangen ihn, abzureisen und seine Frau im Genusse der besten Pflege zurückzulassen.

4

Spinell hieß der Schriftsteller[3], der seit mehreren Wochen in »Einfried« lebte, Detlev Spinell war sein Name, und sein Äußeres war wunderlich.

Man vergegenwärtige sich einen Brünetten[4] am Anfang der Dreißiger und von stattlicher Statur, dessen Haar an den Schläfen schon merklich zu ergrauen beginnt, dessen rundes, weißes, ein wenig gedunsenes Gesicht aber nicht die Spur irgendeines Bartwuchses zeigt. Es war nicht rasiert, — man hätte es gesehen;

---

1. **mit der liebenswürdigen Freude [...] wohlfühlen**: répétition de l'antithèse maladie-beauté/santé-force vitale, recouvrant aussi celle entre artiste et philistin.

2. **hierher**: cf. p. 130, n. 1; **her**, adv. qui indique un mouvement de rapprochement *vers* la personne qui parle, en l'occurrence le narrateur qui se trouve donc lui aussi à Einfried.

3. ***Spinell* hieß der Schriftsteller**: **Spinell,** m. = «*spinelle,* subst. m. (1500; it. *spinella*, du lat. *spina* "épine"). Aluminate naturel de magnésium, de couleur rouge (rubis spinelle), bleu-violet ou verdâtre, utilisé en joaillerie» *(Le Petit Robert)*. Cf. la fin du chap. 1, p. 136, et p. 146: contraste, donc, entre ce nom, expression de la force vitale, et le domaine inorganique et stérile des pierres précieuses dans lequel

mais avec cette joie et cette sympathie aimables qu'éprouvent les malades doués d'un heureux caractère devant les signes de vitalité et d'assurance chez les gens qui se sentent bien dans leur peau.

M. Klöterjahn resta peu de temps à Einfried. Il avait accompagné ici son épouse ; mais au bout d'une semaine, la sachant bien entourée et en de bonnes mains, il décida d'abréger son séjour. Des devoirs d'égale importance, son florissant rejeton, ses non moins florissantes affaires, le rappelaient chez lui ; ils le forcèrent à partir et à laisser derrière lui sa femme bénéficier des meilleurs soins.

4

Spinell : voilà comment s'appelait l'écrivain qui vivait à Einfried depuis plusieurs semaines, Detlev Spinell était son nom, et son physique était des plus singuliers.

Que l'on se représente un homme brun, au début de la trentaine, d'imposante stature, les cheveux déjà fort grisonnants aux tempes, et dont le visage rond, blanc, quelque peu boursouflé, ne comportait cependant pas la moindre trace de pilosité. Il n'était pas rasé, — cela se serait vu ;

---

s'inscrit le nom de Spinell. (D.) Noter l'ordre de présentation adopté dans la nouvelle : ch. 1 : Einfried, le Dr Léandre, Mlle von Osterloh, les malades ; ch. 2, portrait de Mme Klöterjahn. ch. 3 : histoire de Mme Klöterjahn, portrait de M. Klöterjahn ; ch. 4 : portrait de Spinell.

4. **einen Brünetten :** le type de Spinell est donc l'opposé de celui de Klöterjahn (yeux bleus, sourcils blonds). Cf. Tonio Kröger à Hans Hansen *(Die Erzählungen*, pp. 303-4) : « Avoir les yeux si bleus, pensait-il, et vivre en bon ordre et en heureuse harmonie avec le monde entier, comme toi [...]. Mais c'est pour cela que tu as les yeux si clairs » (traduit par nous). Ici, les yeux clairs sont synonymes de naïveté, les yeux foncés, à l'inverse (comme ceux de Tonio Kröger et de Th. M. lui-même), caractérisent le tempérament artistique.

weich, verwischt und knabenhaft, war es nur hier und da mit einzelnen Flaumhärchen besetzt. Und das sah ganz merkwürdig aus. Der Blick seiner rehbraunen, blanken Augen war von sanftem Ausdruck, die Nase gedrungen und ein wenig zu fleischig. Ferner besaß Herr Spinell eine gewölbte, poröse Oberlippe römischen Charakters, große, kariöse Zähne[1] und Füße von seltenem Umfang. Einer der Herren mit den unbeherrschten Beinen, der ein Zyniker und Witzbold war, hatte ihn hinter seinem Rücken »der verweste Säugling[2]« getauft; aber das war hämisch und wenig zutreffend. — Er ging gut und modisch gekleidet, in langem schwarzen Rock und farbig punktierter Weste.

Er war ungesellig und hielt mit keiner Seele Gemeinschaft[3]. Nur zuweilen konnte eine leutselige, liebevolle und überquellende Stimmung ihn befallen, und das geschah jedesmal, wenn Herr Spinell in ästhetischen Zustand verfiel[4], wenn der Anblick von irgend etwas Schönem, der Zusammenklang zweier Farben, eine Vase von edler Form, das vom Sonnenuntergang bestrahlte Gebirge ihn zu lauter Bewunderung hinriß. »Wie schön!« sagte er dann, indem er den Kopf auf die Seite legte, die Schultern emporzog, die Hände spreizte und Nase und Lippen krauste. »Gott, sehen Sie, wie schön[5]!«

---

1. **kariöse Zähne** : cf. les dents cariées de Tadzio dans *La Mort à Venise*, éd. bilingue p. 127. D. observe que chez Th. M., les maladies dentaires sont un attribut des personnages qui se distinguent des autres ou présentent des talents artistiques, et s'opposent ainsi aux robustes représentants de la vie. Dans *Les Buddenbrook*, le Sénateur Buddenbrook, dont l'attitude scrupuleuse contraste avec les pratiques commerciales en vigueur, souffre des dents. C'est aussi le cas de Hanno, dernier représentant de la famille déchue. Cf. la « *petite veine bleue* » de Mme Klöterjahn, p. 142.

2. **der verweste Säugling** : adj. = *putréfié*. Terme bien adapté au « décadentisme » fin de siècle que représente Spinell.

3. **und hielt mit keiner Seele Gemeinschaft** : formule précieuse qui, par sa combinaison du verbe **halten** et de l'objet **Seele** rappelle la langue religieuse.

seuls quelques poils de duvet épars recouvraient son visage mou et enfantin, aux contours indécis. Et cela lui donnait un air tout à fait étonnant. Le regard de ses yeux brun clair et brillants avait une expression de douceur, son nez était épais et un peu trop charnu. M. Spinell avait en outre une lèvre supérieure de type romain, arquée et pulpeuse, de grandes dents cariées et des pieds aux dimensions peu communes. L'un des messieurs à la jambe folle, un cynique et un plaisantin, l'avait baptisé dans son dos « le nourrisson décati » ; mais la formule était désobligeante et peu appropriée. — Il s'habillait bien, à la mode, et portait un long habit noir et un gilet à petits pois colorés.

Il était insociable et n'entretenait de commerce avec personne. Parfois seulement, il pouvait être saisi d'accès débordants de tendresse et d'affabilité, et cela se produisait chaque fois que M. Spinell tombait dans un état d'âme esthétique, lorsque la vue d'un bel objet, l'harmonie de deux couleurs, un vase aux nobles formes, la montagne irradiée par le couchant lui procuraient des transports de pur émerveillement. « Comme c'est beau ! » disait-il alors tout en inclinant la tête de côté, les épaules relevées, les mains ouvertes, et en plissant le nez et les lèvres. « Dieu, voyez comme c'est beau ! »

---

4. **in ästhetischen Zustand verfiel** : cf. l'expr. **Zustände haben, bekommen = Anfälle haben** = *avoir des crises de...* Humour ici de cette formule, donc, mais qui pourrait aussi bien s'appliquer à un véritable état pathologique. Cf. aussi Th. M., *(Considérations d'un apolitique*, p. 29) sur Schopenhauer « pour qui l'état esthétique [**der Ästhetische Zustand**] était une bienheureuse prédominance de la contemplation pure, un arrêt de la roue d'Ixion, une *évasion* de la Volonté, la liberté en tant qu'affranchissement et *en aucun autre sens* ».

5. **wie schön !** : impuissance de l'écrivain-esthète à restituer autrement que par une tautologie ce qui est par excellence de son domaine, le beau. (Cf. p. 249 sur la difficulté avec laquelle Spinell compose ses phrases) ; le personnage semble osciller entre les contorsions stylistiques et le « degré zéro de l'écriture » que représente cette banale exclamation.

Und er war imstande, blindlings die distinguiertesten Herrschaften, ob Mann oder Weib, zu umhalsen in der Bewegung solcher Augenblicke...

Beständig lag auf seinem Tische, für jeden sichtbar, der sein Zimmer betrat, das Buch, das er geschrieben hatte. Es war ein Roman von mäßigem Umfange, mit einer vollkommen verwirrenden[1] Umschlagzeichnung versehen und gedruckt auf einer Art von Kaffeesiebpapier[2] mit Buchstaben, von denen ein jeder aussah wie eine gotische Kathedrale[3]. Fräulein von Osterloh hatte es in einer müßigen Viertelstunde gelesen und fand es »raffiniert«, was ihre Form war, das Urteil »unmenschlich langweilig« zu umschreiben. Es spielte in mondänen Salons, in üppigen Frauengemächern, die voller erlesener Gegenstände waren, voll von Gobelins[4], uralten Meubles[5], köstlichem Porzellan, unbezahlbaren Stoffen und künstlerischen Kleinodien[6] aller Art. Auf die Schilderung dieser Dinge war der liebevollste Wert gelegt, und beständig sah man dabei Herrn Spinell, wie er die Nase kraus zog und sagte: »Wie schön! Gott, sehen Sie, wie schön!«... Übrigens mußte es wundernehmen, daß er noch nicht mehr Bücher verfaßt hatte als dieses eine[7], denn augenscheinlich schrieb er mit Leidenschaft.

---

1. **verwirrend** = *déconcertant.* Ce motif est sans doute un ornement style 1900.

2. ***Kaffee-siebpapier**: épaisses feuilles de papier à la cuve, produit selon des méthodes artisanales, et par lequel les écrivains souhaitaient se distinguer des techniques de production en masse. Les ouvrages ainsi publiés en quantités nécessairement restreintes étaient destinés à un public trié sur le volet. (D.)

3. **eine gotische Kathedrale**: certains écrivains poussaient même l'esthétisme jusqu'à faire réaliser des caractères typographiques entièrement nouveaux pour certaines de leurs œuvres (D.). Les cathédrales gothiques, dont la construction s'étalait sur des décennies, symbolisent bien une écriture à la fois contournée et peu coulante (cf. p. 249 « il progressait avec une lenteur pitoyable »).

4. **Gobelins**: le terme peut désigner d'authentiques *gobelins*, aussi bien que toute espèce de *tapisserie.*

Et, dans l'émotion de pareils instants, il était capable de sauter les yeux fermés au cou des personnes les plus distinguées, hommes ou femmes...

Quiconque entrait dans sa chambre pouvait apercevoir, toujours posé sur sa table, le livre qu'il avait écrit. C'était un roman de longueur moyenne, avec en couverture un motif des plus déconcertants, et imprimé sur une espèce de papier pour filtre à café, en caractères qui ressemblaient chacun à une cathédrale gothique. Mlle von Osterloh l'avait lu lors d'un quart d'heure d'oisiveté et l'avait trouvé « raffiné », jugement qui, dans sa bouche, était une périphrase pour « ennuyeux à mourir ». Cela se passait dans des salons élégants, des boudoirs luxueux pleins d'objets choisis, de Gobelins, de meubles très anciens, de porcelaine fine, d'étoffes inestimables et de toutes sortes de trésors artistiques. Il mettait un soin amoureux à décrire tout cela, et l'on ne cessait, à la lecture, de voir M. Spinell qui plissait le nez en disant : « Comme c'est beau, Dieu, voyez comme c'est beau !... » D'ailleurs, force était de s'étonner qu'il se soit contenté de produire cet unique ouvrage, car il écrivait avec une passion évidente.

---

5. **Meubles** : le terme français ajoute à la préciosité de la description.

6. **köstlichem Porzellan... künslerischen Kleinodien** : l'allitération cherche sans doute à traduire l'impression de surcharge qu'inspire ce décor.

7. **dieses eine** : il y a peut-être dans ce livre de Spinell une allusion à l'ouvrage que Th. M. aperçut lors d'une visite chez Holitscher, « l'œuvre sacrée de Stefan George, *Le Tapis de la vie* » (collection de poèmes parue en 300 exemplaires en 1899). Les pages très ornées de cette première édition auraient pu elles-mêmes être comparées à une "cathédrale gothique". Sans doute est-on en droit de lire dans le personnage de Spinell une version caricaturale du grand poète lyrique. (D.) V. notre Préface p. 8.

Er verbrachte den größeren Teil des Tages schreibend auf seinem Zimmer und ließ außerordentlich viele Briefe zur Post befördern[1], fast täglich einen oder zwei, — wobei es nur als befremdend[2] und belustigend auffiel, daß er seinerseits[3] höchst selten welche empfing...

5

Herr Spinell saß der Gattin Herrn Klöterjahns bei Tische gegenüber. Zur ersten Mahlzeit, an der die Herrschaften teilnahmen, erschien er ein wenig zu spät in dem großen Speisesaal im Erdgeschoß[4] des Seitenflügels[5], sprach mit weicher Stimme einen an alle gerichteten Gruß und begab sich an seinen Platz, worauf Doktor Leander ihn ohne viel Zeremonie den neu Angekommenen vorstellte. Er verbeugte sich und begann dann, offenbar ein wenig verlegen, zu essen, indem er Messer und Gabel mit seinen großen, weißen und schön geformten Händen[6], die aus sehr engen Ärmeln hervorsahen, in ziemlich affektierter Weise bewegte. Später ward er frei und betrachtete in Gelassenheit[7] abwechselnd Herrn Klöterjahn und seine Gattin.

---

1. **und ließ [...] zur Post befördern** = m. à m. *faisait porter à la poste.*

2. **befremdend** : part. présent, **befremden** : *décontenancer, désarçonner*, cf. l'adj. **fremd** : *étranger, insolite.*

3. ***seiner-seits** : m. à m. *de son côté.*

4. **im *Erd-geschoß** : cf. **Erde**, f. = *terre* et **Geschoß**, n. = *étage.*

5. **des *Seiten-flügels** : cf. **Seite**, f. = *côté* et **Flügel**, m. = *aile.*

6. **mit seinen großen, weißen [...] Händen** : cf. p. 156 les « pieds aux dimensions peu communes » dont Spinell est affligé. L'étroitesse des manchettes accentue de manière caricaturale ce nouveau trait physique. On note que Spinell manifeste dans sa façon de manger la même affectation que son livre, détail cohérent avec le portrait qui se dégage

Il passait la plus grande partie de la journée à écrire dans sa chambre et envoyait à la poste une quantité extraordinaire de lettres, une ou deux presque tous les jours, — aussi ne pouvait-on que remarquer avec surprise et amusement qu'il en recevait lui-même très rarement...

5

M. Spinell était assis à table face à l'épouse de M. Klöterjahn. Lors du premier repas auquel l'aimable compagnie participa, il apparut avec quelque retard dans la grande salle à manger située dans l'aile, au rez-de-chaussée, adressa d'une voix molle un salut à la cantonade et gagna sa place, sur quoi le docteur Léandre le présenta sans grande cérémonie aux nouveaux arrivants. Il s'inclina, puis commença, de toute évidence un peu gêné, à manger en agitant de manière passablement affectée son couteau et sa fourchette avec ses grandes et belles mains blanches qui sortaient de manchettes très étroites. Il retrouva ensuite son aisance et observa tranquillement tour à tour M. Klöterjahn et son épouse.

---

de la nouvelle : c'est en effet précisément à l'abolition de la frontière séparant l'univers artistique du monde réel que tend sans cesse l'écrivain prisonnier de son imaginaire.

7. **Gelassenheit** = *calme, sang-froid, impassibilité*, adj. **gelassen**.

Auch richtete Herr Klöterjahn im Verlaufe der Mahlzeit einige Fragen und Bemerkungen betreffend die Anlage und das Klima von »Einfried« an ihn, in die seine Frau in ihrer lieblichen Art zwei oder drei Worte einfließen ließ, und die Herr Spinell höflich beantwortete. Seine Stimme war mild und recht angenehm; aber er hatte eine etwas behinderte und schlürfende Art zu sprechen, als seien seine Zähne der Zunge im Wege[1].

Nach Tische, als man ins Konversationszimmer hinübergegangen war und Doktor Leander den neuen Gästen im besonderen eine gesegnete Mahlzeit[2] wünschte, erkundigte sich Herrn Klöterjahns Gattin nach ihrem Gegenüber.

»Wie heißt der Herr?« fragte sie... »Spinelli[3]? Ich habe den Namen nicht verstanden.«

»Spinell... nicht Spinelli, gnädige Frau. Nein, er ist kein Italiener, sondern bloß aus Lemberg[4] gebürtig, soviel ich weiß...«

»Was sagten Sie? Er ist Schriftsteller? Oder was?« fragte Herr Klöterjahn; er hielt die Hände in den Taschen seiner bequemen englischen Hose, neigte sein Ohr dem Doktor zu und öffnete, wie manche Leute pflegen, den Mund beim Horchen.

»Ja, ich weiß nicht, — er schreibt...«, antwortete Doktor Leander.

---

1. **als seien seine Zähne der Zunge im Wege**: les dents représentent-elles ici la partie concrète du langage, sans laquelle toute expression deviendrait inintelligible? Ce serait idéal pour l'écrivain-esthète à ce point amateur de beau à l'état pur, (c'est-à-dire aussi de néant et de mort : **wie ich das Leben selbst hasse**, p. 260) qu'il voudrait paradoxalement contourner cela même qui le rend exprimable, à savoir notamment la parole. Cf. à cet égard n. 5, p. 157 sur **wie schön** !

2. **eine gesegnete Mahlzeit**: cf. **Gesegnete Mahlzeit** ! formule qui accompagne le début et la fin d'un repas...

3. **Spinelli** : Nicola Spinelli (1865-1909), compositeur italien d'opéras, pianiste et chef d'orchestre, jouissait d'une certaine réputation en Allemagne à l'époque. Spinelli était très apprécié de Gabriele D'An-

Pendant le repas, M. Klöterjahn lui adressa aussi quelques questions et quelques remarques concernant les installations et le climat d'Einfried; sa femme y glissa deux ou trois mots à sa charmante façon, et M. Spinell y répondit poliment. Sa voix était douce et fort agréable, mais il avait une élocution quelque peu embarrassée et traînante, comme si ses dents faisaient obstacle à sa langue.

Lorsque après le repas, on fut passé dans le salon et que le docteur Léandre eut souhaité en particulier aux nouveaux pensionnaires un bon après-midi, l'épouse de M. Klöterjahn s'enquit de son vis-à-vis.

« Comment s'appelle ce monsieur ? » demanda-t-elle... « Spinelli ? Je n'ai pas compris son nom.

— Spinell... pas Spinelli, chère madame. Non, il n'est pas italien, il est simplement originaire de Lemberg, pour autant que je sache...

— Que disiez-vous ? Il est écrivain ? Ou quoi encore ? » demanda M. Klöterjahn ; il avait les mains dans les poches de ses confortables pantalons anglais, l'oreille penchée vers le docteur et, comme le font beaucoup de gens, la bouche ouverte pour écouter.

« Oui, je ne sais pas, — il écrit... » répondit le docteur Léandre.

---

nunzio, représentant de l'esthétisme italien. Allusion moins probable au célèbre médailleur florentin Niccoló Spinelli (1430-1514), dont Th. M. avait appris l'existence par l'intermédiaire de l'ouvrage de J. Burckhardt *Die Kultur der Renaissance in Italien.* (Vaget).

4. **Lemberg** : aujourd'hui Lwow, ville du sud-ouest de l'U.R.S.S. Cette ville changea fréquemment de nationalité au cours des siècles. Elle était capitale de la Galicie vers 1900, et faisait donc partie de l'Empire Austro-hongrois. Ces provinces éloignées, où l'on ne parlait pas allemand, avaient la réputation d'être incultes, d'où la réaction du docteur Léandre **(er ist bloß aus Lemberg)**. « D'après les conventions littéraires de l'époque, le fait que Spinell provienne de la Galicie suggère qu'il est d'origine juive. » (Vaget.)

»Er hat, glaube ich, ein Buch veröffentlicht, eine Art Roman, ich weiß wirklich nicht...«

Dieses wiederholte »Ich weiß nicht« deutete an, daß Doktor Leander keine großen Stücke auf den Schriftsteller hielt[1] und jede Verantwortung für ihn ablehnte.

»Aber das ist ja sehr interessant!« sagte Herrn Klöterjahns Gattin. Sie hatte noch nie einen Schriftsteller von Angesicht zu Angesicht gesehen.

»O ja«, erwiderte Doktor Leander entgegenkommend[2]. »Er soll sich[3] eines gewissen Rufes erfreuen...« Dann wurde nicht mehr von dem Schriftsteller gesprochen.

Aber ein wenig später, als die neuen Gäste sich zurückgezogen hatten und Doktor Leander ebenfalls das Konversationszimmer verlassen wollte, hielt Herr Spinell ihn zurück und erkundigte sich auch seinerseits.

»Wie ist der Name des Paares?« fragte er... »Ich habe natürlich nichts verstanden.«

»Klöterjahn«, antwortete Doktor Leander und ging schon wieder.

»*Wie* heißt der Mann[4]?« fragte Herr Spinell...

»*Klöterjahn* heißen sie!« sagte Doktor Leander und ging seiner Wege[5]. — Er hielt gar keine großen Stücke auf den Schriftsteller.

---

1. **keine großen Stücke auf jmdn. halten** = *ne pas faire grand cas de qqn.*

2. **entgegenkommend**: cf. **jmdm entgegen/kommen (a/o)**, v. à particule séparable = *venir à la rencontre, au-devant de qqn*, et au sens figuré : *être prévenant.*

3. **er soll sich...** : **sollen** exprime ici une opinion couramment émise, mais que le locuteur ne prend pas nécessairement à son compte.

« Il a, je crois, publié un livre, une sorte de roman, je ne sais vraiment pas... »

Ce « je ne sais pas », répété, laissait entendre que le docteur Léandre ne tenait guère l'écrivain en haute estime et déclinait toute responsabilité à son égard.

« Mais voilà qui est très intéressant ! » fit l'épouse de M. Klöterjahn. Elle n'avait encore jamais vu d'écrivain face à face.

« Oh oui », repartit le docteur Léandre avec complaisance. « Il jouit, paraît-il, d'une certaine réputation... » Et il ne fut plus question de l'écrivain.

Mais un peu plus tard, alors que les nouveaux pensionnaires s'étaient retirés et que le docteur Léandre s'apprêtait lui aussi à quitter le salon, M. Spinell le retint et s'informa également de son côté.

« Comment s'appelle ce couple ? » demanda-t-il... « Je n'ai, bien sûr, rien compris.

— Klöterjahn », répondit docteur Léandre, et déjà il s'éloignait.

« *Comment* s'appelle le mari ? » demanda M. Spinell...

« *Klöterjahn*, voilà comment ils s'appellent ! » dit le docteur Léandre, et il passa son chemin. — Il ne tenait vraiment guère l'écrivain en haute estime.

---

4. *Wie* **heißt der Mann ?** : Spinell demande tout d'abord le nom du couple, puis reformule sa question en la cantonnant à M. Klöterjahn. Il refuse ainsi implicitement d'amalgamer le nom du mari et celui de la femme, comme il le fera à nouveau p. 184 et comme le suggère la formule p. 146 **die Frau, die ...Klöterjahns Namen trug**.

5. **ging seiner Wege** : expr. vieillie ; cf. aussi **seines Wegs** (= aussi gén.) **gehen** (même sens).

Waren wir schon soweit[1], daß Herr Klöterjahn in die Heimat zurückgekehrt war? Ja, er weilte wieder am Ostseestrande, bei seinen Geschäften und seinem Kinde[2], diesem rücksichtslosen und lebensvollen kleinen Geschöpf[3], das seiner Mutter sehr viele Leiden und einen kleinen Defekt an der Luftröhre gekostet hatte. Sie selbst aber, die junge Frau, blieb in »Einfried« zurück, und die Magistratsrätin Spatz schloß sich ihr als ältere Freundin an[4]. Das aber hinderte nicht, daß Herrn Klöterjahns Gattin auch mit den übrigen Kurgästen gute Kameradschaft pflegte[5], zum Beispiel mit Herrn Spinell, der ihr zum Erstaunen aller (denn er hatte bislang mit keiner Seele Gemeinschaft[6] gehalten) von Anbeginn eine außerordentliche Ergebenheit und Dienstfertigkeit entgegenbrachte, und mit dem sie in den Freistunden, die eine strenge Tagesordnung ihr ließ, nicht ungern plauderte.

Er näherte sich ihr mit einer ungeheuren Behutsamkeit und Ehrerbietung und sprach zu ihr nicht anders als mit sorgfältig gedämpfter Stimme, so daß die Rätin Spatz, die an den Ohren krankte, meistens überhaupt nichts von dem verstand, was er sagte. Er trat auf den Spitzen seiner großen Füße[7] zu dem Sessel, in dem Herrn Klöterjahns Gattin zart und lächelnd lehnte,

---

1. **Waren wir schon soweit**: dimension ludique: le narrateur semble ne plus se rappeler où il en est de son histoire. Cf. n. 4, p. 152.

2. **bei seinen Geschäften und seinem Kinde**: cf. n. 6, p. 151 sur **sein blühendes Kind, sein ebenfalls blühendes Geschäft**.

3. **diesem rücksichtslosen und lebensvollen Geschöpf**: parce qu'il est du côté de la vie et de l'action, l'enfant représente, en termes spinelliens, l'activité irréfléchie, antithèse de l'activité artistique.

4. **und die Magistratsrätin Spatz schloß sich ihr als ältere Freundin an**: cf. ch. 3, p. 146 où la même formule est déjà utilisée. C'est par de telles répétitions que le narrateur feint un certain « amateurisme ».

5. **gute Kameradschaft pflegte**: s'oppose exactement à **und hielt mit keiner Seele Gemeinschaft** (p. 156), formule appliquée à Spinell. Mme Klöterjahn manifeste autant de sociabilité que Spinell est sauvage.

6

En étions-nous déjà arrivés au point où M. Klöterjahn était rentré dans son pays ? Oui, il était de retour sur les bords de la mer Baltique, auprès de ses affaires et de son enfant, cette petite créature sans égards et pleine de vie qui avait coûté à sa mère bien des souffrances et un petit défaut de la trachée. Mais elle-même, la jeune dame, restait en arrière à Einfried, et la conseillère Spatz, en sa qualité d'aînée, se lia d'amitié avec elle. Mais cela n'empêchait pas que l'épouse de M. Klöterjahn entretînt avec les autres curistes des rapports de bonne camaraderie, notamment avec M. Spinell qui lui manifesta dès le début, à la surprise générale (car il n'avait, jusque-là, entretenu de commerce avec personne), un zèle et un dévouement extraordinaires et avec qui, pendant les heures libres que lui laissait un rigoureux emploi du temps, elle ne trouvait pas déplaisant de bavarder.

Il s'approchait d'elle avec une précaution et un respect immenses, et veillait à ne lui parler jamais autrement qu'en sourdine, aussi Mme la conseillère Spatz, qui était dure d'oreille, ne comprenait-elle le plus souvent absolument rien de ce qu'il disait. Il avançait sur la pointe de ses grands pieds vers le fauteuil où l'épouse de M. Klöterjahn était enfoncée, frêle et souriante,

---

6. **Gemeinschaft** : cf. p. 156 **er war ungesellig...**

7. **auf den Spitzen seiner großen Füße** : aspect caricatural de cette notation : est-il vraiment possible de marcher sur la *pointe* d'aussi grands pieds ? Plus haut, Spinell était contraint, pour parler, de contourner l'obstacle de ses dents, il lui faut ici s'accommoder de pieds dont la dimension fait obstacle à son souci de discrétion et d'effacement.

blieb in einer Entfernung von zwei Schritten stehen, hielt das eine Bein zurückgestellt und den Oberkörper vorgebeugt und sprach in seiner etwas behinderten und schlürfenden Art[1] leise, eindringlich und jeden Augenblick bereit, eilends zurückzutreten und zu verschwinden, sobald ein Zeichen von Ermüdung und Überdruß[2] sich auf ihrem Gesicht bemerkbar machen würde. Aber er verdroß[3] sie nicht; sie forderte ihn auf, sich zu ihr und der Rätin zu setzen, richtete irgendeine Frage an ihn und hörte ihm dann lächelnd und neugierig[4] zu, denn manchmal ließ er sich so amüsant und seltsam vernehmen[5], wie es ihr noch niemals[6] begegnet war.

»Warum sind Sie eigentlich in "Einfried"?« fragte sie. »Welche Kur gebrauchen Sie, Herr Spinell?«

»Kur? ...Ich werde ein bißchen elektrisiert[7]. Nein, das ist nicht der Rede wert. Ich werde Ihnen sagen, gnädige Frau, warum ich hier bin. — Des Stiles wegen.«

»Ah!« sagte Herrn Klöterjahns Gattin, stützte das Kinn in die Hand und wandte sich ihm mit einem übertriebenen Eifer zu, wie man ihn Kindern vorspielt[8], wenn sie etwas erzählen wollen.

»Ja, gnädige Frau. "Einfried" ist ganz empire, es ist ehedem ein Schloß, eine Sommerresidenz gewesen, wie man mir sagt.

---

1. **in seiner behinderten und schlürfenden Art**: élocution d'une maladresse surprenante; cf. **als seien seine Zähne der Zunge im Wege**, p. 162.

2. **Überdruß**, m.: *dégoût, satiété*; **bis zum Ü.** = *à satiété.*

3. **verdroß; verdrießen (o/o)** = *contrarier, vexer, ennuyer, fâcher*, adj. **verdrießlich** = *chagrin, mécontent, renfrogné;* **Verdrießlichkeit**, f. = *contrariété, désagrément;* **Verdruß**, m. = *dépit, chagrin, déplaisir, mécontentement.*

4. **neugierig**: à ce stade de leurs rapports, il s'agit encore seulement de *curiosité,* **die Neugier,** chez Mme Klöterjahn.

5. **vernehmen (a/o)** = *entendre, percevoir.*

6. **noch niemals...**: souligne la singularité de ce personnage, cf. déjà p. 136 **exzentrischer Mensch**, p. 146 **ein befremdender Kauz**, p. 154

se tenait à deux pas de distance, une jambe posée en arrière et le haut du corps incliné vers l'avant, et parlait de sa façon quelque peu embarrassée et traînante, d'une voix basse et pénétrante, prêt à tout moment à faire marche arrière et à disparaître au plus vite, sitôt qu'un signe de fatigue et de lassitude deviendrait perceptible sur son visage. Mais il ne la lassait pas ; elle l'invitait à s'asseoir auprès d'elle et de la conseillère, lui adressait une question ou une autre, et l'écoutait ensuite avec curiosité en souriant, car il tenait parfois des propos si amusants et si singuliers qu'elle n'en avait encore jamais entendu de pareils.

« Pourquoi êtes-vous à Einfried en réalité ? » demanda-t-elle. « Quelle cure suivez-vous, monsieur Spinell ?

— Quelle cure ?... Un peu d'électrochocs. Non, ça ne vaut pas la peine d'en parler. Je vais vous dire, chère madame, pourquoi je suis ici. — Pour le style.

— Ah ! », dit l'épouse de M. Klöterjahn en appuyant son menton contre sa main et en se tournant d'un air excessivement intéressé, comme on le fait devant des enfants qui ont quelque chose à raconter.

« Oui, chère madame, Einfried est tout en style Empire, ce fut jadis un château, une résidence d'été, à ce qu'on m'a dit.

---

wunderlich. Cf. aussi le rôle de « révélateur » que revendique Spinell p. 257.

7. **ich werde ein bißchen elektrisiert** : traitement particulièrement en vogue à la fin du siècle dernier : une légère décharge était transmise sur certains muscles afin d'agir sur le système nerveux. (D.)

8. **wie man ihn Kindern vorspielt** : attitude adaptée à celui qu'on appelle « le nourrisson décati » (**der verweste Säugling** p. 156), et dont le visage imberbe semble à peine sorti de l'enfance.

Dieser Seitenflügel ist ja ein Anbau aus späterer Zeit, aber das Hauptgebäude ist alt und echt[1]. Es gibt Zeiten, in denen ich das empire einfach nicht entbehren kann, in denen es mir, um einen bescheidenen Grad des Wohlbefindens zu erreichen, unbedingt nötig ist. Es ist klar, daß man sich anders befindet zwischen Möbeln weich und bequem bis zur Laszivität, und anders zwischen diesen geradlinigen Tischen, Sesseln und Draperien[2]... Diese Helligkeit und Härte, diese kalte, herbe Einfachheit und reservierte Strenge verleiht mir Haltung und Würde, gnädige Frau, sie hat auf die Dauer eine innere Reinigung und Restaurierung[3] zur Folge, sie hebt mich sittlich[4], ohne Frage... «

» Ja, das ist merkwürdig «, sagte sie. » Übrigens verstehe ich es, wenn ich mir Mühe gebe. «

Hierauf erwiderte er, daß es irgendwelcher Mühe nicht lohne, und dann lachten sie miteinander. Auch die Rätin Spatz lachte[5] und fand es merkwürdig; aber sie sagte nicht, daß sie es verstünde.

Das Konversationszimmer war geräumig und schön. Die hohe, weiße Flügeltür zu dem anstoßenden Billardraume stand weit geöffnet, wo die Herren mit den unbeherrschten Beinen und andere sich vergnügten. Andererseits gewährte eine Glastür den Ausblick auf die breite Terrasse und den Garten.

---

1. **echt** = *authentique*.

2. **zwischen diesen geradlinigen Tischen, Sesseln und Draperien** : cf. ch. 1, p. 130. **Weiß und geradlinig**. D. observe que l'environnement choisi par Spinell est l'exacte antithèse du décor choisi pour son roman.

3. **Restaurierung** : terme qui s'applique aussi bien à la *restauration* des œuvres d'art qu'au *rétablissement* physique.

Cette aile est un rajout ultérieur, mais le corps de bâtiment est ancien et d'origine. Et il y a des moments où je ne puis tout simplement me passer du style Empire, où il m'est absolument indispensable pour atteindre un modeste degré de bien-être. Il est clair que l'on se sent différent au milieu de meubles dont la mollesse et le confort confinent à la lascivité, ou au milieu de ces tables, de ces fauteuils et de ces draperies rectilignes... Cette clarté et cette dureté, cette âpre et froide simplicité, cette rigoureuse réserve me prête maintien et dignité, chère madame, elle exerce à la longue un effet purificateur et réparateur sur mon intériorité, elle m'élève moralement, c'est incontestable...

— Oui, c'est étrange», dit-elle. «Au demeurant, je comprends cela, si je fais un effort.»

Il répliqua que cela ne méritait pas le moindre effort, et ils rirent de concert. La conseillère Spatz rit également et trouva la chose étrange; mais elle ne dit pas qu'elle la comprenait.

Le salon était une belle pièce de vastes dimensions. La grande porte à battants était grande ouverte et donnait sur la salle de billard adjacente, où les messieurs à la jambe folle et d'autres pensionnaires se divertissaient. De l'autre côté, une porte vitrée offrait une perspective sur la grande terrasse et sur le jardin.

---

4. **sittlich**: cf. **Sitte**, f. = *coutume, usage* et **Sitten** = *mœurs*.

5. **auch die Rätin Spatz lachte**: cf. p. 210, note 3 sur **auch Herrn Klöterjahns Gattin** et p. 172 à nouveau **Auch die Rätin Spatz wollte es erklärt haben**.

Seitwärts davon stand ein Piano. Ein grünausgeschlagener Spieltisch war vorhanden, an dem der diabetische General mit ein paar anderen Herren Whist spielte. Damen lasen und waren mit Handarbeiten beschäftigt. Ein eiserner Ofen besorgte die Heizung, aber vor dem stilvollen Kamin, in dem nachgeahmte, mit glühroten Papierstreifen beklebte Kohlen lagen[1], waren behagliche Plauderplätze.

»Sie sind ein Frühaufsteher, Herr Spinell«, sagte Herrn Klöterjahns Gattin. »Zufällig habe ich Sie nun schon zwei- oder dreimal um halb acht Uhr am Morgen das Haus verlassen sehen.«

»Ein Frühaufsteher? Ach, sehr mit Unterschied[2], gnädige Frau. Die Sache ist die, daß ich früh aufstehe, weil ich eigentlich ein Langschläfer bin.«

»Das müssen Sie nun erklären, Herr Spinell!« — Auch die Rätin Spatz wollte es erklärt haben.

»Nun,... ist man ein Frühaufsteher, so hat man es, dünkt mich, nicht nötig, gar so früh aufzustehen. Das Gewissen, gnädige Frau... es ist eine schlimme Sache mit dem Gewissen! Ich und meinesgleichen[3], wir schlagen uns zeit unseres Lebens damit herum und haben alle Hände voll zu tun, es hier und da zu betrügen und ihm kleine, schlaue Genugtuungen zuteil werden zu lassen. Wir sind unnütze Geschöpfe, ich und meinesgleichen, und abgesehen von wenigen guten Stunden schleppen wir uns an dem Bewußtsein unserer Unnützlichkeit wund und krank.

---

1. **vor dem stilvollen Kamin [...] Kohlen lagen**: noter la juxtaposition des adj. **stilvoll** et **nachgeahmt**: touche de mauvais goût et d'artifice inattendue dans un édifice dont Spinell louait précisément la pureté architecturale et l'« âpre [...] simplicité » (p. 171). La présence de ce feu de bois en papier au sein du bâtiment semble refléter la vision non moins artificielle qui est celle de l'écrivain au sein de l'environnement bourgeois où il évolue.

2. **sehr mit Unterschied = sehr unterschiedlich**: ici encore, usage précieux d'une formule archaïque.

Sur le côté, il y avait un piano. Autour d'une table à jouer tapissée de vert, le général diabétique jouait au whist avec quelques autres messieurs. Des dames lisaient et travaillaient à leur ouvrage. Un poêle en fonte assurait le chauffage, mais au bord de la cheminée grand style, remplie de faux charbons recouverts de bandes de papier collé rouge incandescent, on pouvait s'asseoir confortablement pour causer.

« Vous êtes lève-tôt, monsieur Spinell », fit l'épouse de M. Klöterjahn. « Voilà maintenant déjà deux ou trois fois que je vous ai vu par hasard quitter la maison à sept heures et demie du matin.

— Lève-tôt ? Mais tout au contraire, chère madame. La vérité, c'est que je me lève tôt parce que je suis en fait un grand dormeur.

— Il va falloir nous expliquer cela, maintenant, monsieur Spinell ! » La conseillère Spatz elle aussi voulait qu'on lui explique.

« Eh bien,... si on est lève-tôt, on n'a, me semble-t-il, aucun besoin de se lever si tôt. La conscience, chère madame... c'est une chose terrible que la conscience ! Moi et mes semblables, nous passons notre vie aux prises avec elle et nous avons fort à faire à la tromper de temps en temps, et à ruser en lui concédant de menues satisfactions. Nous sommes des créatures inutiles, moi et mes semblables, et à l'exception d'un petit nombre d'heures favorables, nous nous traînons, malades et meurtris par la conscience de notre inutilité.

---

3. **Ich und meinesgleichen :** la mise en doute de l'artiste par lui-même figure parmi les thèmes essentiels de la littérature fin de siècle, où la représentation et la mise en question d'une existence consacrée à l'art (cf. entre autres les œuvres de jeunesse de Hoffmannsthal et George) occupent une place importance. Par son souci d'exclusivité, (qui se manifeste par le goût de Spinell pour les tirages limités et une typographie artisanale), l'esthète réagit à la société de son temps. Il en refuse l'économie utilitariste, mercantile et renonce à une diffusion massive. D'où en même temps la question de sa légitimité, son statut d'« inutile ». (D.)

Wir hassen das Nützliche, wir wissen, daß es gemein und unschön ist, und wir verteidigen diese Wahrheit, wie man nur Wahrheiten verteidigt, die man unbedingt nötig hat. Und dennoch sind wir so ganz vom bösen Gewissen zernagt, daß kein heiler Fleck mehr an uns ist. Hinzu kommt, daß die ganze Art unserer inneren Existenz, unsere Weltanschauung, unsere Arbeitsweise... von schrecklich ungesunder, unterminierender, aufreibender Wirkung ist, und auch dies verschlimmert die Sache. Da gibt es nun kleine Linderungsmittel, ohne die man es einfach nicht aushielte. Eine gewisse Artigkeit und hygienische Strenge der Lebensführung[1] zum Beispiel ist manchen von uns Bedürfnis. Früh aufstehen, grausam früh, ein kaltes Bad und ein Spaziergang hinaus in den Schnee... Das macht, daß wir vielleicht eine Stunde lang ein wenig zufrieden mit uns sind. Gäbe ich mich, wie ich bin[2], so würde ich bis in den Nachmittag hinein im Bette liegen, glauben Sie mir. Wenn ich früh aufstehe, so ist das eigentlich Heuchelei[3].«

»Nein, weshalb[4], Herr Spinell! Ich nenne das Selbstüberwindung[5]... Nicht wahr, Frau Rätin?« — Auch die Rätin Spatz nannte es Selbstüberwindung.

---

1. **eine hygienische Strenge der Lebensführung**: le même ascétisme se retrouve chez l'écrivain Aschenbach dans *La Mort à Venise*. (Cf. notamment, ch. 2, p. 43 de notre éd. bilingue, l'image du « poing serré » qui caractérise l'existence de l'artiste.)

2. **Gäbe ich mich, wie ich bin**: cf. ch. 11, p. 264: **Die Sache war, daß er sich heute gegeben hatte, wie er war**.

3. **Heuchelei**: passage essentiel, non seulement parce qu'il définit l'esthétisme fin de siècle dont Spinell est le représentant caricatural, mais aussi parce qu'il introduit la dimension de la conscience dans le personnage, et ce dans un environnement où, à l'exception de Gabrielle Eckhof, chacun se satisfait de persister simplement dans son être. Spinell n'est donc nullement aveugle sur lui-même. Ce qui le distingue précisément du négociant, c'est sa conscience malheureuse. Alors que Klöterjahn mange de bon appétit et se complaît dans la certitude d'avoir « le cœur au bon endroit », Spinell remet en cause son mode d'existence sans en ignorer l'extrême ambiguïté.

Nous abhorrons l'utile, nous le savons laid et vulgaire, et nous défendons cette vérité comme on défend les seules vérités dont on ne saurait se passer. Et cependant nous sommes à ce point dévorés par la mauvaise conscience qu'il ne nous reste pas la moindre parcelle de santé. À cela vient s'ajouter que tout notre genre d'existence intérieure, notre vision du monde, notre façon de travailler... est d'un effet terriblement malsain, nous mine, nous épuise ; et cela aussi aggrave encore les choses. Or, il y a de petits palliatifs sans lesquels tout deviendrait simplement insupportable. Une certaine sagesse, une hygiène rigoureuse dans la conduite de la vie constituent par exemple pour nombre d'entre nous un besoin. Se lever tôt, impitoyablement tôt, un bain froid et une promenade dans la neige... C'est par là que, l'espace d'une heure peut-être, nous serons un tant soit peu contents de nous-mêmes. Si je me montrais sous mon jour véritable, je resterais au lit jusque dans l'après-midi, croyez-moi. Si je me lève tôt, ce n'est en fait qu'hypocrisie.

— Mais non, pourquoi monsieur Spinell ? C'est ce que j'appelle le dépassement de soi... N'est-ce pas, madame la conseillère ? » — La conseillère Spatz estimait également que cela s'appelait le dépassement de soi.

---

4. **weshalb :** syn. **warum**, interrogatif ; cf. l'adv. **deshalb :** *c'est pourquoi.*

5. ***Selbst-überwindung :** Dans *La Mort à Venise*, Aschenbach pratique une forme analogue d'ascétisme.

»Heuchelei oder Selbstüberwindung, gnädige Frau! Welches Wort man nun vorzieht. Ich bin so gramvoll ehrlich veranlagt[1], daß ich...«

»Das ist es. Sicher grämen Sie sich zuviel.«

»Ja, gnädige Frau, ich gräme mich viel.«

— Das gute Wetter hielt an[2]. Weiß, hart und sauber[3], in Windstille und lichtem Frost, in blendender Helle und bläulichem Schatten lag die Gegend, lagen Berge, Haus und Garten, und ein zartblauer Himmel, in dem Myriaden von flimmernden Leuchtkörperchen, von glitzernden Kristallen zu tanzen schienen, wölbte sich makellos über dem Ganzen. Der Gattin Herrn Klöterjahns ging es leidlich[4] in dieser Zeit; sie war fieberfrei, hustete fast gar nicht und aß ohne allzuviel Widerwillen. Oftmals saß sie, wie das ihre Vorschrift war, stundenlang im sonnigen Frost auf der Terrasse. Sie saß im Schnee, ganz in Decken[5] und Pelzwerk verpackt, und atmete hoffnungsvoll die reine, eisige Luft, um ihrer Luftröhre zu dienen. Dann bemerkte sie zuweilen Herrn Spinell, wie er, ebenfalls warm gekleidet und in Pelzschuhen, die seinen Füßen einen phantastischen Umfang[6] verliehen, sich im Garten erging.

---

1. **Ich bin so gramvoll ehrlich veranlagt: ehrlich** = *honnête*; **sich grämen** = *se tourmenter, se chagriner.* **Gram,** m. = *chagrin, peine, affliction.* **Für etw. veranlagt sein** = *avoir des dispositions pour qqch.*

2. **Das gute Wetter hielt an:** concernant la technique narrative, on remarque ici le passage abrupt du dialogue, focalisé sur un instant bien délimité, à une description au style itératif (imparfait d'habitude: **oftmals saß sie...**) sans véritable précision temporelle, description qui conduit elle-même de nouveau à un passage de dialogue (cf. § suivant).

3. **Weiß, hart und sauber:** nouvelle juxtaposition d'adjectifs hétérogènes: cf. n. 2. Une couleur prédomine à Einfried, le blanc (cf. p. 130 **weiß und geradlinig**): décor aseptisé dont le narrateur se plaît avant tout à remarquer la propreté (cf. les termes **sauber, makellos, reine** [...] **Luft**).

4. **leidlich** = *supportable, passable.*

5. **Decken:** l'art de s'envelopper dans ces couvertures fera l'objet d'une minutieuse description au ch. 3 de *La Montagne magique* (« Satan fait des propositions déshonorantes »).

« Hypocrisie ou dépassement de soi, chère madame ! Selon le terme qu'on préfère. Mon honnêteté me porte tellement à me chagriner que...

— C'est cela, vous vous chagrinez beaucoup trop.

— Oui, chère madame, je me chagrine beaucoup. »

... Le beau temps persistait. Blanches, dures et sans tâche, dans l'air calme et le gel éclatant, dans la clarté aveuglante et les ombres bleutées, la contrée, les montagnes, la maison et le jardin se déployaient, et un ciel d'un bleu tendre, où des myriades de corpuscules scintillants et de cristaux étincelants semblaient danser, formait une voûte immaculée au-dessus de l'ensemble. L'épouse de M. Klöterjahn se portait assez bien par ce temps ; elle n'avait pas de fièvre, ne toussait presque pas et mangeait sans trop de répugnance. Souvent elle restait assise des heures entières, comme cela lui était prescrit, sur la terrasse au soleil dans l'air gelé. Elle restait assise dans la neige, emmitouflée dans ses couvertures et ses fourrures, et respirait l'air pur et glacé avec l'espoir qu'il profiterait à sa trachée. Alors elle remarquait parfois M. Spinell qui, lui aussi chaudement habillé et chaussé de souliers en fourrure qui donnaient à ses pieds des dimensions fantastiques, se promenait dans le jardin.

---

6. **einen phantastischen Umfang :** leitmotiv caricatural, les grands pieds de Spinell. La raideur et la gaucherie de Spinell, écrivain en exil sur la terre, n'est pas sans évoquer l'image du poète-albatros chez Baudelaire (dont la bibliothèque de Th. M. contenait certaines œuvres). Cf. notamment les vers : « [...] Que ces rois de l'azur, maladroits et honteux,/Laissent piteusement leurs grandes ailes blanches/Comme des avirons traîner à côté d'eux./Ce voyageur ailé, comme il est gauche et veule !/Lui, naguère si beau, qu'il est comique et laid [...]. Le poète est semblable au prince des nuées [...]. Exilé sur le sol au milieu des huées,/Ses ailes de géant l'empêchent de marcher. »

Er ging mit tastenden Schritten und einer gewissen behutsamen und steif-graziösen Armhaltung durch den Schnee, grüßte sie ehrerbietig, wenn er zur Terrasse kam, und stieg die unteren Stufen hinan, um ein kleines Gespräch zu beginnen.

» Heute, auf meinem Morgenspaziergang, habe ich eine schöne Frau gesehen... Gott, sie war schön[1] ! « sagte er, legte den Kopf auf die Seite und spreizte die Hände.

» Wirklich, Herr Spinell ? Beschreiben Sie sie mir doch ! «

» Nein, das kann ich nicht. Oder ich würde Ihnen doch ein unrichtiges Bild von ihr geben. Ich habe die Dame im Vorübergehen nur mit einem halben Blicke gestreift, ich habe sie in Wirklichkeit nicht gesehen. Aber der verwischte Schatten von ihr, den ich empfing, hat genügt, meine Phantasie anzuregen und mich ein Bild mit fortnehmen lassen, das schön ist... Gott, es ist schön ! «

Sie lachte. » Ist das Ihre Art, sich schöne Frauen zu betrachten, Herr Spinell[2] ? «

» Ja, gnädige Frau ; und es ist eine bessere Art, als wenn ich ihnen plump und wirklichkeitsgierig ins Gesicht starrte[3] und den Eindruck einer fehlerhaften Tatsächlichkeit[4] davontrüge... «

» Wirklichkeitsgierig... Das ist ein sonderbares Wort ! Ein richtiges Schriftstellerwort, Herr Spinell !

---

1. **Gott, sie war schön !** : expression favorite de Spinell, comme le lecteur en a été averti dès le ch. 4 (**» Gott, sehen Sie, wie schön ! «**) cf. n. 5, p. 157.

2. **» Ist das Ihre Art [...] Herr Spinell ?** : Mme Klöterjahn fera part de ce dialogue à son mari, comme l'attestent les propos de Klöterjahn, ch. 11, p. 268. La vision de l'esthète semble aspirer à une quasi-autonomie vis-à-vis du monde tangible. Platonisme sous-jacent à cette formule : le réel paraît servir à l'artiste de tremplin pour accéder à la contemplation d'une beauté intellectualisée, abstraite de toute référence sensible. Cette problématique sera abondamment développée dans le 5e et dernier ch. de *La Mort à Venise* (pp. 252-257 de notre éd. bilingue).

3. **starren** = *regarder fixement*.

Il avançait en assurant ses pas dans la neige, les bras dans une certaine position où se mêlaient la circonspection, la raideur et la grâce ; il la saluait respectueusement en arrivant à la terrasse, et grimpait les premières marches pour entamer une petite conversation.

« Aujourd'hui, lors de ma promenade matinale, j'ai vu une belle femme... Dieu qu'elle était belle ! » dit-il, en penchant la tête de côté et en ouvrant les mains.

« Vraiment, monsieur Spinell ? Décrivez-la-moi donc !

— Non, j'en suis incapable. Ou je vous en donnerais une image infidèle. J'ai effleuré la dame d'un demi-regard en passant, je ne l'ai en fait pas vue. Mais l'ombre indécise que j'ai perçue d'elle a suffi à exciter mon imagination et à m'en faire emporter une image qui est belle... Dieu qu'elle est belle ! »

Elle rit. « Est-ce là votre façon de contempler les belles femmes, monsieur Spinell ?

— Oui, chère madame ; et cette façon vaut mieux que si, avide de réel, j'allais grossièrement les dévisager pour emporter l'impression d'une réalité déficiente...

— Avide de réel... Quelle étrange formule ! Une vraie formule d'écrivain, monsieur Spinell !

---

4. **einer fehlerhaften Tatsächlichkeit :** cf. **Fehler**, m. = *faute* ; ***Tatsache**, f. = *le fait* ; **sachlich** = *objectif.*

Aber es macht Eindruck auf mich, will ich Ihnen sagen. Es liegt so manches darin, wovon ich wenig verstehe, etwas Unabhängiges und Freies, das sogar der Wirklichkeit die Achtung kündigt[1], obgleich sie doch das Respektabelste ist, was es gibt, ja das Respektable selbst... Und dann begreife ich, daß es etwas gibt außer dem Handgreiflichen[2], etwas Zarteres...«

»Ich weiß nur ein Gesicht«, sagte er plötzlich mit einer seltsam freudigen Bewegung in der Stimme, erhob seine geballten Hände zu den Schultern und ließ in einem exaltierten Lächeln seine kariösen Zähne sehen... »Ich weiß nur ein Gesicht, dessen veredelte Wirklichkeit durch meine Einbildung korrigieren zu wollen sündhaft[3] wäre, das ich betrachten, auf dem ich verweilen möchte, nicht Minuten, nicht Stunden, sondern mein ganzes Leben lang, mich ganz darin verlieren und alles Irdische darüber vergessen...«

»Ja, ja, Herr Spinell. Nur daß Fräulein von Osterloh doch ziemlich abstehende Ohren hat[4].«

Er schwieg und verbeugte sich tief. Als er wieder aufrecht stand, ruhten seine Augen mit einem Ausdruck von Verlegenheit und Schmerz auf dem kleinen, seltsamen Äderchen[5], das sich blaßblau und kränklich in der Klarheit ihrer wie durchsichtigen Stirn verzweigte.

---

1. **kündigt** : v. = *résilier, dénoncer,* **jmdm die Freundschaft kündigen** = *retirer son amitié à qqn.*

2. ***be-greife... außer dem *Hand-greif-lichen** : l'usage abstrait et concret du radical *saisir* reflète la distinction entre réalité « palpable » et réalité plus « délicate ».

3. **sündhaft** : cf. **Sünde**, f. = *péché.*

4. **Nur daß... abstehende Ohren hat** : « Frau Klöterjahn mißversteht Herrn Spinell doch offenbar absichtlich und weist seine Lobpreisungen damit humoristisch zurück. Auf die Dauer ist sie von seiner Verehrung und der Romantisierung ihrer Person aber doch eingenommen, und so kann man die Formulierung Ihres Lehrers auch gewissermaßen billigen, daß sie in jenem Augenblick 'auf ihrem Weg zu Spinell noch nicht weit genug vorgeschritten' sei. » (Th. M. à Norbert Jobst, 24 mars 1953, cité

Mais elle me fait de l'effet, vous dirai-je. Il y a là tant de choses auxquelles je m'entends fort peu, une forme d'indépendance et de liberté, une mésestime envers le réel lui-même, quoiqu'il soit pourtant ce qu'il y a de plus respectable, le respectable par excellence... Et je conçois aussi qu'il existe quelque chose en dehors de ce qui est palpable, quelque chose de plus délicat.

— Je connais un seul visage», dit-il soudain, avec un mouvement d'une étrange gaieté dans la voix; il leva les poings à la hauteur des épaules et montra ses dents cariées dans un sourire exalté... «Je connais un seul visage dont il serait coupable de vouloir corriger par mon imagination la noble réalité, que je voudrais contempler, sur lequel je voudrais m'attarder, non quelques minutes, quelques heures, mais ma vie entière, me perdre totalement en lui et y oublier tout ce qui est terrestre...

— Oui, oui, monsieur Spinell. Mais pourtant, Mlle von Osterloh a les oreilles passablement décollées.»

Il se tut et s'inclina profondément. Lorsqu'il se fut redressé, ses yeux reposèrent d'un air douloureux et embarrassé sur l'étrange petite veine bleu pâle et maladive qui se ramifiait dans la clarté de son front presque diaphane.

---

dans *Dichter über ihre Dichtungen*, I, p. 173.) *(Mais Madame Klöterjahn fait évidemment exprès de comprendre Monsieur Spinell de travers et rejette ainsi avec humour ses louanges. Pourtant elle se laisse séduire à la longue par cette vénération et cette romantisation de sa personne, et c'est pourquoi on peut dans une certaine mesure approuver la formule de votre professeur selon laquelle, à cet instant, elle s'achemine vers Spinell sans avoir encore progressé suffisamment.)*

5. **Äderchen**: cf. n. 1, p. 142; sur les veines apparentes également signe de noblesse, cf. Sieglinde à Siegmund (Wagner, *La Walkyrie*, acte I, scène 3): »wie dir die Stirn/so offen steht,/der Adern Geäst in den Schläfen sich schlingt...« (*Comme ton front/est ainsi dégagé/le réseau des veines/s'entrelace à tes tempes* — trad. Jean d'Arièges.)

Ein Kauz[1], ein ganz wunderlicher Kauz! Herrn Klöterjahns Gattin dachte zuweilen nach über ihn, denn sie hatte sehr viele Zeit zum Nachdenken. Sei es, daß der Luftwechsel anfing, die Wirkung zu versagen, oder daß irgendein positiv schädlicher Einfluß[2] sie berührt hatte: ihr Befinden war schlechter geworden, der Zustand ihrer Luftröhre schien zu wünschen übrigzulassen, sie fühlte sich schwach, müde, appetitlos, fieberte nicht selten[3]; und Doktor Leander hatte ihr aufs entschiedenste Ruhe, Stillverhalten und Vorsicht empfohlen. So saß sie, wenn sie nicht liegen mußte, in Gesellschaft der Rätin Spatz, verhielt sich still und hing, eine Handarbeit im Schoße, an der sie nicht arbeitete, diesem oder jenem Gedanken nach.

Ja, er machte ihr Gedanken[4], dieser absonderliche Herr Spinell, und, was das Merkwürdige war, nicht sowohl über seine als über ihre eigene Person; auf irgendeine Weise rief er in ihr eine seltsame Neugier, ein nie gekanntes Interesse für ihr eigenes Sein hervor. Eines Tages hatte er gesprächsweise geäußert:

»Nein, es sind rätselvolle Tatsachen, die Frauen... sowenig neu es ist, sowenig kann man ablassen, davor zu stehen und zu staunen.

---

1. **ein Kauz** = 1) *chat-huant, hulotte* 2) *original.* Cf. ch. 3, p. 146 où le même terme est utilisé pour décrire Spinell: **ein befremdender Kauz**. C'est le deuxième sens qui prévaut ici. On a déjà pu constater que Spinell était décrit en des termes qui rappelaient l'albatros de Baudelaire. Sur cette comparaison avec un oiseau de nuit, cf. ch. 4, p. 156 **er ging gut und modisch gekeidet, in langem schwarzen Gehrock und farbig punktierter Weste**, ce qui pourrait en effet rappeler le plumage d'un chat-huant...

2. **irgendein positiv schädlicher Einfluß**: noter que ce début de réflexion chez Mme Klöterjahn coïncide avec la dégradation de son état de santé.

3. **ihr Befinden [...] fieberte nich selten**: cf. ch. précédent, p. 176, que

Un drôle d'oiseau, un oiseau des plus singuliers ! L'épouse de M. Klöterjahn songeait parfois à lui, car elle avait beaucoup de temps pour songer. Le changement d'air commençait-il à perdre de son effet, ou était-ce une influence décidément nuisible qui s'exerçait sur elle ? Sa santé avait empiré, l'état de sa trachée semblait laisser à désirer, elle se sentait faible, fatiguée, sans appétit, souvent fébrile ; et le docteur Léandre lui avait très rigoureusement prescrit le repos, le silence et la prudence. Ainsi, quand elle n'était pas obligée de rester allongée en compagnie de la conseillère Spatz, elle gardait le silence et, sans travailler à son ouvrage qui restait posé sur ses genoux, elle suivait le fil de telle ou telle pensée.

Oui, il lui donnait à réfléchir, cet extraordinaire M. Spinell et, chose étrange, non tant sur lui que sur elle-même ; d'une façon ou d'une autre, il suscitait en elle une curiosité insolite, un intérêt qu'elle n'avait encore jamais éprouvé pour sa propre personne. Un jour il avait déclaré en bavardant :

« Non, ce sont des réalités énigmatiques, les femmes... si peu nouvelle que soit cette constatation, on ne peut que s'y arrêter et s'en étonner.

---

ce passage contredit mot pour mot : **Der Gattin Herrn Klöterjahns ging es leidlich in dieser Zeit ; sie war fieberfrei, hustete fast gar nicht und aß ohne allzuviel Widerwillen.**

4. **sich über etw./jmdn Gedanken machen** : *se faire son idée sur qqch./qqn, réfléchir (longuement) à qqch/qqn.* **Gedanke**, m., faible = *idée.* Cf. **denken** **[a/a]** = *penser.* Dans la vie de Mme Klöterjahn, Spinell introduit l'élément de la réflexion, qui fait précisément défaut à son époux.

Da ist ein wunderbares Geschöpf, eine Sylphe, ein Duftgebild[1], ein Märchentraum[2] von einem Wesen. Was tut sie? Sie geht hin und ergibt sich einem Jahrmarktsherkules[3] oder Schlächterburschen. Sie kommt an seinem Arme daher, lehnt vielleicht sogar ihren Kopf an seine Schulter und blickt dabei verschlagen[4] lächelnd um sich her, als wollte sie sagen: Ja, nun zerbrecht euch die Köpfe über diese Erscheinung! — Und wir zerbrechen sie uns[5]. « —

Hiermit hatte Herrn Klöterjahns Gattin sich wiederholt beschäftigt[6].

Eines anderen Tages fand zum Erstaunen der Rätin Spatz folgendes Zwiegespräch zwischen ihnen statt.

» Darf ich einmal fragen, gnädige Frau (aber es ist wohl naseweis[7]), wie Sie heißen, wie eigentlich Ihr Name ist? «

» Ich heiße doch Klöterjahn, Herr Spinell! «

» Hm. — Das weiß ich. Oder vielmehr: ich leugne es. Ich meine natürlich Ihren eigenen Namen, Ihren Mädchennamen. Sie werden gerecht sein und einräumen, gnädige Frau, daß, wer Sie "Frau Klöterjahn" nennen wollte, die Peitsche verdiente[8]. «

---

1. ***Duft-gebild: Duft**, m. = *parfum, arôme, senteur,* **duftig** = *vaporeux.* L'évocation de Mme Klöterjahn, ch. 2, p. 140, correspond bien à ce terme (cf. la série d'adjectifs désignant son côté irréel, immatériel). **Gebild,** n. : cf. **bilden** = *former.*

2. ***Märchen-traum**, m. = *rêve de conte de fées.*

3. **einem Jahrmarktsherkules**: type qui renvoie clairement au négociant Klöterjahn.

4. **verschlagen**: adj., autre sens; verbal: **verschlagen werden** = *être dévié de sa course.*

5. **» Ja, [...] zerbrechen sie uns «**: remarquer dans ce passage le côté indirect du discours de Spinell: il transforme une réalité qui le choque — le fait que Gabrielle Eckhof ait épousé le négociant — en conte de fées. C'est par cette adaptation « artistique » qu'il obtient un effet sur celle qui l'écoute, il ne prend pas directement position sur un contenu objectif donné, mais à travers un procédé de distanciation « poétique » (D.)

Créature miraculeuse, sylphide, substance vaporeuse, rêve fabuleux que cet être ! Que fait-elle ? Elle va se livrer à un hercule de foire ou à un garçon boucher. Elle arrive accrochée à son bras, la tête peut-être même posée sur son épaule, et regarde en même temps autour d'elle en souriant d'un air rusé comme pour dire : oui, et maintenant cassez-vous la tête sur ce phénomène ! — Et nous nous l'y cassons. » —

L'épouse de M. Klöterjahn avait à plusieurs reprises médité cette remarque.

Un autre jour, au grand étonnement de la conseillère Spatz, le dialogue suivant se déroula entre eux.

« Puis-je vous demander, chère madame (mais c'est sans doute indiscret), comment vous vous appelez, quel est votre véritable nom ?

— Mais je m'appelle Klöterjahn, monsieur Spinell !

— Hem, — je le sais. Ou plutôt, je le nie. Je veux dire bien sûr, votre nom à vous, votre nom de jeune fille. Vous aurez la justice d'admettre, chère madame, que quiconque voudrait vous appeler "madame Klöterjahn" mériterait le fouet. »

---

6. **sich mit etw. beschäftigen** = *s'occuper, se préoccuper de...* Cf. n. 4, p. 183.

7. ***nase-weis** : adj. = *curieux, qui se mêle de ce qui ne le regarde pas, impertinent* ; subst. m. = *personne indiscrète.*

8. **die Peitsche verdiente** : à commencer bien entendu par Klöterjahn lui-même, mais l'épouse de ce dernier semble trop amusée par les propos de Spinell pour relever l'insinuation.

Sie lachte so herzlich, daß das blaue Äderchen über ihrer Braue beängstigend deutlich hervortrat und ihrem zarten, süßen Gesicht einen Ausdruck von Anstrengung und Bedrängnis verlieh, der tief beunruhigte[1].

»Nein! Bewahre[2], Herr Spinell! Die Peitsche? Ist "Klöterjahn" Ihnen so fürchterlich?«

»Ja, gnädige Frau, ich hasse diesen Namen aus Herzensgrund, seit ich ihn zum erstenmal vernahm. Er ist komisch und zum Verzweifeln unschön, und es ist Barbarei und Niedertracht, wenn man die Sitte so weit treibt, auf Sie den Namen Ihres Herrn Gemahls zu übertragen.«

»Nun, und "Eckhof[3]"? Ist Eckhof schöner? Mein Vater heißt Eckhof.«

»Oh, sehen Sie! "Eckhof" ist etwas ganz anderes! Eckhof hieß sogar ein großer Schauspieler. Eckhof passiert. — Sie erwähnten nur Ihres Vaters[4]. Ist Ihre Frau Mutter...«

»Ja; meine Mutter starb, als ich noch klein war[5].«

»Ah. — Sprechen Sie mir doch ein wenig mehr von Ihnen, darf ich Sie bitten? Wenn es Sie ermüdet, dann nicht. Dann ruhen Sie, und ich fahre fort, Ihnen von Paris zu erzählen, wie neulich. Aber Sie könnten ja ganz leise reden, ja, wenn Sie flüstern, so wird das alles nur schöner machen[6]...

---

1. **einen Ausdruck..., der tief beunruhigte**: cf. ch. 2, p. 142 **dies blaue Äderchen über dem Auge beherrschte auf eine beunruhigende Art das ganze feine Oval des Gesichts.**

2. **Bewahre! = Gott bewahre!** = *À Dieu ne plaise!* **bewahren** = *préserver.*

3. **Eckhof**: »Konrad Eckhof (1720-1778) est considéré comme le père de l'art dramatique allemand. Après avoir tourné avec diverses troupes, Eckhof fut le membre le plus important du Théâtre National de Hambourg depuis sa fondation. Lessing le mentionne à plusieurs reprises de manière louangeuse dans sa *Dramaturgie de Hamburg* [1767] « (D.). Selon le déterminisme des noms à l'œuvre depuis le début de la nouvelle, Gabrielle Eckhof se situe donc par là du côté de l'art et de la beauté.

Elle rit de si bon cœur que la petite veine bleue au-dessus de son sourcil ressortit avec une netteté alarmante, donnant à son visage doux et délicat un air tendu et angoissé profondément inquiétant.

« Mon Dieu, non ! monsieur Spinell ! Le fouet ? "Klöterjahn" vous paraît-il donc si terrible ?

— Oui, chère madame, je déteste ce nom du fond du cœur depuis la première fois que je l'ai entendu. Il est comique et désespérément laid, et c'est une barbarie et une infamie de respecter la coutume au point de vous conférer le nom de monsieur votre époux.

— Soit. Et "Eckhof" ? Eckhof est-il plus beau ? Mon père s'appelle Eckhof.

— Oh, voyez donc, "Eckhof", c'est tout autre chose ! Il y eut même un grand acteur qui s'appelait Eckhof. Eckhof passe bien. — Vous avez mentionné seulement votre père. Madame votre mère est-elle...

— Oui, ma mère est morte quand j'étais encore petite.

— Ah. — Mais parlez-moi encore un peu de vous, je vous en prie. Seulement si cela ne vous fatigue pas. Sinon reposez-vous, et je continuerai à vous parler de Paris, comme l'autre fois. Mais vous pourriez même parler tout doucement, oui, si vous chuchotez, tout n'en sera que plus beau...

---

4. **Sie erwähnten Ihres Vaters :** construction au génitif archaïque, aujourd'hui + acc.

5. **...als ich noch klein war :** précédent immédiat de mort prématurée, par conséquent.

6. **wenn Sie flüstern [...] schöner machen :** cf. p. 178 la façon dont Spinell observe les jolies femmes en les effleurant du regard : l'écrivain semble préférer un discours à peine perceptible qui laisserait à son imagination la liberté d'élaborer à sa guise.

Sie wurden in Bremen geboren?« Und diese Frage tat er beinahe tonlos, mit einem ehrfurchtsvollen und inhaltsschweren[1] Ausdruck, als sei Bremen eine Stadt ohnegleichen, eine Stadt voller unnennbarer Abenteuer und verschwiegener Schönheiten, in der geboren zu sein eine geheimnisvolle Hoheit verleihe.

»Ja, denken Sie!« sagte sie unwillkürlich. »Ich bin aus Bremen[2].«

»Ich war einmal dort«, bemerkte er nachdenklich. —

»Mein Gott, Sie waren auch *dort?* Nein, hören Sie, Herr Spinell, zwischen Tunis und Spitzbergen haben Sie, glaube ich, alles gesehen!«

»Ja, ich war einmal dort«, wiederholte er. »Ein paar kurze Abendstunden. Ich entsinne mich einer alten, schmalen Straße, über deren Giebeln[3] schief und seltsam der Mond stand. Dann war ich in einem Keller, in dem es nach Wein und Moder roch[4]. Das ist eine durchdringende Erinnerung[5]...«

»Wirklich? Wo mag das gewesen sein? — Ja, in solchem grauen Giebelhause, einem alten Kaufmannshause mit hallender Diele und weißlackierter Galerie[6], bin ich geboren.«

---

1. ***inhalts-schwer**: cf. **Inhalt**, m. = *contenu* et **schwer** = *lourd*.

2. **Ich bin aus Bremen**: Vaget, *(op. cit.* p. 83) cite le poème de Heine intitulé **Der Asra** (*in* »**Romancero**« (1846) dont les vers suivants seraient parodiés ici: **»...ich bin aus Yemmen/Und mein Stamm sind jene Asra,/Welche sterben, wenn sie lieben«**. *(Je suis du Yemen/ Et j'appartiens à la race des Asra / Qui meurent lorsqu'ils aiment).*

3. **über deren Giebeln**: cf. p. 28 la ville natale du Paillasse, et de Th. M.

4. **in dem es nach Wein und Moder roch**: cf. p. 156 **der verweste Säugling** (adj. = *putréfié*) expression appliquée par le «cynique

Vous êtes née à Brême ? » Et il posa cette question presque sans voix, avec une expression pleine de respect et d'importance, comme si Brême était une ville sans nulle autre pareille, une ville regorgeant d'aventures sans nom et de beautés cachées, comme si d'y être né donnait une secrète grandeur.

« Oui, songez donc ! » dit-elle involontairement. « Je suis de Brême.

— J'y ai été une fois », dit-il l'air pensif...

« Mon Dieu, vous êtes aussi allé *là-bas ?* Non, écoutez, monsieur Spinell, entre Tunis et le Spitzberg, je crois que vous avez tout vu !

— Oui, j'y ai été une fois », répéta-t-il. « Quelques brèves heures, un soir. Je me souviens d'une vieille ruelle, une étrange lune se dressait de travers au-dessus de ses pignons. Et puis j'ai été dans une cave qui sentait le vin et la moisissure. C'est un souvenir très vivace...

— Vraiment ? Où cela pouvait-il bien être ? — Oui, c'est dans une maison à plusieurs pignons, grise comme celle-là, que je suis née, une vieille maison de négociant avec un vestibule qui résonnait et une galerie en bois laqué blanc.

---

plaisantin » à Spinell lui-même. Cf. aussi la tendance décadence/fin de siècle que représente Spinell.

5. **eine durchdringende Erinnerung :** adj. = *perçant, pénétrant.*

6. **mit... weißlackierter Galerie :** cf. la maison natale du Paillasse, ch. 1 p. 28 : **[...] von der weiten, steinernen Diele, um die sich oben eine Galerie aus weißlackiertem Holze zog [...].**

»Ihr Herr Vater ist also Kaufmann?« fragte er ein wenig zögernd.

»Ja. Aber außerdem und eigentlich wohl in erster Linie ist er ein Künstler.«

»Ah! Ah! Inwiefern?«

»Er spielt die Geige... Aber das sagt nicht viel. *Wie* er sie spielt, Herr Spinell, das ist die Sache! Einige Töne habe ich niemals hören können, ohne daß mir die Tränen so merkwürdig brennend in die Augen stiegen, wie sonst bei keinem Erlebnis. Sie glauben es nicht...«

»Ich glaube es! Ach, ob ich es glaube! ... Sagen Sie mir, gnädige Frau: Ihre Familie ist wohl alt? Es haben wohl schon viele Generationen in dem grauen Giebelhaus gelebt, gearbeitet und das Zeitliche gesegnet[1]?«

»Ja. — Warum fragen Sie übrigens?«

»Weil es nicht selten geschieht, daß ein Geschlecht mit praktischen, bürgerlichen und trockenen Traditionen sich gegen das Ende seiner Tage[2] noch einmal durch die Kunst verklärt.«

»Ist dem so? — Ja, was meinen Vater betrifft, so ist er sicherlich mehr ein Künstler als mancher, der sich so nennt[3] und vom Ruhme lebt. Ich spiele nur ein bißchen Klavier.

---

1. **das Zeitliche segnen:** expression figurée (m. à m. *bénir la vie terrestre) = mourir, dire adieu à la vie.*

2. **gegen das Ende seiner Tage:** noter la façon hâtive dont Spinell conclut que la famille Eckhof touche à « la fin de ses jours », du seul fait qu'elle est de vieille souche. Le thème de la décadence d'une famille bourgeoise sera développé dans *Les Buddenbrook*. La dimension autobiographique est réelle, puisque Th. M. lui-même provenait d'une famille de négociants sur le déclin. Cependant, à ses yeux, et à l'inverse

— Monsieur votre père est-il donc négociant ? » demanda-t-il avec quelque hésitation.

« Oui, mais cela mis à part, c'est en fait sans doute avant tout un artiste.

— Ah ! Ah ! Dans quelle mesure ?

— Il joue du violon... Mais cela ne dit pas grand-chose. La *façon* dont il en joue, monsieur Spinell, voilà l'important ! Il y a des accents que je n'ai jamais pu entendre sans que les larmes me montent aux yeux, des larmes si étranges, si ardentes, que je n'ai jamais eu d'expérience semblable. Vous ne me croyez pas...

— Je vous crois ! Ah, si je vous crois !... Dites-moi, chère madame : vous êtes sans doute de vieille famille ? Sans doute de nombreuses générations ont-elles déjà vécu, travaillé et dit adieu aux choses de ce monde dans cette maison grise à pignons.

— Oui. D'ailleurs, pourquoi me posez-vous la question ?

— Parce qu'il n'est pas rare qu'une lignée aux traditions sèches, pratiques et bourgeoises soit encore une fois transfigurée par l'art vers la fin de ses jours.

— En est-il ainsi ? ... Oui, quant à mon père, il est sûrement plus artiste que bien des gens qui s'en donnent le titre et vivent de cette réputation. Moi, je ne joue qu'un peu de piano.

---

de la conception spinellienne, l'art était loin de garantir une telle « transfiguration » : dans *Tonio Kröger* (1903) notamment, la rupture que l'art entraîne avec le réel amène l'auteur à s'interroger en profondeur sur sa légitimité.

3. **mancher, der sich so nennt** : remarque qui pourrait fort bien s'appliquer à Spinell lui-même.

Jetzt haben sie es mir ja verboten; aber damals, zu Hause, spielte ich noch. Mein Vater und ich, wir spielten zusammen... Ja, ich habe all die Jahre in lieber Erinnerung; besonders den Garten, unseren Garten, hinterm Hause. Er war jämmerlich verwildert und verwuchert[1] und von zerbröckelten, bemoosten Mauern eingeschlossen; aber gerade das gab ihm viel Reiz. In der Mitte war ein Springbrunnen, mit einem dichten Kranz von Schwertlilien umgeben[2]. Im Sommer verbrachte ich dort lange Stunden mit meinen Freundinnen. Wir saßen alle auf kleinen Feldsesseln rund um den Springbrunnen[3] herum...«

»Wie schön!« sagte Herr Spinell und zog die Schultern empor. »Saßen Sie und sangen?«

»Nein, wir häkelten meistens.«

»Immerhin... Immerhin[4]...«

»Ja, wir häkelten und schwatzten, meine sechs Freundinnen und ich...«

»Wie schön! Gott, hören Sie, wie schön!« rief Herr Spinell, und sein Gesicht war gänzlich verzerrt.

»Was finden Sie nun *hieran* so besonders schön, Herr Spinell!«

»Oh, dies, daß es sechs außer Ihnen waren, daß Sie nicht in diese Zahl eingeschlossen waren, sondern daß Sie gleichsam als Königin daraus hervortraten...

---

1. **jämmerlich [...] verwuchert**: jardin sans jardinier, donc symboliquement espace vierge, où aucun mâle n'a pénétré.

2. **umgeben**: cf. le sens premier du mot latin *templum* = espace circonscrit, délimité. Le cercle tracé par la fontaine et par les jeunes filles qui l'entourent constitue un espace sacré. **Schwertlilien**: symbole phallique sous-jacent (**Schwert** n. = *épée*) annonçant l'irruption imminente de Klöterjahn?

3. **um den Springbrunnen**: cette fontaine rappelle la demeure parentale de Th. M. (D.); elle est mentionnée dans *Tonio Kröger* ainsi que dans *Les Buddenbrook*. Cf. VIIe partie, ch. 6: « et le bassin serti de grands iris mauves envoyait son jet avec un paisible clapotis vers le ciel sombre » (trad. G. Bianquis).

Certes, ils me l'ont interdit à présent ; mais autrefois, à la maison, je jouais encore. Mon père et moi, nous jouions ensemble... Oui, je chéris le souvenir de toutes ces années ; en particulier le jardin, notre jardin derrière la maison. Il était dans un état pitoyable, abandonné aux herbes folles, et enclos dans des murs lézardés couverts de mousse ; mais cela même lui donnait beaucoup de charme. Au milieu, il y avait une fontaine, entourée d'une épaisse couronne d'iris. En été j'y passais de longues heures avec mes amies. Nous nous asseyions toutes sur de petits fauteuils de jardin autour de la fontaine...

— Comme c'est beau ! » dit M. Spinell en relevant les épaules. « Vous étiez assises et vous chantiez ?

— Non, nous faisions du crochet la plupart du temps.

— Tout de même... Tout de même...

— Oui, nous faisions du crochet et nous bavardions comme des pies, mes six amies et moi...

— Comme c'est beau ! Dieu, écoutez comme c'est beau ! » s'écria M. Spinell, le visage tout contorsionné.

« Mais que trouvez-vous *là-dedans* de particulièrement beau, monsieur Spinell !

— Oh, le fait qu'il y avait à part vous six autres jeunes filles, que vous n'étiez pas de leur nombre, que vous vous en détachiez comme une reine, pour ainsi dire...

---

4. **Immerhin** : Spinell cherche à gommer la suite, plutôt triviale, de ce qui s'annonçait comme un tableau mythologisant. La réplique de Mme Klöterjahn semble ici déjouer une telle lecture ; en fait le modèle mythologique n'en reste pas moins prégnant : la jeune fille qui fait du crochet autour d'une fontaine est la version modernisée et « embourgeoisée » d'une des nombreuses scènes d'enlèvement dont la mythologie est tissée (cf. n. 4, p. 194). C'est en cela que l'utilisation mannienne du mythe diffère de celle, naïve, qui caractériserait Spinell. Là où ce dernier voudrait simplement *reproduire* une scène mythique malgré la réalité, Th. M. *l'adapte* à ce nouveau contexte : ainsi les sept vierges (ou les sept nymphes) qui chantent se voient-elles remplacées par autant de jeunes filles en train de babiller et de faire du crochet.

Sie waren ausgezeichnet vor Ihren sechs Freundinnen[1]. Eine kleine goldene Krone[2], ganz unscheinbar, aber bedeutungsvoll, saß in Ihrem Haar und blinkte... «

» Nein, Unsinn[3], nichts von einer Krone... «

» Doch, sie blinkte heimlich. Ich hätte sie gesehen, hätte sie deutlich in Ihrem Haar gesehen, wenn ich in einer dieser Stunden unvermerkt im Gestrüpp gestanden hätte... «

» Gott weiß, was Sie gesehen hätten. Sie standen aber nicht dort, sondern eines Tages war es mein jetziger Mann, der zusammen mit meinem Vater aus dem Gebüsch hervortrat[4]. Ich fürchte, sie hatten sogar allerhand von unserem Geschwätz belauscht... «

» Dort war es also, wo Sie Ihren Herrn Gemahl kennenlernten, gnädige Frau ? «

» Ja, dort lernte ich ihn kennen ! « sagte sie laut und fröhlich, und indem sie lächelte, trat das zartblaue Äderchen angestrengt und seltsam über ihrer Braue hervor. » Er besuchte meinen Vater in Geschäften, wissen Sie. Am nächsten Tage war er zum Diner geladen, und noch drei Tage später hielt er um meine Hand an. «

» Wirklich ! Ging das alles so außerordentlich schnell ? «

---

1. **Ihren sechs Freundinnen** : sept jeunes filles, donc, dans ce récit lui-même situé au ch. 7. La narration de Gabrielle Eckhof marque chez celle-ci un retour à la parole perdue après l'irruption symbolique de M. Klöterjahn et la maladie qui s'ensuivit (cf. p. 139 « garde la bouche fermée »).

2. **Eine kleine goldene Krone** : dans son *Dictionnaire de la mythologie grecque et romaine*, P. Grimal rappelle que les nymphes sont souvent « les suivantes d'une grande divinité (Artémis notamment), ou de l'une d'entre elles, d'un rang plus élevé ».

3. **Unsinn,** m. = *non-sens, absurdités, bêtises.*

4. **aus dem Gebüsch hervortrat** : scène de profanation : le satyre, qui incarne la fécondité et la force vitale, fait irruption dans le cercle sacré des vierges. On songe aussi à l'enlèvement de Perséphone : « Elle grandissait, heureuse, parmi les nymphes, en compagnie de ses sœurs [...] et se souciait peu du mariage, lorsque son oncle, Hadès, devint

Vos six amies vous avaient conféré cette distinction. Une petite couronne dorée, d'apparence toute modeste, mais pleine de signification, reposait sur vos cheveux, étincelante...

— Non, vous divaguez, pas la moindre espèce de couronne...

— Mais si, elle étincelait en secret. Je l'aurais vue, je l'aurais vue distinctement sur vos cheveux si, pendant une de ces heures, je m'étais tenu dans les fourrés à votre insu...

— Dieu sait ce que vous auriez vu ! Vous n'y étiez pas, cependant, mais c'est l'homme qui est à présent mon époux, accompagné de mon père, qui sortit un jour des buissons. Ils avaient même, je le crains, épié une bonne partie de notre bavardage...

— C'est donc là que vous fîtes la connaissance de monsieur votre époux, chère madame ?

— Oui, c'est là que je fis sa connaissance ! » dit-elle d'une voix forte et joyeuse, et tandis qu'elle souriait, la petite veine d'un bleu tendre se tendit, ressortant étrangement au-dessus de son sourcil. « Il rendait visite à mon père pour affaires, vous savez. Le lendemain il était invité à dîner, et à peine trois jours plus tard, il demanda ma main.

— Vraiment ! Tout se passa-t-il avec une aussi extraordinaire rapidité ?

---

amoureux d'elle, et, avec l'aide de Zeus, l'enleva [...]. C'est au moment où la jeune fille cueillait un narcisse (ou un lis), que la terre s'ouvrit, qu'Hadès apparut, et entraîna sa fiancée dans le monde des Enfers. » (P. Grimal, *op. cit.*)

»Ja... Das heißt, von nun an ging es ein wenig langsamer. Denn mein Vater war der Sache eigentlich gar nicht geneigt, müssen Sie wissen, und machte eine längere Bedenkzeit zur Bedingung. Erstens wollte er mich lieber bei sich behalten, und dann hatte er noch andere Skrupel. Aber...«

»Aber?«

»Aber ich *wollte* es eben[1]«, sagte sie lächelnd, und wieder beherrschte das blaßblaue Äderchen[2] mit einem bedrängten und kränklichen Ausdruck ihr ganzes liebliches Gesicht.

»Ah, Sie wollten es.«

»Ja, und ich habe einen ganz festen und respektablen Willen gezeigt, wie Sie sehen...«

»Wie ich es sehe[3]. Ja.«

»...so daß mein Vater sich schließlich darein ergeben[4] mußte.«

»Und so verließen Sie ihn denn und seine Geige[5], verließen das alte Haus, den verwucherten Garten, den Springbrunnen und Ihre sechs Freundinnen und zogen mit Herrn Klöterjahn.«

»Und zog mit... Sie haben eine Ausdrucksweise, Herr Spinell! Beinahe biblisch! — Ja, ich verließ das alles, denn so will es ja die Natur.«

»Ja, so will sie es wohl.«

---

1. **ich *wollte* es eben** : la détermination manifestée ici contredit la version poétisée des faits que présentera Spinell dans sa lettre ultérieure (pp. 250-254). Un véritable mécanisme de dénégation opère ici : d'un côté, le lecteur pense déceler un sens latent (les références « mythologisantes » de cette scène) ; de l'autre, il se voit contraint de renoncer à cette interprétation par les propos mêmes de Gabrielle Eckhof laquelle, loin d'avoir été « enlevée », affirme au contraire l'avoir *voulu*.

2. **das blaßblaue Äderchen** : ce leitmotiv (signe de la beauté vouée à la mort) revient pour l'évocation d'une résolution qui engagea la vie du personnage (puisqu'il en résulta mariage, naissance, et maladie mortelle). Sur l'emploi de cette technique narrative, on peut rappeler le leitmotiv de la question interdite qui, dans *Lohengrin*, est repris par

— Oui... Enfin, à partir de ce moment-là, l'affaire se ralentit un peu. Car en fait mon père n'était guère enclin à la chose, pour tout vous dire, et il posa comme condition une assez longue période de réflexion. D'abord il préférait me garder auprès de lui et ensuite, il avait encore d'autres scrupules. Mais...

— Mais?

— Mais j'y *tenais* », dit-elle en souriant et de nouveau la petite veine bleu pâle fit régner sur tout son adorable visage une expression tendue et maladive.

« Ah, vous y teniez.

— Oui, et j'ai montré une volonté des plus fermes et des plus respectables, comme vous voyez...

— Comme je le vois, oui.

— ...si bien que mon père dut finalement se faire une raison.

— Et c'est donc ainsi que vous l'avez quitté, lui et son violon, que vous avez quitté la vieille maison, le jardin à l'abandon, la fontaine et vos six amies, pour suivre monsieur Klöterjahn.

— Pour suivre... Vous avez une façon de vous exprimer, monsieur Spinell! Presque biblique! ...Oui, j'ai quitté tout cela, car ainsi l'exige la nature.

— Oui, sans doute l'exige-t-elle ainsi.

---

l'orgue précisément au moment des noces, à la fin de l'acte II, rappelant ainsi à l'auditoire la fatalité qui pèse sur les héros, à l'instant même qui semble sceller leur bonheur.

3. **Wie ich es sehe**: « cette réplique reproduit le titre d'une collection d'esquisses (1896) du « chroniquent de l'âme » viennois Peter Altenberg dans laquelle on a vu un « modèle » de l'homme de lettres de la nouvelle » (D.)

4. **sich ergeben (a/e)** = *capituler, rendre les armes*; **sich in sein Schicksal ergeben** = *se résigner à son sort.*

5. **seine Geige**: Th. M. jouait lui-même du violon.

»Und dann handelte es sich ja um mein Glück.«

»Gewiß. Und es kam, das Glück...«

»Das kam in der Stunde, Herr Spinell, als man mir zuerst den kleinen Anton brachte, unseren kleinen Anton, und als er so kräftig mit seinen kleinen gesunden Lungen schrie, stark und gesund wie er ist...«

»Es ist nicht das erstemal, daß ich Sie von der Gesundheit Ihres kleinen Anton sprechen höre, gnädige Frau. Er muß ganz ungewöhnlich gesund sein?«

»Das ist er. Und er sieht meinem Mann so lächerlich ähnlich[1]!«

»Ah! — Ja, so begab es sich[2] also. Und nun[3] heißen Sie nicht mehr Eckhof, sondern anders, und haben den kleinen gesunden Anton und leiden ein wenig an der Luftröhre[3].«

»Ja. — Und *Sie* sind ein durch und durch rätselhafter Mensch, Herr Spinell, dessen versichere ich Sie...«

»Ja, straf mich Gott, das sind Sie[4]!« sagte die Rätin Spatz, die übrigens auch noch vorhanden war.

Aber auch mit diesem Gespräch beschäftigte Herrn Klöterjahns Gattin sich mehrere Male in ihrem Innern[5]. So nichtssagend es war, barg es doch einiges auf seinem Grunde, was ihren Gedanken über sich selbst Nahrung gab.

---

1. **er sieht meinem Mann so lächerlich ähnlich**: rien de la mère ne semble avoir été transmis à ce vigoureux rejeton. L'influence de Spinell perce-t-elle dans la distance critique suggérée par l'adj. **lächerlich?**

2. **so begab es sich**: autre expression biblique. Cf. par exemple *Luc*, 2, 1: **Es begab sich aber zu der Zeit, daß ein Gebot von dem Kaiser Augusto ausging** [...].

3. **Und nun... an der Luftröhre**: énumération synthétique et apparemment anodine, par laquelle Spinell résume — de manière pourtant tendancieuse — les étapes de ce qui est à ses yeux une véritable désécration: perte du nom (= perte de l'héritage artistique paternel), naissance de l'enfant (= triomphe de la force vitale), maladie mortelle résultant de cette naissance. Spinell semble tenter par une sorte de viol de conscience, de rendre son interlocutrice sensible au scandale de cette évolution.

— Et puis après tout, il s'agissait de mon bonheur.

— Assurément. Et il est venu, ce bonheur...

— Il est venu, monsieur Spinell, à l'heure où l'on m'a apporté pour la première fois le petit Anton, notre petit Anton, et où il a crié avec tant de force, de ses petits poumons pleins de santé, plein de force et de santé comme il est...

— Ce n'est pas la première fois que je vous entends parler de la santé de votre petit Anton, chère madame. Il doit être d'une santé hors du commun ?

— Il l'est en effet. Et il ressemble de manière si ridicule à mon mari !

— Ah ! ... Oui, c'est donc ainsi que les choses se déroulèrent. Et à présent vous ne portez plus le nom d'Eckhof, mais un autre, et vous avez le petit Anton qui est plein de santé, et vous souffrez un peu de la trachée.

— Oui. ... Et quant à vous, vous êtes un personnage absolument énigmatique, de cela je puis vous assurer, monsieur Spinell...

— Oui, Dieu m'est témoin que vous l'êtes ! » fit la conseillère Spatz qui, d'ailleurs, se trouvait elle aussi encore présente.

Or, l'épouse de M. Klöterjahn agita aussi maintes fois en son for intérieur cette conversation. Si insignifiante qu'elle fût, elle recelait pourtant dans ses profondeurs matière à nourrir les réflexions qu'elle se faisait sur elle-même.

---

4. **das sind Sie** : cf. quelques lignes plus haut **Das ist er**.

5. **Aber [...] in ihrem Innern** : tonalité religieuse de cette formule ; cf. Luc, 2, 19 : **Maria aber behielt alle diese Worte und bewegte sie in ihrem Herzen** *(Quant à Marie, elle conservait avec soin toutes ces paroles, les méditant en son cœur)*. Cette couleur archaïsante et sacrée est fréquente dans la littérature esthétisante fin de siècle. (D.)

War *dies* der schädliche Einfluß[1], der sie berührte? Ihre Schwäche nahm zu, und oft stellte Fieber sich ein, eine stille Glut[2], in der sie mit einem Gefühle sanfter Gehobenheit ruhte, der sie sich in einer nachdenklichen, preziösen, selbstgefälligen und ein wenig beleidigten Stimmung überließ. Wenn sie nicht das Bett hütete und Herr Spinell auf den Spitzen seiner großen Füße[3] mit ungeheurer Behutsamkeit zu ihr trat, in einer Entfernung von zwei Schritten stehenblieb und, das eine Bein zurückgestellt und den Oberkörper vorgebeugt, mit ehrfürchtig gedämpfter Stimme zu ihr sprach, wie als höbe er sie in scheuer Andacht sanft und hoch empor und bettete sie auf Wolkenpfühle, woselbst kein schriller Laut und keine irdische Berührung sie erreichen solle..., so erinnerte sie sich der Art, in der Herr Klöterjahn zu sagen pflegte[4]: »Vorsichtig, Gabriele, take care, mein Engel, und halte den Mund zu!«, eine Art, die wirkte, als schlüge er einem hart und wohlmeinend auf die Schulter. Dann aber wandte sie sich rasch von dieser Erinnerung ab, um in Schwäche und Gehobenheit auf den Wolkenpfühlen[5] zu ruhen, die Herr Spinell ihr dienend bereitete[6].

Eines Tages kam sie unvermittelt auf das kleine Gespräch zurück, das sie mit ihm über ihre Herkunft und Jugend geführt hatte.

---

1. **war *dies* der schädliche Einfluß** : cf. p. 182, n. 2. Par cette tournure interrogative, le narrateur semble renoncer à l'omniscience qui est son privilège pour laisser au lecteur le soin de déterminer la cause de cette soudaine aggravation et d'évaluer si elle est à mettre en rapport avec l'apparition de la réflexion chez Mme Klöterjahn. (D.)

2. **eine stille Glut** : cf. p. 149 : **schien die Mutter in einer sanften und stillen Glut dahinzuschwinden.**

3. **auf den Spitzen seiner großen Füße** : cf. p. 156 : « des pieds aux dimensions peu communes », p. 166 : « Il avançait sur la pointe de ses grands pieds » ; p. 176 : « chaussé de souliers en fourrure qui donnaient à ses pieds des dimensions fantastiques » ; p. 219 : « Il était debout, avec ses grands pieds ». Ce rappel produit un contraste comique avec la délicatesse affectée de Spinell.

Était-ce *cela*, l'influence nuisible qui l'affectait ? Sa faiblesse allait croissant et souvent la fièvre se déclarait, c'était un feu tranquille où elle se reposait avec un sentiment de douce euphorie, à laquelle elle s'abandonnait d'une humeur pensive, précieuse et complaisante, l'air quelque peu offensée. Lorsqu'elle ne gardait pas le lit et que M. Spinell, sur la pointe de ses grands pieds, s'approchait d'elle avec d'immenses précautions, se tenait à deux pas de distance et, une jambe posée en arrière et le buste incliné en avant, lui parlait respectueusement en sourdine, comme pour la soulever avec délicatesse, dans un timide recueillement, vers les hauteurs et la déposer sur un coussin de nuages, où nul bruit strident, nul contact terrestre ne pourrait l'atteindre... alors, de même elle se rappelait la manière dont M. Klöterjahn avait coutume de dire : « Attention, Gabrielle, take care, mon ange, et garde la bouche fermée ! », formule qui faisait l'effet d'un coup vigoureux et bien intentionné sur l'épaule. Mais aussitôt, elle se détournait de ce souvenir pour se reposer dans sa faiblesse et son euphorie sur les coussins de nuages que M. Spinell préparait pour elle en chevalier servant.

Un jour, elle revint impromptu sur la petite conversation qu'elle avait eue avec lui à propos de ses origines et de sa jeunesse.

---

4. **zu sagen pflegte** : cf. p. 138, chap. 2.

5. **auf *Wolken-pfühlen** : terme poétique pour **Wolkenkisse**.

6. **wie als höbe er sie [...] ihr dienend bereitete** : un subtil passage s'effectue dans l'esprit de Gabrielle Eckhof depuis ce qui n'est d'abord qu'une comparaison au conditionnel (**als höbe** : « comme pour la soulever ») à la réalité (la prévenance un peu maladroite de Klöterjahn) suivi d'un retour à la comparaison précédente, mais qui n'est plus présentée comme telle, puisque le narrateur utilise simplement un indicatif en se référant aux « coussins de nuages que Monsieur Spinell préparait (**bereitete**) pour elle. » (D.) L'imaginaire supplante ainsi peu à peu le réel aux yeux de Gabrielle Eckhof.

»Es ist also wahr[1]«, fragte sie, »Herr Spinell, daß Sie die Krone gesehen hätten?«

Und obgleich jene Plauderei[2] schon vierzehn Tage zurücklag, wußte er sofort, um was es sich handelte, und versicherte ihr mit bewegten Worten, daß er damals am Springbrunnen, als sie unter ihren sechs Freundinnen saß, die kleine Krone hätte blinken, — sie heimlich in ihrem Haar hätte blinken sehen[3].

Einige Tage später erkundigte sich ein Kurgast aus Artigkeit bei ihr nach dem Wohlergehen ihres kleinen Anton daheim. Sie ließ zu Herrn Spinell, der sich in der Nähe befand, einen hurtigen Blick[4] hinübergleiten und antwortete ein wenig gelangweilt[5]:

»Danke; wie soll es dem[6] wohl gehen? — Ihm und meinem Mann geht es gut.«

8

Ende Februar, an einem Frosttage, reiner und leuchtender als alle, die vorhergegangen waren, herrschte in »Einfried« nichts als Übermut[7]. Die Herrschaften mit den Herzfehlern besprachen sich untereinander mit geröteten Wangen,

---

1. **es ist also wahr**: formulation paradoxale, puisque s'appliquant à une vision imaginaire placée au conditionnel.

2. **Plauderei**, f.: cf. **plaudern**, *causer, bavarder* (en société, à bâtons rompus).

3. **die kleine Krone... hätte blinken sehen.** Cf. p. 139 **Eine kleine goldene Krone [...] saß in Ihrem Haar und blinkte [...].**

4. **einen hurtigen Blick**: adj. = *prompt, preste, alerte*, subst. **Hurtigkeit**, f.

5. **ein wenig gelangweilt**: un début de complicité s'instaure donc entre Spinell et Mme Klöterjahn, donnée que l'époux de cette dernière semblera ignorer ch. 11.

6. **wie soll es dem wohl gehen?**: art. à valeur démonstrative (familier) correspond à l'insolence de la santé du rejeton, cf. pp. 151 et 166.

« Il est donc vrai », demanda-t-elle, « monsieur Spinell, que vous auriez vu la couronne ? »

Et quoique cet entretien remontât à déjà quinze jours, il sut aussitôt de quoi il s'agissait, et l'assura avec émotion qu'il aurait vu jadis la petite couronne étinceler près de la fontaine, alors qu'elle était assise au milieu de ses six amies, — qu'il l'aurait vue étinceler en secret sur sa chevelure.

Quelques jours plus tard, un curiste s'enquit par courtoisie de la santé de son petit Anton, là-bas chez elle. Elle fit glisser un regard furtif en direction de M. Spinell, qui se trouvait à proximité, et répondit d'une voix un peu ennuyée :

« Merci ; mais comment pourrait-il se porter ? — Lui et mon mari se portent bien. »

8

Fin février, par un jour de gel, plus pur et plus resplendissant que tous ceux qui s'étaient écoulés jusque-là, une exubérance sans partage régnait à Einfried. Les malades du cœur parlaient entre eux, les joues empourprées ;

---

7. **Ubermut :** m. = *folle gaieté* (sens vieilli = *présomption, outrecuidance*) ; adj. **übermutig** = *pétulant,' effronté.*

der diabetische General trällerte[1] wie ein Jüngling, und die Herren mit den unbeherrschten Beinen waren ganz außer Rand und Band[2]. Was ging vor? Nichts Geringeres, als daß eine gemeinsame Ausfahrt unternommen werden sollte, eine Schlittenpartie[3] in mehreren Fuhrwerken mit Schellenklang und Peitschenknall[4] ins Gebirge hinein: Doktor Leander hatte zur Zerstreuung seiner Patienten diesen Beschluß gefaßt.

Natürlich mußten die »Schweren« zu Hause bleiben. Die armen »Schweren«! Man nickte sich zu und verabredete sich[5], sie nichts von dem Ganzen wissen zu lassen; es tat allgemein wohl, ein wenig Mitleid üben und Rücksicht nehmen zu können. Aber auch von denen, die sich an dem Vergnügen sehr wohl hätten beteiligen können, schlossen sich einige aus[6]. Was Fräulein von Osterloh anging, so war sie ohne weiteres entschuldigt. Wer wie sie mit Pflichten überhäuft war, durfte an Schlittenpartien nicht ernstlich denken. Der Hausstand verlangte gebieterisch ihre Anwesenheit, und kurzum: sie blieb in »Einfried«. Daß aber auch Herrn Klöterjahns Gattin erklärte, daheim bleiben zu wollen, verstimmte allseitig[7]. Vergebens redete Doktor Leander ihr zu, die frische Fahrt auf sich wirken zu lassen;

---

1. **trällerte**: v. = m. à m. *chanter « tralala »*.

2. **außer Rand und Band sein** = *ne plus se sentir, être « déchaîné »*. Ici encore, les personnages évoqués ne réapparaissent qu'en prélude grotesque à ce qui va suivre. Ils adhèrent chacun à l'emploi qui leur est assigné et semblent immobilisés dans le temps, prisonniers de leurs attributs comiques (cf. Préface, p. 20).

3. **eine Schlittenpartie**: équivalent de la partie de chasse nocturne qui, dans T&I (acte II), permet aux deux amants de se retrouver.

4. **mit Schellenklang und Peitschenknall**: sans doute pour ajouter une touche de « couleur locale » à cette excursion, mais surtout pour souligner le caractère artificiel et enfantin de la « distraction » envisagée. Sur l'élément artificiel, cf. aussi n. 1, p. 172.

5. **man... verabredete sich**: **etw. verabreden** = *convenir de qqch.* **sich verabreden** = 1) **(mit jmdm)** *prendre rendez-vous avec qqn*; 2) même sens que **verabreden**.

le général diabétique fredonnait comme un jeune homme, et les messieurs à la jambe folle avaient perdu toute retenue. Que se passait-il ? On allait, ni plus ni moins, entreprendre ensemble une excursion, une partie de traîneau en montagne, dans plusieurs véhicules, avec tintements de grelots et claquements de fouet : le docteur Léandre en avait ainsi décidé pour distraire ses patients.

Bien entendu les « grands malades » devaient rester à la maison. Pauvres « grands malades » ! D'un hochement de tête, on convenait de ne rien leur faire savoir de tout le projet ; tout le monde y gagnait de pouvoir manifester un peu de compassion et d'égards. Mais parmi ceux qui auraient très bien pu se joindre au divertissement, quelques-uns se tinrent à l'écart. Mlle von Osterloh, quant à elle, s'excusa sans autre forme de cérémonie. Quiconque avait comme elle un surcroît de devoirs ne pouvait sérieusement envisager une partie de traîneau. La tenue de la maison exigeait impérativement sa présence et en bref, elle restait à Einfried. Mais la nouvelle que l'épouse de M. Klöterjahn elle aussi déclarait vouloir rester contraria tout le monde. En vain le docteur Léandre chercha-t-il à la persuader de s'abandonner aux effets bénéfiques de cette équipée au grand air ;

---

6. **schlossen sich einige aus** : cf. ch. 7, p. 192 les propos de Spinell à Mme Klöterjahn : **daß sie nicht in diese Zahl eingeschlossen waren**.

7. ***all-seitig** = *de tous côtés.*

sie behauptete, nicht aufgelegt zu sein, Migräne zu haben, sich matt zu fühlen, und so mußte man sich fügen. Der Zyniker und Witzbold aber nahm Anlaß[1] zu der Bemerkung:

»Geben Sie acht, nun fährt auch der verweste Säugling nicht mit.«

Und er bekam recht, denn Herr Spinell ließ wissen, daß er heute nachmittag arbeiten wolle; — er gebrauchte sehr gern das Wort »arbeiten« für seine zweifelhafte Tätigkeit[2]. Übrigens beklagte sich keine Seele[3] über sein Fortbleiben, und ebenso leicht verschmerzte[4] man es, daß die Rätin Spatz sich entschloß, ihrer jüngeren Freundin Gesellschaft zu leisten, da das Fahren sie seekrank mache.

Gleich nach dem Mittagessen, das heute schon gegen zwölf Uhr stattgefunden hatte, hielten die Schlitten vor »Einfried«, und in lebhaften Gruppen, warm vermummt, neugierig und angeregt, bewegten sich die Gäste durch den Garten. Herrn Klöterjahns Gattin stand mit der Rätin Spatz an der Glastür, die zur Terrasse führte[5], und Herr Spinell am Fenster seines Zimmers, um der Abfahrt zuzusehen. Sie beobachteten, wie unter Scherzen und Gelächter kleine Kämpfe um die besten Plätze entstanden,

---

1. **nahm Anlaß**: subst. m. = 1) *raison, cause*, ***geben zu**: *donner lieu à* . 2) *occasion*: **beim geringsten Anlaß** = *à la moindre occasion*.

2. **seine zweifelhafte Tätigkeit**: le narrateur semble donc partager le point de vue du docteur Léandre (cf. ch. 5, p. 164 **er hielt keine großen Stücke auf den Schriftsteller**) et la plupart des pensionnaires à Einfried au sujet de l'« écrivain » Spinell. Cf. les propos de Tonio Kröger à Lisaweta (*Tonio Kröger*, ch. 4): « Voyez-vous, Lisaweta, je nourris au fond de mon âme — transposé dans le domaine intellectuel — contre le type de l'artiste tout le soupçon que chacun de mes honorables ancêtres là-haut dans cette ville étroite aurait manifesté vis-à-vis du premier saltimbanque ou du premier histrion qui serait entré dans sa maison. »

3. **übrigens beklagte sich keine Seele**: cf. n. 3, p. 156: **Er war ungesellig und hielt mit keiner Seele Gemeinschaft**; au comportement asocial de Spinell répond très logiquement son impopularité.

elle affirma ne pas être d'humeur, avoir la migraine et se sentir épuisée, et il fallut donc s'incliner. Mais le cynique plaisantin en profita pour faire cette remarque :

« Attention, c'est le nourrisson décati lui aussi qui va ne pas en être, maintenant. »

Et il eut raison, car M. Spinell fit connaître son intention de travailler cet après-midi ; — il utilisait très volontiers le mot « travailler » pour désigner ses douteuses activités. Personne, au demeurant, ne se plaignit qu'il restât en arrière, et l'on se remit non moins facilement de la décision que prit la conseillère Spatz de tenir compagnie à sa jeune amie, car la voiture lui donnait le mal de mer.

Aussitôt après le déjeuner, qui avait eu lieu aujourd'hui dès les environs de midi, les traîneaux vinrent stationner devant Einfried et les groupes animés de pensionnaires, chaudement emmitouflés, tout curieux et excités, se murent à travers le jardin. L'épouse de M. Klöterjahn se tenait avec la conseillère Spatz près de la porte vitrée qui ouvrait sur la terrasse, et M. Spinell à la fenêtre de sa chambre, pour assister au départ. Ils observèrent comment, au milieu des rires et des plaisanteries, de petites luttes s'engageaient pour les meilleures places,

---

4. **verschmerzte :** = *se consoler de qqch.*, cf. **der Schmerz :** *la douleur*.

5. **Herr Klöterjahns Gattin [...] zur Terrasse führte :** de même, au tout début de l'acte II de T&I, Isolde se tient avec Brangaene sur les marches de l'appartement ouvrant sur le jardin à la nuit tombante.

wie Fräulein von Osterloh, eine Pelzboa[1] um den Hals, von einem Gespann zum anderen lief, um Körbe mit Eßwaren unter die Sitze zu schieben, wie Doktor Leander, die Pelzmütze in der Stirn, mit seinen funkelnden Brillengläsern noch einmal das Ganze überschaute, dann ebenfalls Platz nahm und das Zeichen zum Aufbruch gab... Die Pferde zogen an, ein paar Damen kreischten und fielen hintüber[2], die Schellen klapperten, die kurzstieligen Peitschen[3] knallten und ließen ihre langen Schnüre im Schnee hinter den Kufen dreinschleppen, und Fräulein von Osterloh stand an der Gartenpforte und winkte mit ihrem Schnupftuch, bis an einer Biegung der Landstraße die gleitenden Gefährte verschwanden, das frohe Geräusch sich verlor[4]. Dann kehrte sie durch den Garten zurück, um ihren Pflichten nachzueilen[5], die beiden Damen verließen die Glastür, und fast gleichzeitig trat auch Herr Spinell von seinem Aussichtspunkte ab.

Ruhe herrschte in »Einfried«. Die Expedition[6] war vor Abend nicht zurückzuerwarten. Die »Schweren« lagen in ihren Zimmern und litten[7]. Herrn Klöterjahns Gattin und ihre ältere Freundin unternahmen einen kurzen Spaziergang, worauf sie in ihre Gemächer zurückkehrten.

---

1. ***Pelz-boa**: le nom du serpent sert aussi à désigner, en allemand, toute écharpe de fourrure ou de *plumes* (***Feder-boa**).

2. **fielen hintüber**: adv., formé par combinaison de **hinten** *(en arrière)* et de l'adv. de mouvement **über** *(par-dessus)*.

3. **die *kurz-stieligen Peitschen**: adj. cf. **Stiel**, m. = *manche, hampe, queue, tige*.

4. **das frohe Geräusch sich verlor**: cf. T&l, début de l'acte II : le son des cors qui se dissipe au loin trouve ici sa version caricaturale dans le tintement des grelots.

5. **ihren Pflichten nachzueilen**: l'expr. courante est : **seinen Pflichten nach/kommen** ou **nach/gehen**. L'excessif (et grotesque) empressement de Mademoiselle von Osterloh explique sans doute le « surcroît » de responsabilités qu'elle invoquait p. 204.

6. **die Expedition**: « Voyage d'exploration dans un pays lointain, difficilement accessible » *(Le Petit Robert)* : terme que justifient sans doute les amples provisions disposées par mademoiselle von Osterloh

comment Mlle von Osterloh, une étole de fourrure autour du cou, courait d'un attelage à l'autre pour glisser sous les sièges des corbeilles de victuailles, comment le docteur Léandre, sa casquette de fourrure sur le front, parcourait encore une fois l'ensemble du regard avec ses verres de lunettes étincelants, pour ensuite prendre place lui aussi et donner le signal du départ... Les chevaux se mirent à tirer, quelques dames poussèrent des cris et tombèrent en arrière, les grelots tintèrent, les fouets à manches courts claquèrent et laissèrent traîner derrière les patins leurs longues lanières dans la neige, et Mlle von Osterloh se tint à la porte du jardin en agitant son mouchoir jusqu'à ce que les véhicules eussent disparu en glissant à un tournant de la route de campagne, et que la joyeuse rumeur se fût dissipée. Elle rentra ensuite à travers le jardin, pour retourner au plus vite à ses responsabilités ; les deux dames quittèrent la porte vitrée et presque en même temps, M. Spinell lui aussi abandonna son point d'observation.

Le calme régnait à Einfried. Il ne fallait pas attendre le retour de l'expédition avant la soirée. Les « grands malades » étaient couchés dans leurs chambres en train de souffrir. L'épouse de M. Klöterjahn et son amie plus âgée entreprirent une petite promenade, puis rentrèrent dans leurs chambres.

---

sous les fauteuils, quoique l'on sorte de table, et qui ne peut s'appliquer qu'ironiquement à une excursion d'une demi-journée.

7. **die Schweren lagen [...] und litten** : notation d'un humour particulièrement féroce, impliquant que cette souffrance est dans l'ordre des choses et constitue une donnée négligeable parce qu'immuable, au même titre que le diabète du général et la « jambe folle » des messieurs. L'allitération en « l » et la coordination toute simple des deux verbes paraissent consacrer cet état de fait.

Auch Herr Spinell befand sich in dem seinen und beschäftigte sich auf seine Art[1]. Gegen vier Uhr brachte man den Damen je einen halben Liter Milch, während Herr Spinell seinen leichten Tee erhielt. Kurze Zeit darauf pochte Herrn Klöterjahns Gattin an die Wand, die ihr Zimmer von dem der Magistratsrätin Spatz trennte, und sagte:

»Wollen wir nicht ins Konversationszimmer hinuntergehen, Frau Rätin? Ich weiß nicht mehr, was ich hier anfangen[2] soll.«

»Sogleich, meine Liebe!« antwortete die Rätin. »Ich ziehe nur meine Stiefel an, wenn Sie erlauben. Ich habe nämlich auf dem Bette gelegen, müssen Sie wissen.«

Wie zu erwarten stand, war das Konversationszimmer leer. Die Damen nahmen am Kamine Platz. Die Rätin Spatz stickte Blumen auf ein Stück Stramin, und auch Herrn Klöterjahns Gattin[3] tat ein paar Stiche, worauf sie die Handarbeit in den Schoß sinken ließ und über die Armlehne ihres Sessels hinweg ins Leere träumte[4]. Schließlich machte sie eine Bemerkung, die nicht lohnte, daß man ihretwegen[5] die Zähne voneinander tat; da aber die Rätin Spatz trotzdem »Wie?« fragte, so mußte sie zu ihrer Demütigung den ganzen Satz wiederholen. Die Rätin Spatz fragte nochmals »Wie?«

---

1. **beschäftigte sich auf seine Art**: périphrase qui accentue d'autant le caractère « douteux » des activités de Spinell. Cf. p. 206.

2. **anfangen (i/a)** = *commencer,* aussi : *faire ;* cf. l'expr. **ich weiß nichts damit anzufangen** = *je ne sais pas quoi en faire/en penser* : **es ist nichts damit anzufangen** = *il n'y a rien à en tirer.*

3. **auch Herrn Klöterjahns Gattin**: auch + nom, cette structure réapparaît une quinzaine de fois dans la nouvelle et en constitue sans doute le leitmotiv le plus fréquent (et le plus formel, à l'opposé des

M. Spinell lui aussi était dans la sienne et s'occupait à sa manière. Vers quatre heures on apporta aux dames un demi-litre de lait pour chacune, tandis que M. Spinell recevait son thé léger. Peu de temps après, l'épouse de M. Klöterjahn frappa contre la cloison qui séparait sa chambre de celle de la conseillère Spatz et dit :

« Si nous descendions dans le salon, madame la conseillère ? Je ne sais plus quoi faire ici.

— Tout de suite, ma chère ! », répondit la conseillère. « Je mets seulement mes bottines, si vous permettez. C'est que je m'étais allongée sur mon lit, pour ne rien vous cacher. »

Comme on pouvait s'y attendre, le salon était vide. Les dames prirent place près de la cheminée. La conseillère Spatz broda des fleurs sur une pièce de canevas, et l'épouse de M. Klöterjahn elle aussi fit quelques points, puis laissa tomber son ouvrage sur ses genoux et se mit à rêver dans le vide par-dessus le bras de son fauteuil. Enfin elle fit une remarque qui ne valait pas qu'on desserrât les dents en réponse ; mais comme la conseillère Spatz demandait malgré tout : « Comment ? », elle dut s'humilier à répéter la phrase dans sa totalité. La conseillère Spatz demanda encore une fois : « Comment ? »

---

véritables leitmotivs-récits qui caractérisent le drame wagnérien et qui se trouvent ici parodiés).

4. **ins Leere träumte :** il est significatif que Madame Klöterjahn délaisse sa tapisserie, attribut de la femme au foyer, pour se mettre à rêver, transformation où se manifeste, là encore, l'influence de Spinell.

5. **ihretwegen** = m. à m. *à cause de,* = *pour l'amour d'elle.*

In diesem Augenblicke aber wurden auf dem Vorplatze Schritte laut, die Tür öffnete sich, und Herr Spinell trat ein.

» Störe ich ? « fragte er noch an der Schwelle mit sanfter Stimme, während er ausschließlich[1] Herrn Klöterjahns Gattin anblickte und den Oberkörper auf eine gewisse zarte und schwebende Art nach vorne beugte... Die junge Frau antwortete :

» Ei, warum nicht gar ? Erstens ist dieses Zimmer doch als Freihafen[2] gedacht, Herr Spinell, und dann : worin sollten Sie uns stören. Ich habe das entschiedene Gefühl, die Rätin zu langweilen... «

Hierauf wußte er nichts mehr zu erwidern, sondern ließ nur lächelnd seine kariösen Zähne sehen und ging unter den Augen der Damen mit ziemlich unfreien Schritten[3] bis zur Glastür, woselbst er stehen blieb und hinausschaute, indem er in etwas unerzogener Weise[4] den Damen den Rücken zuwandte. Dann machte er eine halbe Wendung rückwärts, fuhr aber fort, in den Garten hinauszublicken, indes er sagte :

» Die Sonne ist fort. Unvermerkt hat der Himmel sich bezogen. Es fängt schon an, dunkel zu werden. «

» Wahrhaftig, ja, alles liegt in Schatten[5] «, antwortete Herrn Klöterjahns Gattin.

---

1. **ausschließlich** : cf. n. 1, p. 168 ; retour discret du motif de l'exclusion : de même que, plus tôt (ch. 7, pp. 192-194), Spinell distinguait en imagination Mme Klöterjahn du reste de ses amies, de même, ici, son regard « sélectif » fait abstraction de la Conseillère Spatz. (cf. aussi la façon dont Spinell effleure un visage du regard pour en extraire les éléments suffisants à lui procurer une impression de beauté, ch. 6, p. 178).

2. **Freihafen** : domaine où, dans un port, les vaisseaux de toutes nationalités ont libre accès sans devoir dédouaner leur marchandise. Cette image est sans doute inspirée à Mme Klöterjahn par le port de Brême, sa ville natale.

3. **mit ziemlich unfreien Schritten** : cf. ch. 5, § 1 **ein wenig verlegen** et **später ward er frei** (p. 160).

Mais à ce moment, des pas retentirent sur le perron, la porte s'ouvrit, et M. Spinell entra.

« Je dérange ? » demanda-t-il, encore sur le seuil, d'une voix douce, et tout en regardant exclusivement l'épouse de monsieur Klöterjahn, le buste incliné vers l'avant avec une sorte de tendresse, comme en planant... La jeune femme répondit :

« Et pourquoi donc ? D'abord, cette pièce est bien conçue comme un port franc, monsieur Spinell, et ensuite, en quoi nous dérangeriez-vous ? J'ai le net sentiment d'ennuyer la conseillère... »

À cela, il ne sut plus quoi répliquer, mais il se contenta de sourire en montrant ses dents cariées et s'achemina sous le regard des dames d'un pas assez embarrassé jusqu'à la porte vitrée, où il resta debout pour regarder à l'extérieur, tout en tournant le dos aux dames de manière un peu mal élevée. Puis il fit un demi-tour en arrière, mais continua à regarder vers le jardin, tout en disant :

« Le soleil s'en est allé. Le ciel s'est couvert insensiblement. Il commence déjà à faire sombre.

— Vraiment, oui, tout est dans l'ombre », répondit l'épouse de M. Klöterjahn.

---

4. **unerzogener Weise : unerzogen ≠ ungezogen.** Le premier terme indique une absence totale d'*éducation :* **die Erziehung** le second caractérise un acte à l'encontre d'une éducation reçue. Spinell, de par son origine provinciale, manque de savoir-vivre. (D.)

5. **wahrhaftig... in Schatten :** les propos de Mme Klöterjahn ne font qu'entériner la remarque précédente de Spinell. Cet unisson prépare déjà la communion musicale qui va suivre.

» Unsere Ausflügler werden doch noch Schnee bekommen, wie es scheint. Gestern war es um diese Zeit noch voller Tag; nun dämmert es schon[1]. «

» Ach «, sagte er, » nach allen diesen überhellen Wochen tut das Dunkel den Augen wohl. Ich bin dieser Sonne[2], die Schönes und Gemeines mit gleich aufdringlicher Deutlichkeit bestrahlt, geradezu dankbar, daß sie sich endlich ein wenig verhüllt. «

» Lieben Sie die Sonne nicht, Herr Spinell? «

» Da ich kein Maler bin... Man wird innerlicher[3] ohne Sonne. — Es ist eine dicke, weißgraue Wolkenschicht. Vielleicht bedeutet es Tauwetter für morgen. Übrigens würde ich Ihnen nicht raten, dort hinten noch auf die Handarbeit zu blicken, gnädige Frau. «

» Ach, seien Sie unbesorgt, das tue ich ohnehin nicht. Aber was soll man beginnen? «

Er hatte sich auf den Drehsessel vorm Piano niedergelassen, indem er einen Arm auf den Deckel des Instrumentes stützte.

» Musik... «, sagte er. » Wer jetzt ein bißchen Musik zu hören bekäme! Manchmal singen die englischen Kinder kleine nigger-songs, das ist alles. «

» Und gestern nachmittag hat Fräulein von Osterloh in aller Eile die "Klosterglocken" gespielt «, bemerkte Herrn Klöterjahns Gattin.

---

1. **nun dämmert es schon**: comme dans T & I, acte II. Noter qu'ici encore, il s'agit d'un artifice: c'est un faux crépuscule, dû seulement à la couche de nuages qui recouvrent le ciel.

2. **dieser Sonne**: cf. T & I, III, n° 294: **» Verfluchter Tag/mit deinem Schein! «** *(jour maudit/avec ton éclat!)* et n° 300: **O dieser Sonne/sengender Strahl/wie brennt mir das Hirn/seine glühende Qual!** *(Oh le rayon ardent/de ce soleil/comme sa flamme me torture/et brûle mon cerveau!)* Cf. aussi la comparaison de Spinell avec un chat-huant, au début du 7e ch. p. 182. Selon D., Spinell est le premier personnage de Th. M. à rejeter le réel (et donc le jour qui l'éclaire) au nom d'une idéologie (à l'inverse du Petit Monsieur Friedemann, par ex.). Il est aussi le premier personnage à mener une pure existence d'artiste. Ce

« Nos promeneurs vont encore avoir de la neige malgré tout, à ce qu'il semble. Hier à la même heure, il faisait encore plein jour ; c'est déjà le crépuscule maintenant.

— Ah », dit-il, « après toutes ces semaines d'une excessive clarté, l'obscurité fait du bien au regard. Je suis presque reconnaissant à ce soleil de s'être enfin un peu voilé, lui qui éclaire avec une netteté également importune ce qui est beau et ce qui est commun.

— N'aimez-vous pas le soleil, monsieur Spinell ?

— N'étant pas peintre... On gagne en profondeur sans soleil. ... Il y a une épaisse couche de nuages gris clair. Cela annonce peut-être du dégel pour le matin. D'ailleurs, je vous déconseillerais de regarder plus longtemps votre ouvrage, là-derrière où vous êtes, chère madame.

— Ah, ne vous faites pas de souci, de toute façon, je ne le regarde pas. Mais que faire ? »

Il s'était assis devant le piano sur le tabouret pivotant, un bras appuyé sur le couvercle de l'instrument.

« La musique... », dit-il. « Si on avait un peu de musique à entendre à présent ! Parfois les enfants anglais chantent de petits nigger-songs, c'est tout.

— Et hier après-midi, Mlle von Osterloh a joué à toute vitesse les *Cloches du Monastère*, observa l'épouse de monsieur Klöterjahn.

---

rejet de la lumière caractérise l'esthétisme fin de siècle. Cf. le programme des *Blätter für die Kunst* : « aider à la victoire de la beauté et du bon goût contre l'inélégant murmure du jour » (D.)

3. **innerlich** : adj. = *tourné vers soi-même, doué d'une riche vie intérieure, profond* (sens figuré) ≠ **innig** = *intime*.

»Aber Sie spielen ja, gnädige Frau«, sagte er bittend und stand auf... »Sie haben ehemals täglich mit Ihrem Herrn Vater musiziert[1].«

»Ja, Herr Spinell, das war damals! Zur Zeit des Springbrunnens, wissen Sie...«

»Tun Sie es heute!« bat er. »Lassen Sie dies eine Mal ein paar Takte hören! Wenn Sie wüßten, wie ich dürste...«

»Unser Hausarzt sowohl wie Doktor Leander haben es mir ausdrücklich verboten, Herr Spinell.«

»Sie sind nicht da, weder der eine noch der andere! Wir sind frei[2]... Sie sind frei, gnädige Frau! Ein paar armselige Akkorde...«

»Nein, Herr Spinell, daraus wird nichts. Wer weiß, was für Wunderdinge Sie von mir erwarten! Und ich habe alles verlernt[3], glauben Sie mir. Auswendig kann ich beinahe[4] nichts.«

»Oh, dann spielen Sie dieses Beinahe-nichts! Und zum Überfluß sind hier Noten, hier liegen sie, oben auf dem Klavier. Nein, dies hier ist nichts. Aber hier ist Chopin[5]...«

»Chopin?«

»Ja, die Nocturnes[6]. Und nun fehlt nur, daß ich die Kerzen anzünde...«

---

1. **Sie haben [...] musiziert** : cf. p. 192, **Jetzt haben sie es mir ja verboten ; aber damals, zu Hause, spielte ich noch. Mein Vater und ich, wir spielten zusammen...**

2. **wir sind frei** : comme des enfants sans tutelle, des adolescents sans surveillance ; aspect dérisoire de cette *liberté* **(die Freiheit)**.

3. ***ver-lernt** : le préfixe **ver** désigne ici quelque chose qu'on a appris, et donc su, puis oublié.

4. **beinahe** : il ne s'agit donc pas d'un « non » catégorique.

— Mais vous-même, chère madame, vous jouez », dit-il d'une voix suppliante, et il se leva... « Vous faisiez de la musique tous les jours, jadis, avec monsieur votre père.

— Oui, monsieur Spinell, c'était autrefois ! Du temps de la fontaine, vous savez...

— Jouez aujourd'hui », supplia-t-il. « Faites-nous entendre quelques mesures, cette unique fois ! Si vous saviez comme j'ai soif...

— Notre médecin de famille et le docteur Léandre me l'ont expressément interdit, monsieur Spinell.

— Ils ne sont pas ici, ni l'un ni l'autre ! Nous sommes libres... Vous êtes libre, chère madame ! Quelques malheureux accords...

— Non, monsieur Spinell, cela ne mène à rien. Dieu sait quelles merveilles vous attendez de moi ! Et j'ai tout perdu, croyez-moi. Je ne sais presque rien par cœur.

— Oh, mais jouez alors ce presque rien ! Et voici de surcroît des partitions, elles sont posées ici, sur le piano. Non, ceci ne vaut rien. Mais voici du Chopin...

— Chopin ?

— Oui, les *Nocturnes*. Et il ne manque plus maintenant que j'allume les bougies...

---

5. **Chopin** : cf. *Le Paillasse*, ch. 1, pp. 30-32 une scène en tout point analogue. La mère du paillasse est assise « dans la lumière crépusculaire » et joue les *Nocturnes* de Chopin.

6. **die Nocturnes** : prélude approprié à la scène qui sera évoquée dans les §§ suivants.

»Glauben Sie nicht, daß ich spiele, Herr Spinell! Ich darf nicht. Wenn es mir nun schadet?!« —

Er verstummte. Er stand, mit seinen großen Füßen, seinem langen, schwarzen Rock und seinem grauhaarigen, verwischten, bartlosen Kopf, im Lichte der beiden Klavierkerzen und ließ die Hände hinunterhängen.

»Nun bitte ich nicht mehr«, sagte er endlich leise. »Wenn Sie fürchten, sich zu schaden, gnädige Frau, so lassen Sie die Schönheit tot und stumm[1], die unter ihren Fingern laut werden möchte. Sie waren nicht immer so sehr verständig[2]; wenigstens nicht, als es im Gegenteile galt, sich der Schönheit zu begeben. Sie waren nicht besorgt um Ihren Körper und zeigten einen unbedenklicheren und festeren Willen, als Sie den Springbrunnen verließen und die kleine goldene Krone ablegten[3]... Hören Sie«, sagte er nach einer Pause, und seine Stimme senkte sich noch mehr; »wenn Sie jetzt hier niedersitzen und spielen wie einst, als noch Ihr Vater neben Ihnen stand und seine Geige jene Töne singen ließ, die Sie weinen machten..., dann kann es geschehen, daß man sie wieder heimlich in Ihrem Haare blinken sieht, die kleine, goldene Krone...«

»Wirklich[4]?« fragte sie und lächelte... Zufällig versagte ihr die Stimme bei diesem Wort, so daß es zur Hälfte heiser und zur Hälfte tonlos herauskam.

---

1. **tot und stumm**: Spinell n'hésite pas un instant devant l'alternative entre la mort organique (celle de Gabrielle si elle se remet à jouer) et spirituelle (celle de la beauté même). Scène de tentation où l'antithèse vie/beauté trouve son expression ultime et qui scelle le destin de Gabrielle Eckhof.

2. **verständig**: cf. **Verstand**, m. = *entendement*.

3. **die kleine goldene Krone ablegten**: Spinell se réfère de nouveau à sa vision (chap. 7, pp. 192 et suiv.) comme à un fait réel.

4. **»Wirklich?«**: selon D., Spinell s'apprête ici à transporter Gabrielle dans son propre monde poétique et irréel. Par la tournure (**zufällig** = m. à m. *par hasard*) « il se trouva que », le narrateur semble chercher, dans un texte où les excès interprétatifs de l'écrivain sont

— Ne croyez pas que je vais jouer, monsieur Spinell ! Je n'ai pas le droit. Et si cela me faisait du mal ? ! »

Il se tut. Il était debout, avec ses grands pieds, sa longue veste noire et sa tête aux cheveux gris, imberbe, aux traits indécis, éclairé par les deux chandelles du piano, les mains pendantes.

« Je cesse de vous supplier », dit-il enfin à voix basse. « Si vous craignez de vous faire du mal, chère madame, laissez alors morte et muette la beauté qui, sous vos doigts, voudrait devenir sonore. Vous ne fûtes pas toujours aussi raisonnable ; non, tout au moins lorsqu'il s'agissait, au contraire, de s'arracher à la beauté. Vous ne vous êtes pas souciée de votre corps, vous avez manifesté une volonté moins scrupuleuse et plus forte, lorsque vous avez quitté la fontaine et déposé la petite couronne dorée... Écoutez », dit-il après une pause, et sa voix se fit plus basse encore, « si vous vous asseyez maintenant et jouez comme jadis, alors que votre père se tenait encore près de vous et donnait au chant de son violon les accents qui vous faisaient pleurer... il se peut qu'à nouveau on la voie étinceler en secret, la petite couronne dorée...

— Vraiment ? » demanda-t-elle en souriant... Il se trouva que la voix lui manqua à ce mot, qu'elle prononça de façon mi-voilée, mi-étouffée.

---

souvent dénoncés, à prévenir toute élucidation d'une réaction pourtant éminemment interprétable. Si le mot « vraiment » refuse, en quelque sorte, de se laisser prononcer, c'est, de manière fort cohérente, parce qu'il est particulièrement mal choisi, s'agissant d'une vision sans aucune prise sur le *réel.* Moment privilégié, du point de vue de la technique romanesque, puisque s'y creuse le hiatus entre narrateur (cherchant à rétrécir le sens du récit qu'il relate sans en dominer le sens) et auteur, responsable de l'introduction de ce faux hasard (cf. Préface, pp. 21-23).

Sie hüstelte und sagte dann :

» Sind es wirklich die Nocturnes von Chopin, die Sie da haben ? «

» Gewiß. Sie sind aufgeschlagen, und alles ist bereit. «

» Nun, so will ich denn in Gottes Namen eins davon spielen «, sagte sie. » Aber nur eines, hören Sie ? Dann werden Sie ohnehin für immer genug haben. «

Damit erhob sie sich, legte ihre Handarbeit beiseite und ging zum Klavier. Sie nahm auf dem Drehsessel[1] Platz, auf dem ein paar gebundene Notenbücher lagen, richtete die Leuchter und blätterte in den Noten. Herr Spinell hatte einen Stuhl an ihre Seite gerückt und saß neben ihr wie ein Musiklehrer[2].

Sie spielte das Nocturne in Es-Dur, opus 9, Nummer 2. Wenn sie wirklich einiges verlernt hatte, so mußte ihr Vortrag[3] ehedem vollkommen künstlerisch gewesen sein. Das Piano war nur mittelmäßig[4], aber schon nach den ersten Griffen[5] wußte sie es mit sicherem Geschmack zu behandeln. Sie zeigte einen nervösen Sinn für differenzierte Klangfarbe[6] und eine Freude an rhythmischer Beweglichkeit[7], die bis zum Phantastischen ging. Ihr Anschlag war sowohl fest als weich. Unter ihren Händen sang die Melodie[8] ihre letzte Süßigkeit aus, und mit einer zögernden Grazie schmiegten sich die Verzierungen um ihre Glieder[9].

---

1. ***Dreh-sessel** : cf. **drehen** = *tourner, changer de direction*. **Sessel**, m. = *fauteuil*.

2. **wie ein Musiklehrer** : Spinell va en effet instruire Gabrielle Eckhof (cf. p. 231 « il le lui expliqua »).

3. **Vortrag** : subst. m. = 1) *conférence, rapport* 2) *récitation, déclamation, exécution, interprétation*. **vortragen (u/a**, v. séparable) = 1) *exposer, rapporter,* 2) *exécuter, chanter.*

4. **mittelmäßig** : cf. *Le Paillasse*, ch. 1, p. 31 « C'était un vieux piano... »

5. **Griff**, m. = *prise, doigté, toucher*.

6. ***Klang-farbe** : cf. **Klang**, m. = *son, tonalité* et **Farbe**, f. = *couleur*.

Elle toussota et dit ensuite :

« Ce sont vraiment les *Nocturnes* de Chopin que vous avez là ?

— Certainement. Ils sont ouverts, et tout est prêt.

— Eh bien, grand Dieu, je vais en jouer un », dit-elle. « Mais juste un, vous m'entendez ? De toute manière, après cela, vous serez à tout jamais satisfait. »

Alors elle se leva, mit de côté son ouvrage et s'approcha du piano. Elle s'installa sur le tabouret pivotant, où étaient rangées quelques partitions reliées, disposa les chandeliers et feuilleta la partition. M. Spinell avait approché un siège et s'était assis à côté d'elle comme un professeur de musique.

Elle joua le nocturne en mi bémol majeur, opus 9 numéro 2. Si elle avait vraiment un peu oublié, son jeu devait jadis avoir été celui d'une artiste accomplie. Ce n'était qu'un médiocre piano, mais dès les premières touches, elle sut l'aborder avec un goût sûr. Elle différenciait les timbres avec une nerveuse sensibilité, et trouvait un plaisir presque fantastique dans les passages exigeant une grande agilité rythmique. Son toucher était aussi ferme que doux. Ses mains arrachaient à la mélodie toute la suavité de ses accents et les ornements épousaient avec une grâce hésitante le mouvement de ses bras.

---

7. **Beweglichkeit** = *mobilité, vivacité.*
8. **sang die Melodie [...] aus : aus/singen (a/u)** = *chanter jusqu'à la fin.*
9. **Glieder** : sing. **Glied**, n., = *membre* ≠ sens figuré **Mitglied**, n.

Sie trug das Kleid vom Tage ihrer Ankunft: die dunkle, gewichtige Taille mit den plastischen Sammetarabesken, die Haupt und Hände so unirdisch zart erschienen ließ. Ihr Gesichtsausdruck veränderte sich nicht beim Spiele, aber es schien, als ob die Umrisse ihrer Lippen noch klarer[1] würden, die Schatten in den Winkeln ihrer Augen sich vertieften. Als sie geendigt hatte, legte sie die Hände in den Schoß und fuhr fort, auf die Noten zu blicken. Herr Spinell blieb ohne Laut und Bewegung sitzen.

Sie spielte noch ein Nocturne[2], spielte ein zweites und drittes. Dann erhob sie sich: aber nur, um auf dem oberen Klavierdeckel nach neuen Noten zu suchen.

Herr Spinell hatte den Einfall, die Bände in schwarzen Pappdeckeln[3] zu untersuchen, die auf dem Drehsessel lagen. Plötzlich stieß er einen unverständlichen Laut aus, und seine großen, weißen Hände fingerten leidenschaftlich an einem dieser vernachlässigten Bücher.

»Nicht möglich!... Es ist nicht wahr!... «, sagte er...

»Und dennoch täusche ich mich nicht!... Wissen Sie, was es ist?... Was hier lag?... Was ich hier halte[4]?... «

»Was ist es?« fragte sie.

Da wies er ihr stumm das Titelblatt. Er war ganz bleich, ließ das Buch sinken und sah sie mit zitternden Lippen an.

---

1. **noch klarer**: la musique n'entraîne pas une synthèse entre le réel et la beauté, elle lui soustrait au contraire davantage cette dernière. Ce progrès de la zone d'ombre sur son visage reflète le crépuscule qui se répand à l'extérieur, et l'emprise croissante de la mort sur Gabrielle Eckhof.

2. **Sie spielte noch ein Nocturne**: la victoire de Spinell sur la résistance de Gabrielle (et sur le souci de préserver son existence *physique*, manifesté par Klöterjahn) se lit dans la soudaine et suicidaire frénésie musicale de cette dernière.

3. **in schwarzen Pappdeckeln**: couleur appropriée pour l'opéra nocturne que Spinell s'apprête à découvrir.

4. **Was ich hier halte?...**: De même que, dans certains cultes, le nom de la divinité ne peut être prononcé, sauf dans un cadre rituel, c'est ici

Elle portait le vêtement du jour de son arrivée : le lourd corsage sombre aux arabesques en relief qui conférait à sa tête et à ses mains cette apparence d'irréelle fragilité. Sa physionomie ne s'altérait pas tandis qu'elle jouait, mais il semblait que les contours de ses lèvres devenaient plus clairs encore, que les ombres au coin de ses yeux se faisaient plus profondes. Lorsqu'elle eut fini, elle posa les mains sur les genoux et continua à regarder la partition. M. Spinell demeura assis sans un bruit, immobile.

Elle joua encore un nocturne, en joua un deuxième et un troisième. Puis elle se leva, mais seulement pour chercher de nouvelles partitions sur le couvercle du piano.

M. Spinell eut l'idée d'examiner les volumes dans les cartons noirs qui étaient rangés dans le tabouret pivotant. Soudain il poussa un cri incompréhensible, et de ses grandes mains blanches, il promena les doigts avec passion sur un de ces livres négligés.

« Pas possible !... Ce n'est pas vrai !... », dit-il... « Et pourtant je ne me trompe pas... Savez-vous ce que c'est ?... Ce qui gisait là ?... Ce que je tiens là ?...

— Qu'est-ce ? » demanda-t-elle.

Sans un mot, il lui montra la page de titre. Il était complètement blême, il laissa retomber le livre et la regarda, les lèvres tremblantes.

---

le titre de l'opéra wagnérien que Spinell évite religieusement de nommer, d'où cette abondance de points de suspension, destinés à exprimer l'indicible.

»Wahrhaftig? Wie kommt das hierher? Also geben Sie«, sagte sie einfach, stellte die Noten aufs Pult, setzte sich und begann nach einem Augenblick der Stille[1] mit der ersten Seite.

Er saß neben ihr, vornübergebeugt, die Hände zwischen den Knien gefaltet, mit gesenktem Kopfe[2]. Sie spielte den Anfang mit einer ausschweifenden und quälenden Langsamkeit, mit beunruhigend gedehnten Pausen[3] zwischen den einzelnen Figuren. Das Sehnsuchtsmotiv, eine einsame und irrende Stimme in der Nacht, ließ leise seine bange Frage vernehmen. Eine Stille und ein Warten. Und siehe, es antwortet: derselbe zage und einsame Klang, nur heller, nur zarter. Ein neues Schweigen. Da setzte mit jenem gedämpften und wundervollen Sforzato, das ist wie ein Sich-Aufraffen und seliges Aufbegehren der Leidenschaft, das Liebesmotiv ein, stieg aufwärts, rang sich entzückt empor bis zur süßen Verschlingung, sank, sich lösend, zurück, und mit ihrem tiefen Gesange von schwerer, schmerzlicher Wonne traten die Celli hervor und führten die Weise[4] fort...

Nicht ohne Erfolg[5] versuchte die Spielende, auf dem armseligen Instrument die Wirkungen des Orchesters anzudeuten. Die Violinläufe[6] der großen Steigerung erklangen mit leuchtender Präzision.

---

1. **Stille** : la 1e note de T & I est précédée d'un silence.

2. **mit gesenktem Kopfe** : Spinell est en position de prière.

3. **mit beunruhigend gedehnten Pausen** : à l'encontre d'une certaine tradition d'interprétation du prélude. D. Jameux (*L'Avant-Scène* no 34-35, p. 47) souligne « l'importance en particulier des silences, où peut s'entendre tout le poids d'un passé qui s'évoque peu à peu [...] et que les chefs, presque systématiquement, abrègent d'une bonne croche : Furtwängler, Böhm, Klemperer, Munch, Siegfried Wagner lui-même... »

4. **die Weise** : cf. T & I, III, 1, no 300 et III, 3, no 360 : »Höre ich nur/diese Weise« (« *Moi seule entends-je/cette mélodie* »).

5. **nicht ohne Erfolg [...] anzudeuten** : Th. M. attendrait-il de son lecteur qu'il accueille avec la même bienveillance le présent exercice de transcription littéraire ?

« Vraiment ? Comment cela est-il arrivé ici ? Donnez-le-moi donc », dit-elle simplement ; elle posa la partition sur le pupitre, s'assit et, après un instant de silence, commença la première page.

Il se tint assis près d'elle, incliné en avant, les mains jointes entre les genoux, la tête baissée. Elle joua le début avec une excessive et douloureuse lenteur, avec, entre chaque figure, des pauses troublantes tant elles étaient prolongées. Le motif du désir, voix solitaire et errante dans la nuit, fit doucement entendre son interrogation angoissée. Silence et attente. Et voici une réponse : la même note craintive et solitaire, mais plus claire, plus tendre. Tout se tut à nouveau. Puis avec ce merveilleux sforzato en sourdine où la passion semble prendre son essor et s'embraser, bienheureuse, le motif de l'amour fit son entrée, s'éleva, s'élança avec ivresse vers les hauteurs pour former un doux entrelacement, puis, en se dénouant, retomber, tandis qu'avec leur chant profond de lourde et douloureuse extase, les violoncelles s'avancèrent et poursuivirent la mélodie...

Ce n'est pas sans succès que l'exécutante cherchait à évoquer sur le malheureux instrument les effets de l'orchestre. Les roulades des violons lors de la grande ascension résonnaient, éclatantes de précision.

---

6. **... die Violinläufe : Lauf** désigne ici une succession rapide de notes. Référence à un motif qui « joue véritablement le rôle d'intensificateur et d'accélérateur qui mènera l'ample mélodie à son sommet. Motif quelque peu énigmatique au demeurant : « Défi à la mort » pour Wolzogen, il apparaît à trois reprises dans l'œuvre : lorsque Isolde donne à Brangaene l'ordre de préparer le breuvage de mort ; lors du premier duo des deux héros après qu'ils ont bu ensemble le philtre (d'amour) préparé ; lorsque enfin Tristan voit, au IIIe acte, sa longue attente d'Isolde en passe d'être satisfaite. On appellera ici « Motif de la délivrance [...] ce sixième et dernier motif du Prélude [...] » (D. Jameux, *op. cit.* p. 46).

Sie spielte[1] mit preziöser Andacht[2], verharrte gläubig[3] bei jedem Gebilde und hob demütig und demonstrativ das Einzelne hervor, wie der Priester das Allerheiligste über sein Haupt erhebt. Was geschah? Zwei Kräfte, zwei entrückte Wesen strebten[4] in Leiden und Seligkeit nacheinander und umarmten sich in dem verzückten und wahnsinnigen Begehren nach dem Ewigen und Absoluten... Das Vorspiel flammte auf und neigte sich. Sie endigte da, wo der Vorhang sich teilt, und fuhr dann fort, schweigend auf die Noten zu blicken.

Unterdessen hatte bei der Rätin Spatz die Langeweile jenen Grad erreicht, wo sie des Menschen Antlitz entstellt, ihm die Augen aus dem Kopfe treibt und ihm einen leichenhaften und furchteinflößenden Ausdruck verleiht. Außerdem wirkte diese Art von Musik auf ihre Magennerven, sie versetzte diesen dyspeptischen Organismus in Angstzustände und machte, daß die Rätin einen Krampfanfall[5] befürchtete.

» Ich bin genötigt, auf mein Zimmer zu gehen «, sagte sie schwach. » Leben Sie wohl, ich kehre zurück... «

Damit ging sie. Die Dämmerung war weit vorgeschritten. Draußen sah man dicht und lautlos den Schnee auf die Terrasse herniedergehen. Die beiden Kerzen gaben ein wankendes und begrenztes Licht[6].

---

1. **Sie spielte** : sur cet exercice de style, cf. la remarque de Th. M. à Friedrich H. Weber (20 mars 1953) : « Mais j'ai toujours eu un faible (et une force ?) pour la description de la musique. » Cf. aussi *Les Buddenbrook* (XIe partie, 2e ch.).

2. **mit <u>preziöser</u> Andacht** : cf. ch. 7, p. 201 « une humeur pensive, <u>précieuse</u> et complaisante ».

3. **gläubig** : cf. **glauben** = *croire*.

4. **sie strebten... nacheinander** : « c'est l'idée musicale que l'on a coutume d'appeler *le motif de la nostalgie*, **das Sehnsuchtsmotiv**, qui, dans la cosmogonie de *Tristan*, signifie le commencement de toute chose [...]. C'est la *Volonté* de Schopenhauer représentée par ce que Schopenhauer appelle « le Foyer de la Volonté », le désir d'amour. (Th. M., *Wagner et notre temps*, p. 101).

Elle jouait avec recueillement et préciosité, s'attardait religieusement sur chaque figure, et faisait ressortir les détails, de manière humble et spectaculaire, comme le prêtre élève au-dessus de sa tête le Saint-Sacrement. Que se passait-il ? Deux forces, deux êtres transportés par la passion tendaient l'un vers l'autre dans la douleur et la félicité et s'enlaçaient, en proie à l'extase de leur insensé désir d'éternité et d'absolu... Le prélude jeta ses derniers feux et s'acheva. Elle s'interrompit à l'ouverture du rideau et continua à regarder la partition en silence.

Cependant l'ennui avait atteint chez la conseillère Spatz le point où le visage humain se décompose, où les yeux sortent des orbites, lui donnant une expression cadavérique qui fait peur à voir. Ce genre de musique agissait en outre sur les nerfs de son estomac ; elle plongeait cet organisme dyspeptique dans des états d'angoisse, et faisait redouter à la conseillère une crise de spasmes.

« Je me vois contrainte d'aller dans ma chambre », dit-elle d'une voix faible. « Adieu, je rentre... »

Sur ces mots, elle s'en alla. Le crépuscule était très avancé. Dehors, on voyait la neige tomber sans bruit à gros flocons sur la terrasse. Les deux chandelles donnaient juste autour d'elles une lumière vacillante.

---

5. **einen * Krampf-anfall :** cette réaction sert de transition entre l'évocation du prélude et celle du IIe acte. Réapparition soudaine du grotesque après cette évocation sublime, destinée à produire sur le lecteur un salutaire effet de distanciation, et à l'empêcher de se laisser lui aussi envahir par l'ivresse qui caractérise la musique de l'« enchanteur » Wagner.

6. **ein [...] begrenztes Licht :** adj. = *limité.* cf. **Grenze**, f. = *limite, frontière.*

»Den zweiten Aufzug«, flüsterte er; und sie wandte die Seiten und begann mit dem zweiten Aufzug.

Hörnerschall[1] verlor sich in der Ferne. Wie? oder war es das Säuseln des Laubes? Das sanfte Rieseln des Quells? Schon hatte die Nacht ihr Schweigen durch Hain und Haus gegossen, und kein flehendes Mahnen[2] vermochte dem Walten der Sehnsucht mehr Einhalt zu tun. Das heilige Geheimnis vollendete sich. Die Leuchte[3] erlosch, mit einer seltsamen, plötzlich gedeckten Klangfarbe senkte das Todesmotiv sich herab, und in jagender Ungeduld ließ die Sehnsucht ihren weißen Schleier dem Geliebten entgegenflattern, der ihr mit ausgebreiteten Armen durchs Dunkel nahte.

O überschwenglicher und unersättlicher Jubel[4] der Vereinigung im ewigen Jenseits der Dinge! Des quälenden Irrtums entledigt, den Fesseln des Raumes und der Zeit entronnen, verschmolzen das Du und das Ich, das Dein und Mein sich zu erhabener Wonne. Trennen konnte sie des Tages tückisches Blendwerk[5], doch seine prahlende Lüge vermochte die Nachtsichtigen[6] nicht mehr zu täuschen, seit die Kraft des Zaubertrankes ihnen den Blick geweiht[7]. Wer liebend[8] des Todes Nacht und ihr süßes Geheimnis erschaute, dem blieb im Wahn des Lichtes ein einzig Sehnen, die Sehnsucht hin zur heiligen Nacht, der ewigen, wahren, der einsmachenden...

---

1. ***Hörner-schall** [...] **des Quells**: cf. n. 4, p. 208. Au début du IIe acte de T & I (n° 148), Brangaene dit entendre le son des cors au loin. Isolde lui répond: « *C'est le bruissement des frondaisons/qui te trompe... Ce n'est pas le son des cors/qui résonne si gracieusement,/le ruisseau qui s'écoule/en ondulant doucement/fait parvenir ici son murmure enchanteur.* »

2. **Mahnen**: cf. les exhortations de Brangaene (Acte II, fin de la scène 1) qui supplie Isolde de ne pas éteindre la torche.

3. **Die Leuchte**: cf. la didascalie acte II, scène 2: « *elle fait signe avec une écharpe (...) en proie à une impatience passionnée, et l'agite de plus en plus vite* ».

4. **O überschwenglicher** [...] **Jubel**: cf. T & I (II, 2) n° 179: « *ô joie débordante et sublime* ».

« Le deuxième acte », murmura-t-il ; et elle tourna les pages et commença le deuxième acte.

Le chant des cors se perdait dans le lointain. Quoi ? Ou était-ce le bruissement des frondaisons ? Le doux murmure de la source ? Déjà la nuit avait répandu son silence à travers la forêt et la demeure ; et nulle supplication, nulle exhortation ne pouvait plus s'opposer à l'emprise du désir. Le mystère sacré s'accomplissait. Le flambeau s'éteignit ; avec une étrange sonorité soudain couverte, le motif de la mort amorça sa descente et dans une impatience effrénée, la passion fit flotter son voile blanc à la rencontre du bien-aimé qui s'approchait d'elle à travers l'obscurité, les bras grand ouverts.

Ô débordante et insatiable jubilation de l'union dans l'éternel au-delà des choses ! Délivrés des tourments de l'erreur, soustraits aux chaînes de l'espace et du temps, le moi et le toi, le mien et le tien se fondaient en une sublime extase. Les séparer, les ruses trompeuses du jour en étaient capables, mais son mensonge arrogant ne pouvait plus leurrer ceux qui voyaient dans la nuit, depuis que leur regard avait été consacré par la vertu du philtre. Celui qui contemplait avec amour la nuit de la mort et son doux mystère, il ne lui restait plus dans l'illusion de la lumière qu'un seul désir, la nostalgie de la nuit sacrée, de l'éternelle, la véridique, l'unificatrice...

---

5. **des Tages tückisches Blendwerk** : dans T & I (n° 194), Tristan évoque l'éclat dans lequel Isolde lui apparut en plein jour ; cette illusion l'empêcha d'apercevoir la passion qui se révélerait à lui dans la nuit.

6. **die Nachtsichtigen** : cf. T & I n° 198 : « *afin que mon œil qui voit dans la nuit* [nachtsichtig]/*puisse le voir dans sa vérité...* »

7. **geweiht (hatte**, sous-entendu) : cf. T & I n° 200 : » Oh, nun waren wir/Nachtgeweihte ! « *(Oh nous étions alors/voués à la nuit !).*

8. **Wer liebend...** : cf. T & I n° 200 : « *Celui qui contemple avec amour/la nuit de la mort,* [...]/*Dans la vaine semblance du jour/il lui reste un seul désir —/le désir/de la nuit sainte* ».

O sink hernieder, Nacht der Liebe, gib ihnen jenes Vergessen, das sie ersehnen, umschließe sie ganz mit deiner Wonne und löse sie los von der Welt des Truges und der Trennung[1]. Siehe, die letzte Leuchte verlosch! Denken und Dünken versank in heiliger Dämmerung, die sich welterlösend[2] über des Wahnes Qualen breitet. Dann, wenn das Blendwerk erbleicht, wenn in Entzücken sich mein Auge bricht: das, wovon die Lüge des Tages mich ausschloß, was sie zu unstillbarer Qual meiner Sehnsucht[3] täuschend entgegenstellte, — *selbst* dann, o Wunder der Erfüllung! selbst dann bin ich die Welt[4]. — Und es erfolgte zu Brangänens dunklem Habet-Acht-Gesange jener Aufstieg der Violinen, welcher höher ist als alle Vernunft[5].

»Ich verstehe nicht alles, Herr Spinell; sehr vieles ahne ich nur. Was bedeutet doch dieses "Selbst — dann bin ich die Welt"?«

Er erklärte es ihr, leise und kurz.

»Ja, so ist es. — Wie kommt es nur, daß Sie, der Sie es so gut verstehen, es nicht auch spielen können?«

Seltsamerweise vermochte er dieser harmlosen Frage nicht standzuhalten. Er errötete, rang die Hände und versank gleichsam mit seinem Stuhle.

---

1. **O sink hernieder [...] von der Welt des Truges und der Trennung**: cf. T & I n° 201: »O sink hernieder,/Nacht der Liebe,/gib Vergessen,/daß ich lebe« *(O descends,/nuit de l'amour,/donne-moi l'oubli,/que je vive).*

2. ***welt-erlösend: erlösen** = *délivrer, racheter, sauver.* **Erlösung** = *rédemption.*

3. **Sehnsucht**, f.: *désir ardent, attente passionnée, nostalgie.*

4. **selbst dann bin ich die Welt**: cf. T & I n° 211-14: »[Beide] Bricht mein Blick sich/wonn'-erblindet,/erbleicht die Welt/mit ihrem Blenden/[I] die uns der Tag/trügend erhellt,/[T] zu täuschendem Wahn/entgegengestellt,/[Beide] selbst dann/bin ich die Welt.« « [*ensemble*] *Quand mon regard se brise/aveuglé par l'ivresse,/quand le jour pâlit/avec son éclat:* [*I*] *elle que le jour avait trompeusement éclairée pour nous,/*[*T*] *elle la trompeuse illusion/qu'il nous avait opposée,/alors je suis moi-même le monde.* » Ne faire plus qu'un avec le monde, signifie,

Ô descends, nuit de l'amour, donne-leur l'oubli auquel ils aspirent, entoure-les de toute ton ivresse et libère-les du monde de la tromperie et de la séparation. Voici, le dernier flambeau s'est éteint. Pensée et semblance se sont noyées dans le crépuscule sacré qui, pour racheter le monde, se répand sur les tourments de l'illusion. Lorsque le mirage pâlit, lorsque mon œil se brise dans l'extase : cela dont le jour menteur m'excluait, cela qu'il présentait trompeusement à mon désir pour le tourmenter sans relâche, — alors *moi-même*, ô miracle de plénitude, alors moi-même je suis le monde. — Et succéda au sombre « Prenez-garde » chanté par Brangaene cette montée des violons qui dépasse toute raison.

« Je ne comprends pas tout, monsieur Spinell ; il y a beaucoup de choses que je devine seulement. Que veut donc dire cet ''Alors — moi-même je suis le monde'' ? »

Il le lui expliqua doucement en quelques mots.

« Oui, c'est ainsi... Mais comment se fait-il que, vous qui comprenez cela si bien, vous ne puissiez aussi le jouer ? »

Singulièrement, il fut incapable de faire face à cette innocente question. Il rougit, se tordit les mains et sembla se tasser sur son siège.

---

en termes schopenhaueriens, mettre fin aux tourments de l'individuation.

5. **welcher höher ist als alle Vernunft :** cf. saint Paul (*Philippiens*, IV, 7) : « Et la paix de dieu, qui surpasse toute intelligence, gardera vos cœurs et vos pensées en Jésus-Christ. »

» Das trifft selten zusammen «, sagte er endlich gequält. » Nein, spielen kann ich nicht. — Aber fahren Sie fort. «

Und sie fuhren fort in den trunkenen Gesängen des Mysterienspieles. Starb je die Liebe ? Tristans Liebe ? Die Liebe deiner und meiner[1] Isolde ? Oh, des Todes Streiche erreichen die Ewige nicht[2] ! Was stürbe wohl ihm[3], als was uns stört, was die Einigen täuschend entzweit ? Durch ein süßes Und verknüpfte sie beide die Liebe... zerriß es der Tod, wie anders, als mit des einen eigenem Leben, wäre dem anderen der Tod gegeben[3] ? Und ein geheimnisvoller Zwiegesang vereinigte sie in der namenlosen Hoffnung des Liebestodes[4], des endlos ungetrennten Umfangenseins im Wunderreiche der Nacht[5]. Süße Nacht ! Ewige Liebesnacht[6] ! Alles umspannendes Land der Seligkeit ! Wer dich ahnend erschaut, wie könnte er ohne Bangen je zum öden Tage[7] zurückerwachen ? Banne du das Bangen[8], holder Tod ! Löse du nun die Sehnenden ganz von der Not des Erwachens ! O fassungsloser Sturm der Rhythmen ! O chromatisch empordrängendes Entzücken der metaphysischen Erkenntnis ! Wie sie fassen, wie sie lassen[9], diese Wonne fern den Trennungsqualen des Lichts ?

---

1. **die Liebe deiner und meiner** : il s'agit ici, non de l'adj. poss., mais du pr. pers. au gén.

2. **Starb je [...] die Ewige nicht** : cf. T & I nº 222-3 : « *I : Le jour et la mort/d'un même trait/devraient-ils/atteindre notre amour/T : Notre amour ?/L'amour de Tristan ?/le tien et le mien,/l'amour d'Isolde/Aux traits de quelle mort/pourrait-il jamais céder ?* »

3. **Was stürbe wohl ihm [...] der Tod gegeben** : cf. T & I nº 225 : « *Qu'est-ce qui périrait par cette mort/sinon ce qui nous trouble,/I : Mais ce petit mot : et,/s'il était détruit/comment, sinon par la propre vie d'Isolde/Tristan recevrait-il la mort ?* » cf. aussi nº 240-1 : « *T : Défions-nous ainsi/les menaces du jour ?/I : Pour fuir à jamais sa tromperie* ».

4. **des Liebestodes** : cf. T & I nº 244 : « *Mort d'amour/ardemment désirée !* »). Dans l'opéra wagnérien, les deux héros parviennent en effet au **Liebestod**. Il n'en sera pas de même dans la nouvelle...

5. **im Wunderreiche der Nacht** : cf. T & I nº 198.

6. **Süße Nacht ! Ewige Liebesnacht** : cf. T & I : « *O douce nuit/Éternelle nuit/Noble et sublime/Nuit d'amour !*[Liebesnacht]/*Qui tu*

« Les deux vont rarement de pair », finit-il par dire d'une voix torturée. « Non, je ne sais pas jouer... Mais continuez. »

Et ils continuèrent dans les chants enivrés du « Mistère ». L'amour périssait-il jamais ? L'amour de Tristan ? L'amour de toi, l'amour de moi, Isolde ? Oh, les traits de la mort n'atteignent pas l'éternel amour ! Qu'est-ce donc qui mourrait par elle, sinon ce qui nous trouble, sinon cela qui trompeusement divise ceux qui sont un ? Par la douceur d'un « et », l'amour les nouait ensemble... si la mort le déchirait, comment, sinon par la propre vie de l'un, l'autre recevrait-il la mort ? Et un duo secret les unit dans cet espoir inexprimable : mourir d'amour, libres pour l'éternité de toute séparation, au sein du royaume enchanté de la nuit. Douce nuit ! Éternelle nuit d'amour ! Terre de la félicité qui enserres toutes choses. Celui qui t'entrevoit en pensée, comment pourrait-il sans crainte de nouveau s'éveiller au jour désolé ? Bannis la crainte, gente mort ! Libère désormais pour toujours les amants des tourments du réveil ! Ô rythmes tempétueux et désordonnés ! Ô montée chromatique de l'extase dans la reconnaissance métaphysique ! Comment la saisir, la quitter, cette ivresse loin des tourments de la lumière qui sépare ?

---

as enlacé/A qui tu as ri,/comment — sans tourment/te quitterait-il pour s'éveiller ? »

7. **dem öden Tage** : cf. T & I n° 260 » Der öde Tag/zum letzten Mal « (« *Le jour désolé/pour la dernière fois* »).

8. **Banne du das Bangen** : cf. T & I n° 244.

9. **wie sie fassen, wie sie lassen** : cf. T & I n° 245 : « *Comment le saisir ?/Comment la laisser ?/Cette ivresse,/loin du soleil* ».

Sanftes Sehnen ohne Trug und Bangen, hehres, leidloses Verlöschen, überseliges Dämmern im Unermeßlichen[1]! Du Isolde, Tristan ich, nicht mehr Tristan, nicht mehr Isolde[2] ———

Plötzlich[3] geschah etwas Erschreckendes. Die Spielende brach ab und führte ihre Hand über die Augen, um ins Dunkel zu spähen, und Herr Spinell wandte sich rasch auf seinem Sitze herum. Die Tür dort hinten, die zum Korridor führte, hatte sich geöffnet, und herein kam eine finstere Gestalt[4], gestützt auf den Arm einer zweiten. Es war ein Gast von »Einfried«, der gleichfalls nicht in der Lage gewesen war, an der Schlittenpartie teilzunehmen, sondern diese Abendstunde zu einem seiner instinktiven und traurigen Rundgänge durch die Anstalt benutzte, es war jene Kranke, die neunzehn Kinder zur Welt gebracht hatte und keines Gedankens mehr fähig war, es war die Pastorin Höhlenrauch am Arme ihrer Pflegerin. Ohne aufzublicken, durchmaß sie mit tappenden, wandernden Schritten den Hintergrund des Gemaches und entschwand durch die entgegengesetzte Tür, — stumm und stier, irrwandelnd und unbewußt. — Es herrschte Stille.

»Das war die Pastorin Höhlenrauch«, sagte er.

»Ja, das war die arme Höhlenrauch[5]«, sagte sie. Dann wandte sie die Blätter und spielte den Schluß des Ganzen, spielte Isoldens Liebestod.

---

1. **überseliges Dämmern im Unermeßlichen**: cf. T & I n° 255: « *dans les espaces illimités/rêverie bienheureuse* » cf. aussi *La Mort à Venise*, pp. 70-71: « *et nous nous assoupissons dans l'illimité* ». Ne pas oublier que dans l'esthétique mannienne, un tel abandon est synonyme de perte de soi, et aussi, comme en témoignait Aschenbach, de faillite de l'écriture.

2. **Du Isolde, [...] nicht mehr Isolde —**: cf. T & I n° 257. Les trois tirets marquent le sommet indicible de ce crescendo verbal et en même temps sa brusque interruption.

3. **Plötzlich**: c'est avec la même soudaineté que s'interrompt le duo d'amour de T & I (II, 2). Survient alors Melot qui a dénoncé les amants au roi Marke. Ici, l'épouse du pasteur Höhlenrauch remplit ce rôle.

Doux désir sans feinte ni crainte, noble obscurité qui se répand sans nulle souffrance, bienheureux abandon au sommeil, au sein de l'immensité ! Toi Isolde, Tristan moi, jamais plus Tristan, jamais plus Isolde. ———

Soudain quelque chose d'effrayant se produisit. Elle s'arrêta de jouer, mit la main au-dessus de ses yeux pour scruter l'obscurité, et M. Spinell se tourna précipitamment sur son siège. La porte là-bas derrière qui menait au corridor s'était ouverte et une sombre silhouette entra, appuyée au bras d'une autre. C'était une pensionnaire d'Einfried qui, elle non plus, n'avait pas été en mesure de participer à l'excursion en traîneau, mais qui utilisait cette heure du soir pour effectuer l'une de ses tristes et instinctives rondes à travers l'institution, c'était la malade qui avait mis au monde dix-neuf enfants et était désormais incapable de la moindre pensée, c'était l'épouse du pasteur Höhlenrauch au bras de sa garde-malade. Sans lever les yeux, elle parcourut en trébuchant le fond de la pièce et disparut par la porte située à l'opposé, — muette, l'œil fixe, errante et inconsciente. — Le silence régnait.

« C'était l'épouse du pasteur Höhlenrauch », dit-il.

« Oui, c'était la pauvre Höhlenrauch », dit-elle. Puis elle tourna les pages et joua la conclusion de l'ensemble, elle joua la mort d'amour d'Isolde.

Irruption d'une réalité grotesque qui interrompt cette cérémonie wagnérienne (cf. le terme religieux « *Mistère* »), et le soudain malaise de la Conseillère Spatz (cf. p. 226, n. 5) et le tableau *jugendstil* avorté, p. 193.

4. **eine finstere Gestalt** : cf. Th. M. après la lecture de *La Chute de la Maison Usher*, d'Edgar Poe (1839) : « je fus frappé par des détails que j'ai imités : la Lady qui arpente le fond de l'appartement est la femme du pasteur Höhlenrauch dans *Tristan* » (Journal, 11 sept. 1933) (Vaget).

5. **Ja, [...] Höhlenrauch** : cf. n. 5, p. 213 ; les nombreux effets d'écho dans le duo d'amour de T & I trouvent leur parallèle dans ces deux phrases presque identiques, mais d'un contenu fort terre à terre.

Wie farblos und klar ihre Lippen waren, und wie die Schatten in den Winkeln ihrer Augen sich vertieften! Oberhalb der Braue, in ihrer durchsichtigen Stirn, trat angestrengt und beunruhigend das blaßblaue Äderchen deutlicher und deutlicher hervor. Unter ihren arbeitenden Händen vollzog sich die unerhörte Steigerung, zerteilt von jenem beinahe ruchlosen[1], plötzlichen Pianissimo[2], das wie ein Entgleiten des Bodens unter den Füßen und wie ein Versinken in sublimer Begierde ist. Der Überschwang einer ungeheuren Lösung und Erfüllung brach herein, wiederholte sich, ein betäubendes Brausen maßloser Befriedigung, unersättlich wieder und wieder, formte sich zurückflutend um, schien verhauchen zu wollen, wob noch einmal das Sehnsuchtsmotiv in seine Harmonie, atmete aus, erstarb[3], verklang, entschwebte. Tiefe Stille.

Sie horchten beide, legten die Köpfe auf die Seite und horchten.

» Das sind Schellen[4] «, sagte sie.

» Es sind die Schlitten «, sagte er. » Ich gehe. «

Er stand auf und ging durch das Zimmer. An der Tür dort hinten machte er halt, wandte sich um und trat einen Augenblick unruhig von einem Fuß auf den anderen.

---

1. **ruchlos** : cf. *Considérations d'un apolitique*, (pp. 448-9) : « "Scélérat." [**ruchlos**] Pour nous ce mot prit vie tout d'abord grâce à Schopenhauer et de façon d'ailleurs tout à fait négative, comme le comble de la condamnation morale, comme un attribut péjoratif de cet optimisme que le philosophe qui proclama la conversion de la volonté considérait comme une insensibilité, hostile au salut, envers l'immense souffrance du monde. Nous rencontrâmes à nouveau ce vocable chez Nietzsche, mais avec quel changement de son et de sens ! "Scélérat", ou aussi "Sans scrupules", *scabreusement* dénué de scrupules : ce n'était plus là un jugement moral, le mot se trouvait désormais "sans un grain de morale" et fort positif, fort approbateur, et même c'était une glorification : "scélérat" — un mot dionysiaque, un éloge et une louange, avec une sorte de ravissement presque féminin, de la vie, forte, haute, puissante, innocemment triomphante, violente, de la vie *belle* [...] Oui, ici, la "vie" dans sa brutalité amorale et d'une exubérante virilité, il sentait qu'elle était particulièrement *belle*, il la célébrait, la flattait, la

Comme ses lèvres étaient claires et pâles, et comme les ombres au coin de ses yeux devenaient profondes ! Au-dessus du sourcil, sur son front diaphane, la petite veine bleu pâle, d'un air tendu et inquiétant, ressortait avec toujours plus de netteté. Sous ses mains actives, le crescendo inouï s'accomplissait, déchiré par ce soudain pianissimo presque pervers où l'on croit sentir le sol se dérober sous ses pieds et sombrer dans une sublime concupiscence. Le débordement d'une libération et d'une plénitude incommensurables fit irruption, se répéta, le grondement étourdissant d'un immense désir assouvi, toujours et toujours insatiable, se transforma en refluant, sembla vouloir se dissiper, tissa encore une fois le motif du désir dans son harmonie, jeta son dernier souffle, s'éteignit, s'estompa, s'évanouit. Profond silence.

Ils prêtèrent l'oreille tous les deux, ils penchèrent la tête de côté et prêtèrent l'oreille.

« Ce sont des grelots », dit-elle.

« Ce sont les traîneaux », dit-il. « Je m'en vais. »

Il se leva et traversa la pièce. À la porte, là-bas derrière, il fit halte, se retourna et marcha pendant un instant en posant un pied après l'autre d'un air inquiet.

---

courtisait comme la beauté même : c'était une beauté vue et interprétée selon une vision d'esthète, et "scélérat" devait être le mot d'ordre préféré de tout l'esthétisme procédant de Nietzsche. » Cf. l'usage du même terme à propos de Wagner dans *Le Paillasse*, p. 80.

2. **Pianissimo** : il s'agit sans doute du pianissimo qui, dans la mort d'Isolde, intervient pendant le silence qui sépare les interrogations **soll ich lauschen ?** (aboutissement d'un long crescendo) et **soll ich schlürfen**. D. Jameux (*op. cit.* p. 145) relève ces gestes de reprises *plus piano*.

3. **ersterben (a/o)** = *expirer, mourir, s'éteindre*. Les dernières mesures de T & I portent l'indication *morendo*.

4. **Das sind Schellen** : écho parodique des rimes en **-ellen**, dans les derniers vers prononcés par Isolde : cf. T & I n° 360 : » Sind es Wellen [...] wie sie schwellen [...] «

Und dann begab es sich, daß er, fünfzehn oder zwanzig Schritte von ihr entfernt, auf seine Knie sank, lautlos[1] auf beide Knie. Sein langer, schwarzer Gehrock breitete sich auf dem Boden aus[2]. Er hielt die Hände über seinem Munde gefaltet, und seine Schultern zuckten.

Sie saß, die Hände im Schoße, vornübergelehnt, vom Klavier abgewandt, und blickte auf ihn. Ein ungewisses und bedrängtes Lächeln lag auf ihrem Gesicht, und ihre Augen spähten sinnend und so mühsam ins Halbdunkel, daß sie eine kleine Neigung zum Verschießen[3] zeigten.

Aus weiter Ferne her näherten sich Schellenklappern, Peitschenknall und das Ineinanderklingen menschlicher Stimmen.

9

Die Schlittenpartie, von der lange noch alle sprachen, hatte am 26. Februar stattgefunden. Am 27., einem Tauwettertage[4], an dem alles sich erweichte, tropfte, plantschte, floß, ging es der Gattin Herrn Klöterjahns vortrefflich[5]. Am 28. gab sie ein wenig Blut von sich...

---

1. **lautlos**: après cette extase musicale, la scène s'achève au-delà des mots (cf. n. 4, p. 223 et p. 218 **Fonlos**).

2. **breitete sich auf dem Boden aus**: Spinell, par cette posture et la couleur de son habit, ressemble ici à un prêtre en adoration.

3. **eine kleine Neigung zum Verschießen**: cf. ch. 2, p. 142 «[elle] souriait de ses yeux qui semblaient avoir quelque difficulté à fixer les objets, qui avaient même de temps à autre tendance à *perdre leur*

Et voici qu'après s'être éloigné d'elle de quinze ou vingt pas, il tomba à genoux, sans un bruit il tomba sur ses deux genoux. Sa longue veste noire se déploya sur le sol. Il appuya ses mains jointes contre sa bouche et ses épaules tressaillirent.

Elle était assise, les mains sur les genoux, penchée en avant, détournée du piano, et le regardait. Un sourire indécis et tendu se dessinait sur son visage, et ses yeux scrutaient la demi-obscurité d'un air pensif et avec tant d'effort qu'ils manifestaient une petite tendance à perdre leur couleur.

Depuis le lointain on entendait se rapprocher le tintement des grelots, le claquement des fouets et des éclats de voix entremêlés.

9

La partie de traîneau, dont tout le monde parla encore longtemps après, s'était déroulée le 26 février. Le 27, journée de dégel où tout ramollissait, dégoulinait, éclaboussait, s'écoulait, l'épouse de M. Klöterjahn se portait à merveille. Le 28, elle cracha un peu de sang...

---

couleur ». Autre version : verschließen. Il faudrait alors traduire : « Une tendance à se clore. »

4. **einem *Tau-wetter-tage** : cf. **Tau**, m. = *la rosée*.

5. **vortrefflich** : adj. = *excellent*. **Eine Dame von vortrefflichem Ruf** (Kleist) = *une dame d'excellente réputation*.

oh, unbedeutend[1]; aber es war Blut. Zu gleicher Zeit wurde sie von einer Schwäche befallen, so groß wic noch niemals, und legte sich nieder.

Doktor Leander untersuchte sie, und sein Gesicht war steinkalt[2] dabei. Dann verordnete er, was die Wissenschaft vorschreibt: Eisstückchen, Morphium, unbedingte Ruhe. Übrigens legte er am folgenden Tage wegen Überbürdung[3] die Behandlung nieder und übertrug sie an Doktor Müller, der sie pflicht- und kontraktgemäß[4] in aller Sanftmut übernahm; ein stiller, blasser, unbedeutender und wehmütiger Mann, dessen bescheidene und ruhmlose Tätigkeit den beinahe Gesunden und den Hoffnungslosen[5] gewidmet war.

Die Ansicht, der er vor allem Ausdruck gab, war die, daß die Trennung zwischen dem Klöterjahn'schen Ehepaar nun schon recht lange währe. Es sei dringend wünschenswert, daß Herr Klöterjahn, wenn anders sein blühendes Geschäft[6] es irgend gestatte, wieder einmal zu Besuch nach »Einfried« käme. Man könne ihm schreiben, ihm vielleicht ein kleines Telegramm[7] zukommen lassen... Und sicherlich werde es die junge Mutter beglücken und stärken, wenn er den kleinen Anton mitbrächte: abgesehen davon, daß es für die Ärzte geradezu interessant sein werde, die Bekanntschaft dieses gesunden kleinen Anton zu machen.

---

1. **unbedeutend**: cf. p. 149: « elle avait craché un peu de sang en toussant, —oh, très peu, une petite quantité de sang négligeable [**ein unbedeutendes Bißchen Blut**] ».

2. ***stein-kalt**: adj. composé non répertorié par ailleurs (D.), et qui reprend les termes du portrait tracé p. 130: (*cet aspect propre à l'homme que la science a rendu froid et dur*).

3. **wegen Überbürdung**: cf. **Bürde**, f. = *fardeau, faix*. On imagine aisément qu'il s'agit là d'un faux prétexte permettant au Docteur Léandre de se décharger d'un cas qui ferait mauvaise figure dans son palmarès (cf. p. 133 ch. 1, « le Docteur Léandre a remporté des succès dans les domaines les plus divers »).

4. **pflicht- und kontraktgemäß**: ironie de cette formule qui place sur le

oh, une quantité négligeable ; mais c'était du sang. En même temps, elle fut prise d'un accès de faiblesse d'une ampleur sans précédent, et s'alita.

Le docteur Léandre l'examina, et garda un visage de pierre et de glace tout le long. Puis il ordonna ce que la science prescrit : glaçons, morphine, repos inconditionnel. En outre, le lendemain, étant surchargé de travail, il abandonna le traitement au docteur Müller, qui s'en chargea en toute sérénité, conformément à son devoir et à son contrat ; c'était un homme paisible, pâle, insignifiant et mélancolique qui consacrait son activité modeste et sans renom aux malades presque guéris et aux cas désespérés.

L'opinion qu'il exprima avant tout fut que la séparation entre les époux Klöterjahn avait maintenant assez duré. Il était éminemment souhaitable que M. Klöterjahn, si ses florissantes affaires le permettaient d'une manière ou d'une autre, revienne en visite à Einfried. On pouvait lui écrire, peut-être lui faire parvenir un petit télégramme... Et s'il amenait avec lui le petit Anton, cela procurerait certainement joie et réconfort à la jeune mère : sans parler du fait qu'il serait vraiment intéressant pour les médecins de faire la connaissance de ce petit Anton débordant de santé.

---

même plan des considérations d'ordre moral et financier. Ce procédé stylistique garantit le lecteur contre toute « poétisation » des circonstances ; cf. n. 6, p. 151 et la formule : « son florissant rejeton, ses affaires tout aussi florissantes ».

5. **den Hoffnungslosen :** le lecteur se souvient que les fonctions du docteur Müller étaient décrites dans les mêmes termes au dernier paragraphe du 1er ch. p. 136.

6. **sein blühendes Geschäft :** cf. la même formule, p. 155.

7. **ein kleines Telegramm :** le narrateur rapporte ici les propos mêmes du Docteur Müller (style indirect libre). Le recours à l'adjectif **klein** dans ce contexte est une formule cliché du monde hospitalier visant à masquer la gravité de la situation.

Und siehe[1], Herr Klöterjahn erschien. Er hatte Doktor Müllers kleines Telegramm erhalten und kam vom Strande der Ostsee. Er stieg aus dem Wagen, ließ sich Kaffee und Buttersemmeln geben[2] und sah sehr verdutzt aus.

» Herr[3] «, sagte er, » was ist ? Warum ruft man mich zu ihr ? «

» Weil es wünschenswert ist «, antwortete Doktor Müller, » daß Sie jetzt in der Nähe Ihrer Frau Gemahlin weilen. «

» Wünschenswert... Wünschenswert... Aber auch notwendig ? Ich sehe auf mein Geld, mein Herr, die Zeiten sind schlecht und die Eisenbahnen sind teuer. War diese Tagesreise nicht zu umgehen ? Ich wollte nichts sagen, wenn es beispielsweise die Lunge wäre ; aber da es Gott sei Dank die Luftröhre ist... «

» Herr Klöterjahn «, sagte Doktor Müller sanft, » erstens ist die Luftröhre ein wichtiges Organ... « Er sagte unkorrekterweise » erstens «, obgleich er gar kein » zweitens « darauf folgen ließ.

Gleichzeitig aber mit Herrn Klöterjahn war eine üppige, ganz in Rot, Schottisch[4] und Gold gehüllte Person in » Einfried « eingetroffen, und sie war es, die auf ihrem Arme Anton Klöterjahn den Jüngeren, den kleinen gesunden Anton trug.

---

1. **Und siehe** : tournure biblique dont la solennité contraste de manière humoristique avec le nom et le personnage de M. Klöterjahn. Cf. l'emploi du verbe **ziehen** dans le ch. 7, p. 196.

2. **ließ sich Kaffee und Buttersemmeln geben** : cf. p. 144 ; rien ne trouble l'appétit de M. Klöterjahn, incapable de lire entre les lignes du télégramme. Ces détails de sa personnalité manifestent que si Th. M. condamne les excès de l'esthétisme tels que Spinell les incarne, le personnage de M. Klöterjahn représente à l'inverse une absence de sensibilité également coupable. Cf. lettre de Th. M. à Norbert Jobst du 24 mars 1953 où Mann évoque » **den ordinären Klöterjahn** «.

3. **Herr** : ce dialogue relève davantage de la farce que de la tragédie : cf. n. 2, p. 204.

Et voici : M. Klöterjahn apparut. Il avait reçu le petit télégramme du docteur Müller et arriva depuis les bords de la mer Baltique. Il descendit de la voiture, se fit apporter du café et des petits pains beurrés, et parut fort déconcerté.

« Seigneur ! », dit-il, « que se passe-t-il ? Pourquoi m'appelle-t-on auprès d'elle ?

— Parce qu'il est souhaitable », répondit le docteur Müller, « que vous demeuriez à présent aux côtés de madame votre épouse.

— Souhaitable... Souhaitable... Mais aussi nécessaire ? Je surveille mon argent de près, monsieur, les temps sont durs et les chemins de fer coûtent cher. Ce voyage d'une journée était-il indispensable ? Je ne dirais rien si c'était par exemple le poumon ; mais puisque Dieu merci, c'est la trachée...

— Monsieur Klöterjahn », fit doucement le docteur Müller, « premièrement la trachée est un organe important... » Il eut tort de dire « premièrement », car il n'avait aucun « deuxièmement » à mettre à sa suite.

Mais en même temps que M. Klöterjahn, une créature aux formes généreuses, tout enveloppée de rouge, d'écossais et d'or avait fait son entrée à Einfried, et c'était elle qui portait dans ses bras Anton Klöterjahn le jeune, le jeune petit Anton débordant de santé.

---

4. **Schottisch** : conformément, sans doute, aux goûts anglophiles de M. Klöterjahn, tels qu'ils sont évoqués p. 150.

Ja, er war da, und niemand konnte leugnen, daß er in der Tat von einer exzessiven Gesundheit war. Rosig und weiß, sauber und frisch gekleidet, dick und duftig[1] lastete er auf dem nackten, roten Arm seiner betreßten Dienerin, verschlang gewaltige Mengen von Milch und gehacktem Fleisch, schrie und überließ sich in jeder Beziehung seinen Instinkten[2].

Vom Fenster seines Zimmers aus hatte der Schriftsteller Spinell die Ankunft des jungen Klöterjahn beobachtet. Mit einem seltsamen, verschleierten und dennoch scharfen Blick hatte er ihn ins Auge gefaßt, während er vom Wagen ins Haus getragen wurde, und war dann noch längere Zeit mit demselben Gesichtsausdruck an seinem Platze verharrt[3].

Von da an mied er das Zusammentreffen mit Anton Klöterjahn dem Jüngeren so weit als tunlich. —

10

Herr Spinell saß in seinem Zimmer und »arbeitete[4] «.

Es war ein Zimmer wie alle in »Einfried«: altmodisch, einfach und distinguiert. Die massige Kommode war mit metallenen Löwenköpfen beschlagen,

---

1. **dick und duftig**: dans T & I, on a pu remarquer la fréquence des allitérations au fil d'un texte évoquant l'amour par lequel la volonté se libère des chaînes de l'individuation. Employé ici, au contraire, le même procédé sert à l'évocation d'un personnage qui incarne la volonté à son stade d'individuation le plus élémentaire. Le narrateur semble ainsi retourner contre Wagner ses propres armes. Faut-il lire dans ces trois couples d'adjectifs reliés par un **und** (cf. aussi au précédent chapitre « Par la douceur d'un "et", l'amour les nouait ensemble ») la version parodique du **mild und leise** par lequel débute la mort d'Isolde et dont **dick und duftig** reproduit en outre le rythme trochaïque ?

2. **und überließ sich in jeder Beziehung seinen Instinkten**: cf. n. 1, p. 148 et 3, p. 166.

3. **war [...] an seinem Platz verharrt**: réaction analogue à celle de Spinell lors de sa première rencontre avec Mme Klöterjahn (ch. 3,

Oui, il était là, et nul ne pouvait nier qu'il fût en effet d'une bonne santé excessive. Le teint rose et blanc, la mise propre et fraîche, dodu et parfumé il reposait de tout son poids sur le bras nu et rouge de sa servante galonnée, engloutissait d'énormes quantités de lait et de viande hachée, poussait des hurlements et donnait, sous tout rapport, libre cours à ses instincts.

Depuis la fenêtre de sa chambre, l'écrivain Spinell avait observé l'arrivée du jeune Klöterjahn. Il avait posé sur lui un étrange regard, voilé et néanmoins pénétrant, tandis qu'on le portait depuis la voiture jusque dans la maison, et il était demeuré encore assez longtemps à sa place avec la même expression sur le visage.

Il évita dès lors autant que possible les rencontres avec Anton Klöterjahn le jeune...

10

M. Spinell était assis dans sa chambre et « travaillait ».

C'était une chambre comme toutes les autres à Einfried : traditionnelle, simple et distinguée. La commode massive était flanquée de têtes de lion en métal,

---

p. 146), mais pour des motifs opposés. Dans un cas Spinell croyait reconnaître l'âme sœur, ici, c'est l'ennemi qu'il aperçoit.

4. » **arbeitete** « : par l'usage des guillemets, le narrateur rappelle une fois de plus son peu d'estime pour Spinell et ses « douteuses activités » (cf. ch. 8, p. 206).

der hohe Wandspiegel war keine glatte Fläche, sondern aus vielen kleinen quadratischen, in Blei gefaßten Scherben zusammengesetzt[1], kein Teppich bedeckte den bläulich lackierten Estrich, in dem die steifen Beine der Meubles als klare Schatten sich fortsetzten. Ein geräumiger Schreibtisch stand in der Nähe des Fensters, vor welches der Romancier einen gelben Vorhang gezogen hatte, wahrscheinlich, um sich innerlicher zu machen[2].

In gelblicher Dämmerung[3] saß er über die Platte des Sekretärs gebeugt und schrieb, — schrieb an einem jener zahlreichen Briefe[4], die er allwöchentlich zur Post befördern ließ, und auf die er belustigenderweise meistens gar keine Antwort erhielt. Ein großer, starker Bogen[5] lag vor ihm, in dessen linkem oberen Winkel unter einer verzwickt gezeichneten Landschaft der Name Detlev Spinell in völlig neuartigen Lettern[6] zu lesen war, und den er mit einer kleinen, sorgfältig gemalten und überaus reinlichen Handschrift bedeckte[7].

»Mein Herr!« stand dort. »Ich richte die folgenden Zeilen an Sie, weil ich nicht anders kann, weil das, was ich Ihnen zu sagen habe, mich erfüllt, mich quält und zittern macht, weil mir die Worte mit einer solchen Heftigkeit zuströmen[8], daß ich an ihnen ersticken würde, dürfte ich mich ihrer nicht in diesem Briefe entlasten...«

---

1. **aus vielen [...] zusammengesetzt**: il s'agit donc d'une glace ancienne. Spinell s'y contemplera un instant ch. 12, p. 278. C'est le style composite de l'écriture spinellienne qui se trouve reflété par cette glace (cf. Préface, p. 18).

2. **um sich innerlicher zu machen**: cf. ch. 8, p. 214: **Man wird innerlicher ohne Sonne**. Le narrateur cite les propos de Spinell avec une ironie manifeste.

3. **in gelblicher Dämmerung**: éclairage *artificiel* de crépuscule, dû à la coloration des rideaux (cf. n. 1, p. 172).

4. **schrieb an einem jener zahlreichen Briefe**: cf. le dernier paragraphe du ch. 4, p. 161.

5. **Bogen**: subst. m. = 1) *arc, arche* 2) *archet* 3) *feuille de papier*.

6. **in völlig neuartigen Lettern**: cf. n. 3, p. 158.

la grande glace suspendue au mur n'avait rien d'une surface lisse : elle était composée d'une multitude de petits morceaux carrés soudés au plomb ; il n'y avait pas de tapis pour recouvrir le sol bleu laqué où les pieds raides des meubles reflétaient leurs ombres claires. Un bureau de vastes dimensions se dressait à proximité de la fenêtre devant laquelle le romancier avait tiré un rideau jaune, probablement pour gagner en profondeur intérieure.

Dans le crépuscule orange, il était assis, penché sur la tablette du secrétaire, en train d'écrire, — de mettre au point l'une de ces nombreuses lettres qu'il envoyait à la poste chaque semaine et qui, de manière fort amusante, ne recevaient le plus souvent aucune réponse. Une grande et solide feuille de papier était posée devant lui : on pouvait y lire, dans le coin supérieur, à gauche, sous un dessin embrouillé figurant un paysage, le nom Detlev Spinell, en caractères d'un genre entièrement nouveau ; il la recouvrait d'une petite écriture soignée et parfaitement immaculée.

« Monsieur », y lisait-on. « Je vous adresse les lignes suivantes car je ne puis agir autrement, car ce que j'ai à vous dire m'habite, me tourmente et me fait trembler, car les mots déferlent en moi avec une telle violence qu'ils m'étoufferaient si je ne pouvais m'en décharger dans cette lettre... »

---

7. **mit einer kleinen [...] Handschrift bedeckte** : Richard Winston (*op. cit.* p. 150) reconnaît dans ce trait une allusion à l'écriture du frère de Th. M., Heinrich. Spinell refuse à ce point tout contact avec les représentants du monde utilitaire qu'il préfère écrire à Klöterjahn plutôt que de s'adresser à lui de vive voix. (D.)

8. **zuströmen** : Nietzsche avait dénoncé le côté artificiel de l'ivresse wagnérienne ; de même, le style de Spinell donne *l'impression* de la vivacité, mais le narrateur, proche ici du wagnérien « lucide » qu'était Th. M., n'ignore pas que c'est là le résultat d'un travail. Spinell, comme Wagner, est l'artiste qui sait produire une illusion de fluidité.

Der Wahrheit die Ehre[1] zu geben, so war dies mit dem »Zuströmen[2]« ganz einfach nicht der Fall, und Gott wußte, aus was für eitlen Gründen Herr Spinell es behauptete. Die Worte schienen ihm durchaus nicht zuzuströmen; für einen, dessen bürgerlicher Beruf das Schreiben ist, kam er jämmerlich[3] langsam von der Stelle, und wer ihn sah, mußte zu der Anschauung gelangen, daß ein Schriftsteller ein Mann ist, dem das Schreiben schwerer fällt[4] als allen anderen Leuten.

Mit zwei Fingerspitzen hielt er eins[5] der sonderbaren Flaumhärchen an seiner Wange erfaßt und drehte Viertelstunden lang daran, indem er ins Leere starrte und nicht um eine Zeile vorwärtsrückte, schrieb dann ein paar zierliche Wörter und stockte aufs neue. Andererseits muß man zugeben, daß das, was schließlich zustande kam, den Eindruck der Glätte und Lebhaftigkeit erweckte, wenn es auch inhaltlich einen wunderlichen, fragwürdigen[6] und oft sogar unverständlichen Charakter trug.

»Es ist«, so setzte der Brief sich fort, »das unabweisliche Bedürfnis, das, was ich sehe, was seit Wochen als eine unauslöschliche Vision[7] vor meinen Augen steht, auch Sie sehen zu machen, es Sie mit meinen Augen, in derjenigen sprachlichen Beleuchtung schauen zu lassen, in der es vor meinem inneren Blicke steht.

---

1. **die Ehre** = *honneur, gloire, renommée.*
2. **Zu/strömen**: cf. **Strom**, m. = *fleuve, courant, flot.*
3. **jämmerlich**: cf. **Jammer**, m. = 1) *misère, détresse* 2) *lamentations, plaintes* et **jammern** = *inspirer de la pitié à qqn*, ***um/über** + acc. = *se lamenter, gémir sur...*
4. **dem das Schreiben schwerer fällt**: **jmdm schwer/fallen (ie/a)** = *être difficile à qqn.* **jmdm leicht/fallen** = *être facile à qqn.* Interrogé sur les diverses formules qui, à travers son œuvre, pourraient être considérées comme des sentences, Th. M. cite, dans une lettre à Friedrich H. Weber du 28 mars 1954, le présent aphorisme comme « un exemple utilisable [...] pour plaisanter ».
5. **eins**: équivaut ici au pronom (neutre) **eines** ≠ **eins** = 1.
6. **fragwürdig**: *suspect* (m. à m. *digne qu'on s'interroge*); l'adjectif rappelle les « activités douteuses » de Spinell, cf. p. 206.

Pour rendre justice à la vérité, cette histoire de « déferlement » n'avait tout simplement rien à voir avec la réalité, et Dieu sait quels vains motifs inspiraient à M. Spinell pareille affirmation. Les mots ne donnaient nullement l'impression de déferler en lui : pour un individu faisant profession d'écrire, il progressait avec une lenteur pitoyable et à le voir, on était obligé de conclure qu'un écrivain est un homme qui a beaucoup plus de mal à écrire que les autres gens.

Il tenait entre l'extrémité de deux doigts un de ces singuliers poils de duvet qu'il avait sur la joue, et le tirait pendant des quarts d'heure entiers en fixant le vide, sans avancer d'une ligne, traçait ensuite quelques mots calligraphiés et s'interrompait à nouveau. Il faut admettre en revanche que le texte qui voyait finalement le jour donnait une impression de poli et de vivacité, même si son contenu avait un caractère étrange, équivoque, et souvent même incompréhensible.

« C'est », poursuivait la lettre, « le besoin irrépressible de vous faire voir à vous aussi ce que je vois, cette vision inextinguible qui depuis des semaines se dresse devant mon regard, de vous la faire contempler avec mes yeux, éclairée par le verbe, telle qu'elle apparaît au regard de mon âme.

---

7. **eine <u>unauslöschliche</u> Vision** : cf. ch. 1, p. 132 où ce terme était utilisé pour la première fois à propos de la passion secrète (et plutôt comique) de Mlle von Osterloh pour le docteur Léandre.

Ich bin gewohnt, diesem Drange zu weichen, der mich zwingt, in unvergeßlich und flammend richtig an ihrem Platze stehenden Worten[1] meine Erlebnisse zu denen der Welt zu machen. Und darum hören Sie mich an.

Ich will nichts als sagen, was war und ist, ich erzähle lediglich eine Geschichte, eine ganz kurze, unsäglich empörende Geschichte, erzähle sie ohne Kommentar, ohne Anklage und Urteil, nur mit meinen Worten. Es ist die Geschichte Gabriele Eckhofs, mein Herr, der Frau, die Sie die Ihrige nennen... und merken Sie wohl! Sie waren es, der sie erlebte; und dennoch bin ich es, dessen Worte sie Ihnen erst in Wahrheit zur Bedeutung eines Erlebnisses erheben wird.

Erinnern Sie sich des Gartens, mein Herr, des alten, verwucherten Gartens hinter dem grauen Patrizierhause? Das grüne Moos sproß in den Fugen der verwitterten Mauern, die seine verträumte Wildnis umschlossen. Erinnern Sie sich auch des Springbrunnens in seiner Mitte? Lilafarbene Lilien[2] neigten sich über sein morsches Rund, und sein weißer Strahl plauderte geheimnisvoll[3] auf das zerklüftete Gestein hinab. Der Sommertag neigte sich.

Sieben Jungfrauen saßen im Kreis um den Brunnen;

---

1. **in unvergesslich [...] stehenden Worten**: exactitude et élégance, vérité et beauté vont donc de pair aux yeux de Spinell. Cette formule ne saurait, en tout cas, s'appliquer au narrateur de la nouvelle, dont le discours, loin d'adopter une perspective unique visant à la vérité, reproduit au contraire les pensées et les propos des divers personnages au fil du récit. Si la question de la validité de la parole littéraire préoccupait un certain nombre d'écrivains à l'époque, et notamment Th. M., d'autres, à la suite de Nietzsche, n'en proclamaient pas moins leur foi absolue en celle-ci. Chez Nietzsche, toutefois, l'absolutisation de l'esthétique succède à une entreprise de dénonciation de tous les systèmes de pensée et à une célébration de l'art comme « volonté de tromperie ». Le cheminement qui justifie une telle conclusion fait cependant défaut aux épigones esthètes de Nietzsche — parmi lesquels Spinell — (D.). « La présomption de l'esthète consiste en ce qu'il insinue que son propre moi est le représentant de ce que les hommes ont de commun en général, et qu'il n'aime ou ne passe au crible le

J'ai coutume de céder à l'impulsion qui me contraint à livrer au monde entier mes propres expériences en des termes que leur disposition rend d'une inoubliable et fulgurante justesse. Aussi écoutez-moi.

Je ne veux dire que ce qui fut et ce qui est, je raconte uniquement une histoire, une histoire toute brève, révoltante au-delà de toute expression, je la raconte sans commentaire, sans accusation ni jugement, avec les mots qui sont les miens. C'est l'histoire de Gabrielle Eckhof, monsieur, de la femme que vous dites vôtre... et faites bien attention ! C'est vous qui l'avez vécue ; et pourtant ce sont en vérité mes seules paroles qui l'élèveront à la dignité d'expérience douée de sens.

Vous souvient-il du jardin, monsieur, du vieux jardin à l'abandon derrière la sombre demeure patricienne ? La mousse verte poussait dans les fentes des murs, battus par les vents, qui entouraient ces lieux rêveurs et désolés. Vous souvient-il aussi de la fontaine en son milieu ? Les lys couleur de lilas s'inclinaient autour de son bord effrité et en retombant, son blanc jet d'eau entretenait une secrète conversation avec la pierre lézardée. Le jour d'été touchait à sa fin.

Sept vierges étaient assises en cercle autour de la fontaine ;

---

genre humain, ne l'approuve ou ne le récuse, qu'à travers son propre moi » (Th. M., *Considérations d'un apolitique*, p. 251).

2. **Lilafarbene Lilien** : dans le récit de G. Eckhof, (p. 192) il était question d'iris (***Schwert-lilien**) ; l'imagination de Spinell insiste sur la composante **Lilie** en suggérant qu'il s'agissait seulement d'une variété de lys couleur lilas. Il substitue ainsi la fleur image de pureté au symbolisme phallique peut-être sous-jacent au terme **Schwertlilie**.

3. **geheimnisvoll** : comme si pour Spinell il y avait là un mystère auquel les sept jeunes filles, elles, seraient initiées.

in das Haar der Siebenten aber, der Ersten, der Einen, schien die sinkende Sonne heimlich ein schimmerndes Abzeichen der Oberhoheit[1] zu weben. Ihre Augen waren wie ängstliche Träume, und dennoch lächelten ihre klaren Lippen...

Sie sangen. Sie hielten ihre schmalen Gesichter zur Höhe des Springstrahles emporgewandt, dorthin, wo er in müder und edler Rundung sich zum Falle neigte[2], und ihre leisen, hellen Stimmen umschwebten seinen schlanken Tanz. Vielleicht[3] hielten sie ihre zarten Hände um ihre Knie gefaltet, indes sie sangen...

Entsinnen Sie sich des Bildes, mein Herr? Sahen Sie es? Sie sahen es nicht. Ihre Augen waren nicht geschaffen dafür, und Ihre Ohren nicht, die keusche Süßigkeit seiner Melodie zu vernehmen. Sahen Sie es — Sie durften nicht wagen, zu atmen, Sie mußten Ihrem Herzen zu schlagen verwehren. Sie mußten gehen, zurück ins Leben, in Ihr Leben, und für den Rest Ihres Erdendaseins das Geschaute als ein unantastbares und unverletzliches Heiligtum in Ihrer Seele bewahren[4]. Was aber taten Sie?

Dies Bild war ein Ende, mein Herr; mußten Sie kommen und es zerstören, um ihm eine Fortsetzung[5] der Gemeinheit und des häßlichen Leidens zu geben?

---

1. **ein schimmerndes Abzeichen der Oberhoheit**: cf. n. 2, p. 194.

2. **sich zum Falle neigte**: c'est le mouvement descendant de la fontaine, symbole de déclin, que Spinell choisit d'accentuer. Selon D. Luke (*Death in Venice and other stories by Th. M.* p. XXVI) cette vision est « du plus pur *jugendstil* et il est même possible que Mann ait eu un dessin ou une peinture particulière en tête. En fait, selon Klöterjahn (cf. p. 274) elles n'étaient pas en train de chanter, mais de tricoter et d'évoquer une recette de pommes de terre. Les deux versions sont également absurdes, et chacune est vraie à un niveau différent. La scène du jardin est donc un point focal, représentant les aspects contrastés de Gabrielle elle-même telle que les deux hommes la voient. La fontaine même semble symboliser son destin : son mouvement ascendant et descendant représente la progression et le déclin de la vie humaine, l'individualité qui s'affirme et se rend. Les vies périssent, le flot de la vie continue, le grand cycle de la vie et de la mort est ininterrompu ».

mais sur les cheveux de la septième, de la première, de l'unique, le soleil couchant semblait tisser en secret l'étincelant insigne de la souveraineté. Ses yeux étaient comme des rêves angoissés, et cependant ses lèvres radieuses souriaient...

Elles chantaient. Leurs visages étroits étaient tournés vers le sommet du jet d'eau, là où, en un arrondi plein de lassitude et de noblesse, il s'apprêtait à retomber, et leurs voix douces et claires planaient autour de sa danse gracile. Peut-être entouraient-elles leurs genoux de leurs tendres mains tout en chantant...

Vous souvient-il de ce tableau, monsieur? Le vîtes-vous? Vous ne le vîtes point. Vos yeux n'étaient pas faits pour cela, ni vos oreilles pour percevoir la chaste suavité de sa mélodie. Si vous l'aviez vu — vous n'auriez pu oser respirer, vous auriez dû interdire à votre cœur de battre. Vous auriez dû partir, rentrer dans la vie, dans votre vie, et, pour le restant de votre existence terrestre, garder en votre âme ce que vous aviez contemplé comme un intangible et inviolable sanctuaire. Mais que fîtes-vous?

Ce tableau était une fin, monsieur; fallait-il que vous vinssiez le détruire, le prolonger dans la vulgarité et la hideuse souffrance?

---

3. **vielleicht:** ce terme affecte un détail insignifiant de cette évocation, laissant entendre que le reste, à l'inverse, ne présente aucun doute. Entêtement grotesque de Spinell auquel Mme Klöterjahn avait pourtant déjà précisé (p. 192) qu'elle et ses amies n'étaient nullement en train de chanter.

4. **Sahen Sie es [...] in ihrer Seele bewahren:** Spinell assimile Klöterjahn à un profane qui aurait par inadvertance assisté à la célébration de mystères antiques.

5. **eine Fortsetzung** = *suite*; cf. la formule »**Fortsetzung folgt**« = *à suivre*.

Es war eine rührende und friedevolle Apotheose, getaucht in die abendliche Verklärung des Verfalles[1], der Auflösung und des Verlöschens. Ein altes Geschlecht[2], zu müde bereits und zu edel zur Tat und zum Leben, steht am Ende seiner Tage, und seine letzten Äußerungen sind Laute der Kunst, ein paar Geigentöne, voll von der wissenden Wehmut der Sterbensreife... Sahen Sie die Augen, denen diese Töne Tränen entlockten[3]? Vielleicht, daß die Seelen der sechs Gespielinnen dem Leben gehörten; diejenige aber ihrer schwesterlichen Herrin gehörte der Schönheit und dem Tode.

Sie sahen sie, diese Todesschönheit[4]: sahen sie an, um ihrer zu begehren. Nichts von Ehrfurcht, nichts von Scheu berührte Ihr Herz gegenüber ihrer rührenden Heiligkeit. Es genügte Ihnen nicht, zu schauen; Sie mußten besitzen, ausnützen, entweihen... Wie fein Sie Ihre Wahl trafen! Sie sind ein Gourmand[5], mein Herr, ein plebejischer Gourmand, ein Bauer mit Geschmack.

Ich bitte Sie, zu bemerken, daß ich keineswegs den Wunsch hege, Sie zu kränken. Was ich sage, ist kein Schimpf, sondern die Formel, die einfache psychologische Formel für Ihre einfache, literarisch gänzlich uninteressante Persönlichkeit, und ich spreche sie aus, nur weil es mich treibt, Ihnen Ihr eigenes Tun und Wesen ein wenig zu erhellen,

---

1. **des Verfalles**: cf. le sous-titre des *Buddenbrook* » **Verfall einer Familie** «.

2. **Ein altes Geschlecht**: cf. chap. 7, p. 190 n. 2 et les propos de Spinell : « il n'est pas rare qu'une lignée aux traditions sèches, pratiques et bourgeoises, soit encore une fois transfigurée par l'art vers la fin de ses jours ».

3. **entlockten**: v. = *arracher (avec adresse)*. cf. **locken** = *appâter, attirer, séduire, leurrer*, **einem Instrument Töne entlocken** = *arracher des sons à un instrument*; cf. ch. 7, p. 190 : « Il y a des accents que je n'ai jamais pu entendre sans que les larmes me montent aux yeux [...] ».

4. **diese Todesschönheit**: « À travers le rapprochement effectué après Goethe au XIXe siècle entre beauté et mort, et à travers l'opposition

C'était une émouvante et paisible apothéose, baignée dans la transfiguration vespérale du déclin, de la dissolution et de l'extinction. Une ancienne lignée, déjà trop fatiguée et trop noble pour l'action et pour la vie, touche à la fin de ses jours et son ultime expression, ce sont les accents de l'art, quelques notes de violon, toutes pleines de la sage mélancolie de ceux qui sont mûrs pour mourir... Vîtes-vous les yeux auxquels ces notes arrachaient des larmes ? Peut-être les âmes des six compagnes de jeu appartenaient-elles à la vie ; mais celle de leur reine-sœur appartenait à la beauté et à la mort.

Vous la vîtes, cette beauté vouée à la mort : vous la regardâtes pour la convoiter. Nul respect, nulle crainte n'agita votre cœur face à son émouvante sainteté. Il ne vous suffisait point de regarder ; il vous fallait posséder, exploiter, profaner... Comme vous avez finement choisi ! Vous êtes un gourmet, monsieur, un gourmet plébéien, un paysan qui a du goût.

Je vous prie d'observer que je ne nourris nullement le désir de vous blesser. Ce que je dis n'est pas une injure mais la formule, la simple formule psychologique de votre personnalité simple et dénuée de tout intérêt littéraire, et je l'énonce seulement parce que je suis poussé à répandre pour vous un peu de clarté sur vos actes et sur votre être,

---

correspondante entre art et vie, l'art se voit assigner une place qui lui ôte la possibilité de se légitimer devant la vie ; ces présupposés historiques sont à la racine de la tension artiste-bourgeois et donc esprit-vie qui sert très souvent de formule de base dans l'œuvre de Th. M. » (D.)

5. **ein Gourmand** : le terme désigne en allemand aussi bien le *gourmand* que le *gourmet*.

weil es auf Erden mein unausweichlicher Beruf ist, die Dinge bei Namen zu nennen, sie reden zu machen, und das Unbewußte zu durchleuchten[1]. Die Welt ist voll von dem, was ich den »unbewußten Typus« nenne: und ich ertrage sie nicht, alle diese unbewußten Typen! Ich ertrage es nicht, all dies dumpfe, unwissende und erkenntnislose Leben und Handeln[2], diese Welt von aufreizender Naivität um mich her! Es treibt mich mit qualvoller Unwiderstehlichkeit, alles Sein in der Runde — so weit meine Kräfte reichen — zu erläutern, auszusprechen und zum Bewußtsein zu bringen, — unbekümmert darum, ob dies eine fördernde oder hemmende Wirkung[3] nach sich zieht, ob es Trost und Linderung bringt oder Schmerz zufügt.

Sie sind, mein Herr, wie ich sagte, ein plebejischer Gourmand, ein Bauer mit Geschmack. Eigentlich von plumper Konstitution und auf einer äußerst niedrigen Entwicklungsstufe befindlich, sind Sie durch Reichtum und sitzende Lebensweise zu einer plötzlichen, unhistorischen und barbarischen Korruption des Nervensystems gelangt, die eine gewisse lüsterne Verfeinerung des Genußbedürfnisses[4] nach sich zieht. Wohl möglich[5], daß die Muskeln Ihres Schlundes in eine schmatzende Bewegung gerieten, wie angesichts einer köstlichen Suppe oder seltenen Platte[5], als Sie beschlossen, Gabriele Eckhof zu eigen zu nehmen[6]...

---

1. **durchleuchten**: *examiner à la lumière, passer au crible*, également: *passer à la radio, aux rayons X.*

2. **Ich ertrage es nicht, all dies [...] erkenntnislose Leben und Handeln**: Reprise de l'opposition art/vie active. Th. M. s'efforcera dans *Tonio Kröger* de réconcilier ces deux termes « en créant une figure d'artiste qui — par opposition à Spinell — voudrait fonder l'art sur l'amour pour les êtres blonds aux yeux bleus, c'est-à-dire les représentants de la vie » (D., p. 34); cf. Nietzsche (*Werke in 3 Bänden*, Munich, 1966, pp. 1223 sq.): « La connaissance s'est transformée chez nous en passion, que n'effraie aucun sacrifice et qui ne craint au fond que sa propre

parce que c'est sur terre mon inéluctable vocation de nommer les choses par leur nom, de les faire parler, et de jeter la lumière sur ce qui est inconscient. Le monde regorge de ce que j'appelle le "type inconscient" : et je ne puis les supporter, tous ces types inconscients ! Je ne puis supporter toute cette vie et cette activité vague, ignorante et dénuée d'intelligence, ce monde d'agaçante naïveté qui m'entoure ! Une force douloureuse et irrésistible me pousse — autant que mes forces me le permettent — à expliquer, à exprimer et à rendre conscients d'eux-mêmes tous les êtres qui m'entourent, — peu m'importe qu'il en résulte avance ou régression, qu'il en émane consolation et soulagement ou qu'il en coûte de la douleur.

Vous êtes, monsieur, comme je le disais, un gourmet plébéien, un paysan qui a du goût. Quoiqu'en réalité de grossière constitution et situé au plus inférieur des stades de l'évolution, vous êtes parvenu par la richesse et un mode de vie sédentaire à une corruption soudaine, anti-historique et barbare du système nerveux, ce qui entraîne un certain raffinement lascif des appétits. Il est fort possible que les muscles de votre gosier aient été pris d'un mouvement de déglutition, comme au spectacle d'une soupe exquise ou d'un plat rare, lorsque vous décidâtes de vous emparer de Gabrielle Eckhof...

---

extinction. [...] Peut-être même l'humanité est-elle en train de périr de cette passion de la connaissance ! »

3. **eine fördernde oder hemmende Wirkung : fördern** = *encourager, promouvoir, avancer,* **hemmen** = *inhiber.*

4. **des *Genuß-bedürfnisses : Genuß**, m. = 1) *consommation* 2) *plaisir, jouissance.* **Bedürfnis**, n. = *besoin.*

5. **wohl möglich [...] oder seltenen Platte** : cf. ch. 3, p. 152 : « sowie mit der Schilderung gewisser <u>auserlesener</u>, hier unbekannten Platten. [...] seine Sprache erhielt etwas Gaumiges und Nasales, indes leicht <u>schmatzende</u> Geräusche im <u>Schlunde</u> sie begleiteten. »

6. **zu eigen zu nehmen** : jeu sur les deux sens de l'expression = 1) *s'approprier* 2) *prendre pour épouse.*

In der Tat, Sie lenken ihren verträumten Willen in die Irre, Sie führen sie aus dem verwucherten Garten in das Leben und in die Häßlichkeit, Sie geben ihr Ihren ordinären Namen und machen sie zum Eheweibe, zur Hausfrau, machen sie zur Mutter. Sie erniedrigen die müde, scheue und in erhabener Unbrauchbarkeit blühende Schönheit des Todes in den Dienst des gemeinen Alltags[1] und jenes blöden, ungefügen und verächtlichen Götzen, den man die Natur nennt, und nicht eine Ahnung von der tiefen Niedertracht dieses Beginnens regt sich in Ihrem bäuerischen Gewissen[2].

Nochmals: Was geschieht? Sie, mit den Augen, die wie ängstliche Träume sind, schenkt Ihnen ein Kind; sie gibt diesem Wesen, das eine Fortsetzung der niedrigen Existenz seines Erzeugers ist, alles mit, was sie an Blut und Lebensmöglichkeit besitzt, und stirbt. Sie stirbt, mein Herr! Und wenn sie nicht in Gemeinheit dahinfährt, wenn sie dennoch zuletzt sich aus den Tiefen ihrer Erniedrigung erhob und stolz und selig unter dem tödlichen Kusse der Schönheit vergeht, so ist das *meine* Sorge gewesen. Die Ihrige war es wohl unterdessen, sich auf verschwiegenen Korridoren mit Stubenmädchen[3] die Zeit zu verkürzen.

Ihr Kind aber, Gabriele Eckhofs Sohn, gedeiht, lebt und triumphiert.

---

1. **Sie erniedrigen [...] in den Dienst des gemeinen Alltags**: cf. Th. M., *Goethe et Tolstoï* (1922): « Car qu'est-ce que le "commun" [**das Gemeine**]? Rien d'autre que le naturel du point de vue de l'esprit et de la liberté. Car la liberté est esprit, elle est libération de la nature, opposition à celle-ci; elle est humanité, conçue comme émancipation du naturel et de ses entraves, cette émancipation comprise comme ce qui est humain et *digne* de l'homme » (GW. IX, p. 97).

2. **Sie erniedrigen [...] Gewissen**: dans *Le Crépuscule des idoles* (trad. H. Albert, Denoël, pp. 92-93), Nietzsche fustige cette conception: « Schopenhauer parle de beauté avec une ardeur mélancolique. — Pourquoi agit-il ainsi? Parce qu'il voit en elle un *pont* sur lequel on peut aller plus loin [...] Elle est pour lui la délivrance de la "volonté"

En effet, vous détournez du bon chemin sa volonté perdue dans les rêves, vous l'emmenez loin du jardin abandonné, dans la vie et la laideur, vous lui donnez votre nom trivial et en faites une épouse, une maîtresse de maison, vous en faites une mère. Vous abaissez cette beauté vouée à la mort, fatiguée, craintive, qui florissait dans une sublime inutilité en la mettant au service du quotidien vulgaire et de cette idole stupide, grossière et méprisable qu'on appelle la nature, et nul soupçon de la profonde bassesse de cette entreprise n'agite votre conscience de paysan.

Encore une fois : que se passe-t-il ? Elle dont les yeux sont comme des rêves angoissés, elle vous fait le don d'un enfant ; elle donne à cet être, qui prolonge la basse existence de son géniteur, tout ce qu'elle possède de sang et de vitalité, et se meurt. Elle se meurt, monsieur ! Et si elle échappe à la vulgarité en quittant cette terre, si malgré tout elle s'est relevée des profondeurs de son abaissement et si elle s'éteint, fière et heureuse sous le mortel baiser de la beauté, c'est que j'en aurai fait *ma* préoccupation. Ce fut sans doute la vôtre, entre-temps, de vous désennuyer dans le secret des corridors avec les femmes de chambre.

Mais votre enfant, le fils de Gabrielle Eckhof, prospère, vit et triomphe.

---

pour quelques moments — elle attire vers une délivrance éternelle... Il la vante surtout comme rédemptrice du "foyer de la volonté", de la sexualité, — dans la beauté il voit la négation du génie de la reproduction... Saint Bizarre ! Quelqu'un te contredit [...] et c'est la nature ! Le divin Platon (— ainsi l'appelle Schopenhauer lui-même) soutient de son autorité une autre thèse : que toute beauté pousse à la reproduction, que c'est là précisément l'effet qui lui est propre, depuis la plus basse sensualité jusqu'à la plus haute spiritualité... »

3. **mit Stubenmädchen** : cf. le « petit épisode humoristique » du ch. 3, p. 152.

Vielleicht wird er das Leben seines Vaters fortführen, ein handeltreibender, Steuern zahlender und gut speisender Bürger werden; vielleicht ein Soldat oder Beamter, eine unwissende und tüchtige Stütze des Staates; in jedem Falle ein amusisches, normal funktionierendes Geschöpf, skrupellos und zuversichtlich, stark und dumm. Nehmen Sie das Geständnis, mein Herr, daß ich Sie hasse, Sie und Ihr Kind, wie ich das Leben selbst hasse[1], das gemeine, das lächerliche und dennoch triumphierende Leben, das Sie darstellen, den ewigen Gegensatz und Todfeind der Schönheit[2]. Ich darf nicht sagen, daß ich Sie verachte. Ich kann es nicht. Ich bin ehrlich. Sie sind der Stärkere[3]. Ich habe Ihnen im Kampfe nur eines entgegenzustellen, das erhabene Gewaffen und Rachewerkzeug der Schwachen: Geist und Wort. Heute habe ich mich seiner bedient. Denn dieser Brief — auch darin bin ich ehrlich, mein Herr — ist nichts als ein Racheakt[4], und ist nur ein einziges Wort darin scharf, glänzend und schön genug, Sie betroffen zu machen, Sie eine fremde Macht spüren zu lassen, Ihren robusten Gleichmut einen Augenblick ins Wanken zu bringen, so will ich frohlocken.

Detlev Spinell «

Und dieses Schriftstück kuvertierte und frankierte Herr Spinell, versah es mit einer zierlichen Adresse und überlieferte es der Post.

---

1. **wie ich das Leben selbst hasse**: déclaration à opposer aux propos de Nietzsche dans *Le Crépuscule des idoles* (pp. 94-95): « L'instinct le plus profond de l'artiste va-t-il à l'art, ou bien n'est-ce pas plutôt au sens de l'art, à la *vie*, à un *désir de vie*? — L'art est le grand stimulant à la vie: comment pourrait-on l'appeler sans fin, sans but, comment pourrait-on l'appeler *l'art pour l'art*? »

2. **den ewigen Gegensatz und Todfeind der Schönheit**: cf. de Th. M., les *Considérations d'un apolitique*, p. 30: « Eh bien, cette rébellion, cette révolte à la fois sensitive et morale contre la vie telle qu'elle est, contre "ce qui est donné", la réalité, la "puissance" — cette rébellion en tant que signe du déclin, de la carence biologique, l'esprit (et l'art) saisis et

Peut-être perpétuera-t-il la vie de son père, peut-être deviendra-t-il un bourgeois industrieux qui paie ses impôts et fait bonne chère : peut-être un soldat ou un fonctionnaire, un soutien vigoureux et ignorant de l'État ; en tous les cas une créature indifférente à l'art, fonctionnant normalement, optimiste et sans scrupule, forte et stupide.

Acceptez cet aveu, monsieur : je vous hais, vous et votre enfant, comme je hais la vie elle-même, la vie vulgaire, ridicule et pourtant triomphante que vous représentez, éternelle antithèse, ennemie mortelle de la beauté. Je ne suis pas en droit de dire que je vous méprise. Je ne le puis. Je suis honnête. Vous êtes le plus fort. Je n'ai qu'une chose à vous opposer dans la lutte, l'arme sublime, l'instrument vengeur des faibles : l'esprit et le verbe. Aujourd'hui j'en ai fait usage. Car cette lettre — là aussi je suis honnête, monsieur — n'est qu'un acte de vengeance, et si elle contient un seul mot assez acéré, assez éclatant, assez beau pour vous toucher, pour vous faire deviner une puissance étrangère, pour faire vaciller un instant votre robuste équanimité, alors j'exulterai.

Detlev Spinell »

Et M. Spinell mit cet écrit sous enveloppe et le timbra, il y apposa une élégante adresse et le confia à la poste.

---

représentés comme le symptôme de ce déclin, comme un produit de la dégénérescence, c'est là le XIXe siècle, c'est, pour ce siècle, le rapport de l'esprit avec la vie [...] ».

3. **der Stärkere** : quand il s'agit de deux personnes, ce qui serait, en français, un superlatif est remplacé par le comparatif en allemand.

4. **ein *Rache-akt** : Spinell ne s'en tient pas à une lettre. Il *se venge* **(sich rächen)** aussi de la vie que Klöterjahn représente, en provoquant la mort de Gabrielle Eckhof.

11

Herr Klöterjahn pochte an Herrn Spinells Stubentür; er hielt einen großen, reinlich beschriebenen Bogen in der Hand und sah aus wie ein Mann, der entschlossen ist, energisch vorzugehen. Die Post hatte ihre Pflicht getan, der Brief war seinen Weg gegangen, er hatte die wunderliche Reise von »Einfried« nach »Einfried[1]« gemacht und war richtig in die Hände des Adressaten gelangt. Es war vier Uhr am Nachmittage[2].

Als Herr Klöterjahn eintrat, saß Herr Spinell auf dem Sofa und las in seinem eigenen Roman[3] mit der verwirrenden Umschlagzeichnung. Er stand auf und sah den Besucher überrascht und fragend an, obgleich er deutlich errötete.

»Guten Tag«, sagte Herr Klöterjahn. »Entschuldigen Sie, daß ich Sie in Ihren Beschäftigungen störe. Aber darf ich fragen, ob Sie dies geschrieben haben?« Damit hielt er den großen, reinlich beschriebenen Bogen mit der linken Hand empor und schlug mit dem Rücken der Rechten darauf, so daß es heftig knisterte[4]. Hierauf schob er die Rechte in die Tasche seines weiten, bequemen Beinkleides[5], legte den Kopf auf die Seite und öffnete, wie manche Leute pflegen, den Mund zum Horchen[6].

---

1. **die [...] Reise von »Einfried« nach »Einfried«**: s'inscrit logiquement dans la personnalité de Spinell qui évite constamment la confrontation avec la réalité, et donc avec Klöterjahn.

2. **Es war vier Uhr am Nachmittage**: c'est aussi aux alentours de quatre heures que Mme Klöterjahn était descendue dans le salon avant le grand duo d'amour auquel cette scène de règlement de comptes fait pendant (« Vers quatre heures on apporta aux dames un demi-litre de lait pour chacune », p. 210). On se souvient aussi que le ch. 9 mentionnait précisément la date de la partie de traîneau (26 février) et celle où Mme Klöterjahn avait craché un peu de sang (le 28). Le narrateur retrace ainsi comme au fil d'une pseudo-enquête les étapes de sa maladie.

3. **und las in seinem eigenen Roman**: chez Spinell, le narcissisme

11

M. Klöterjahn frappa à la porte de la chambre de M. Spinell ; il tenait à la main une grande feuille couverte d'une écriture soignée et avait l'air d'un homme décidé à procéder énergiquement. La poste avait rempli son office, la lettre avait effectué le singulier voyage d'Einfried à Einfried et elle était bien arrivée entre les mains de son destinataire. Il était quatre heures de l'après-midi.

Lorsque M. Klöterjahn entra, M. Spinell était assis sur le canapé en train de lire son propre roman au déconcertant motif de couverture. Il se leva et regarda son visiteur d'un air surpris et interrogateur, quoiqu'une nette rougeur lui couvrît le visage.

« Bonjour », fit M. Klöterjahn. « Pardonnez-moi de vous troubler dans vos occupations. Mais puis-je vous demander si vous avez écrit ceci ? » En disant ces mots, il leva de la main gauche la grande feuille à l'écriture soignée tout en la frappant du revers de la main droite, ce qui produisit un vif craquètement. Là-dessus, il fourra la main droite dans la poche de ses amples et confortables pantalons, inclina la tête de côté et, comme le font beaucoup de gens, ouvrit la bouche pour écouter.

---

semble une forme ultime de refus de confrontation avec le monde extérieur.

4. **knistern :** = *pétiller, crépiter.*

5. ***Bein-kleides :** vieilli, subst. n., le plus souvent utilisé au pluriel **(Beinkleider)** = **Hose**, f.

6. **Hierauf [...] zum Horchen :** posture similaire à celle qu'adopte le personnage en s'adressant au docteur Léandre, p. 163 : « il avait les mains dans les poches de sa confortable culotte anglaise, l'oreille penchée vers le docteur et, comme le font beaucoup de gens, la bouche ouverte pour écouter ». Ces nombreux effets de reprise créent un comique de répétition qu'on a déjà vu à l'œuvre dans les personnages secondaires (cf. n. 2, p. 204) et qui culminera dans la tirade de Klöterjahn.

Sonderbarerweise lächelte Herr Spinell; er lächelte zuvorkommend, ein wenig verwirrt und halb entschuldigend, führte die Hand zum Kopfe, als besänne er sich, und sagte:

»Ah, richtig... ja... ich erlaubte mir...«

Die Sache war die, daß er sich heute gegeben hatte, wie er war[1], und bis gegen Mittag geschlafen hatte. Infolge hiervon litt er an schlimmem Gewissen[2] und blödem Kopfe, fühlte er sich nervös und wenig widerstandsfähig. Hinzu kam, daß die Frühlingsluft[3], die eingetreten war, ihn matt und zur Verzweiflung geneigt machte. Dies alles muß erwähnt werden als Erklärung dafür, daß er sich während dieser Szene so äußerst albern benahm.

»So! Aha! Schön!« sagte Herr Klöterjahn, indem er das Kinn auf die Brust drückte, die Brauen emporzog, die Arme reckte und eine Menge ähnlicher Anstalten traf, nach Erledigung dieser Formfrage ohne Erbarmen zur Sache zu kommen. Aus Freude an seiner Person[4] ging er ein wenig zu weit in diesen Anstalten[5]; was schließlich erfolgte, entsprach nicht völlig der drohenden Umständlichkeit dieser mimischen Vorbereitungen. Aber Herr Spinell war ziemlich[6] bleich.

»Sehr schön!« wiederholte Herr Klöterjahn.

---

1. **Die Sache war, daß er sich gegeben hatte, wie er war**: cf. p. 174 **Gäbe ich mich, wie ich bin...**

2. **an schlimmen Gewissen**: ceci rappelle le passage pp. 172-174.

3. **die Frühlingsluft**: Le printemps est la saison maudite pour Spinell, puisque la vie y reprend ses droits sur l'hiver. Cf. Mallarmé, « Renouveau »: « Le printemps maladif a chassé tristement/L'hiver, saison de l'art serein, l'hiver lucide,/Et, dans mon être à qui le sang morne préside/L'impuissance s'étire en un long bâillement. »

De façon assez étrange, M. Spinell sourit; il fit un sourire bienveillant, quelque peu confus, et, d'un air de s'excuser à moitié, il porta la main à sa tête comme si la mémoire lui revenait, et dit :

« Ah, c'est juste... oui... je me suis permis... »

Le fait est qu'il s'était montré aujourd'hui sous son jour véritable et avait dormi jusqu'aux environs de midi. À la suite de quoi il souffrait de mauvaise conscience et de lourdeur de tête, se sentait nerveux et sans grande résistance. S'y ajoutait l'arrivée de l'air printanier qui le rendait faible et enclin au désespoir. Tout cela doit être mentionné afin d'expliquer l'extrême sottise de sa conduite au cours de cette scène.

« Ah bon ! Ha ha ! Bien ! » dit M. Klöterjahn, qui appuya le menton contre sa poitrine, releva les sourcils, déplia les bras et se livra en guise de préambule à une foule de gesticulations du même ordre, afin d'en venir, sitôt cette question de pure forme expédiée, impitoyablement au fait. Assez réjoui de lui-même, il alla un peu trop loin dans ces préliminaires, et en fin de compte, la suite ne correspondit pas entièrement à la menaçante prolixité de ces mimiques avant-coureuses. Mais M. Spinell était assez pâle.

« Très bien ! » répéta M. Klöterjahn.

---

4. **Aus Freude an seiner Person** : on se souvient que, dans le Paillasse (ch. 12, p. 104), l'assesseur Witznagel était lui aussi, « merveilleusement heureux et conscient de sa propre valeur... »

5. **Anstalten machen, etw zu tun** = *se préparer à faire qqch.*

6. **ziemlich** : adverbe signifiant *l'approximation*, à distinguer de **genug** : *suffisamment.*

»Dann lassen Sie sich die Antwort mündlich geben, mein Lieber, und zwar in Anbetracht des Umstandes[1], daß ich es für blödsinnig halte, jemandem, den man stündlich sprechen kann, seitenlange Briefe zu schreiben...«

»Nun... blödsinnig...«, sagte Herr Spinell lächelnd, entschuldigend und beinahe demütig...

»Blödsinnig!« wiederholte Herr Klöterjahn und schüttelte heftig den Kopf, um zu zeigen, wie unangreifbar sicher er seiner Sache sei. »Und ich würde dies Geschreibsel nicht eines Wortes würdigen, es wäre mir, offen gestanden, ganz einfach als Butterbrotpapier[2] zu schlecht, wenn es mich nicht über gewisse Dinge aufklärte, die ich bis dahin nicht begriff, gewisse Veränderungen... Übrigens geht Sie das nichts an und gehört nicht zur Sache. Ich bin ein tätiger Mann, ich habe Besseres zu bedenken als Ihre unaussprechlichen Visionen...«

»Ich habe "unauslöschliche Vision" geschrieben«, sagte Herr Spinell und richtete sich auf. Es war der einzige Moment dieses Auftrittes, in dem er ein wenig Würde an den Tag legte.

»Unauslöschlich... unaussprechlich...!« entgegnete Herr Klöterjahn und blickte ins Manuskript. »Sie schreiben eine Hand, die miserabel ist, mein Lieber; ich möchte Sie nicht in meinem Kontor beschäftigen.

---

1. **in Anbetracht des Umstandes**: de même que Spinell pèche par excessive stylisation de la réalité, le discours de Klöterjahn montre ce dernier incapable d'échapper aux clichés du langage commercial. Les deux personnages sont donc l'un et l'autre caractérisés négativement par leur façon de parler (D.). On a là un exemple de comique résultant, pour paraphraser Bergson, de « l'interférence des séries », plus précisément ici, de « l'extension de la langue des affaires aux relations mondaines » (*Le Rire*, P. U. F., p. 98).

« Alors permettez-moi de vous répondre oralement, mon cher, et ce eu égard au fait que je considère comme idiot d'écrire à quelqu'un des lettres de plusieurs pages, quand on peut lui parler sur l'heure...

— Enfin... idiot... », dit M. Spinell en souriant, d'un air de s'excuser, et presque avec humilité...

« Idiot ! » répéta M. Klöterjahn en secouant vigoureusement la tête pour montrer qu'il était sûr de son fait au-delà de toute contestation. « Et je ne ferais pas à ce chiffon l'honneur d'un seul mot, je ne m'en servirais, pour tout avouer, pas même pour emballer des tartines, s'il ne m'éclairait sur certaines choses que je ne comprenais pas jusque-là, certains changements... D'ailleurs cela ne vous regarde pas et n'a rien à voir ici. Je suis un homme actif, j'ai mieux à faire que de songer à vos inexprimables visions...

— J'ai écrit "vision inextinguible" », fit M. Spinell en se redressant. Ce fut, dans cette scène, le seul moment où il montra un peu de dignité.

« Inextinguible... inexprimable ! » rétorqua M. Klöterjahn en jetant un œil sur le manuscrit. « Vous avez une écriture lamentable, mon cher ; je ne voudrais pas vous employer dans mon bureau.

---

2. **Butterbrotpapier** : on a pu amplement constater le goût de M. Klöterjahn pour le pain beurré (cf. la fin du ch. 2, p. 144 et le ch. 9, p. 242). Le discours de Klöterjahn, par son faible niveau d'élaboration, permet aussitôt au lecteur de retracer l'influence qui y prédomine : le couple digestion-affaires, dont le ch. 3 (p. 150) indiquait déjà qu'elles lui donnaient égale satisfaction.

Auf den ersten Blick scheint es ganz sauber, aber bei Licht besehen ist es voller Lücken und Zittrigkeiten[1]. Aber das ist Ihre Sache und geht mich nichts an. Ich bin gekommen, um Ihnen zu sagen, daß Sie erstens ein Hanswurst[2] sind —, nun, das ist Ihnen hoffentlich bekannt. Außerdem aber sind Sie ein großer Feigling, und auch das brauche ich Ihnen wohl nicht ausführlich zu beweisen. Meine Frau hat mir einmal geschrieben, Sie sähen den Weibspersonen, denen Sie begegnen, nicht ins Gesicht, sondern schielten nur so hin[3], um eine schöne Ahnung davonzutragen, aus Angst vor der Wirklichkeit. Leider hat sie später aufgehört, in ihren Briefen von Ihnen zu erzählen[4]; sonst wüßte ich noch mehr Geschichten von Ihnen. Aber so sind Sie. "Schönheiten" ist Ihr drittes Wort[5], aber im Grunde ist es nichts als Bangebüchsigkeit[6] und Duckmäuserei[7] und Neid, und daher wohl auch Ihre unverschämte Bemerkung[8] von den "verschwiegenen Korridoren", die mich wahrscheinlich so recht durchbohren sollte und mir doch bloß Spaß gemacht hat. Spaß hat sie mir gemacht! Aber wissen Sie nun Bescheid? Habe ich Ihnen Ihr... Ihr "Tun und Wesen" nun "ein wenig erhellt", Sie Jammermensch? Obgleich es nicht mein "unausbleiblicher[9] Beruf" ist, hö, hö!... «

---

1. **Zittrigkeiten** : cf. le v. **zittern** = *trembler*. Cf. « l'impression de poli », p. 249, que donne l'écriture spinellienne ; cf. aussi n. 1, p. 246 et, ici encore, Préface, p. 18.

2. **Hanswurst** : cf. l'expr. **den Hanswurst spielen/machen** = *faire le pitre*.

3. **schielten nur so hin** : v. = *loucher*, **nach etw. schielen** = *jeter des regards furtifs sur qqch, lorgner, reluquer qqch*. Cf. ch. 6, p. 178 **Ich habe sie in Wirklichkeit nicht gesehen...**

4. **Leider hat sie später aufgehört, [...] von Ihnen zu erzählen** : on peut supposer que Madame Klöterjahn cessa d'évoquer Spinell (ironiquement ?) dans ses lettres à partir du ch. 7, moment où l'écrivain commence à la faire réfléchir (d'où probablement ces « changements » que Klöterjahn évoque deux paragraphes plus haut).

5. **Ihr drittes Wort** : désigne littéralement un terme qui revient tous

Au premier abord, elle semble tout à fait propre, mais examinée à la lumière, elle est pleine de trous et toute tremblée. Mais c'est votre affaire et cela ne me regarde pas. Je suis venu vous dire que vous êtes premièrement un bouffon —, bon, on peut espérer que vous le savez déjà. Mais vous êtes en outre un couard, et cela aussi je n'ai sans doute pas besoin de vous le démontrer en détail. Ma femme m'a une fois écrit que vous ne regardiez pas dans les yeux les personnes féminines que vous rencontrez, mais en coin, pour en garder une idée belle et imprécise, par crainte de la réalité. Malheureusement, elle a cessé ensuite de me parler de vous dans ses lettres ; sinon, j'en saurais encore d'autres à votre sujet. Mais c'est bien ainsi que vous êtes. "Beauté, beauté", vous n'avez que ce mot à la bouche, mais au fond, tout cela n'est que poltronnerie, dissimulation et jalousie, et de là vient sans doute votre impudente remarque sur "le secret des couloirs" qui devait sans doute me transpercer, et qui m'a simplement fait rire. Elle m'a fait rire ! Mais êtes-vous maintenant instruit ? Ai-je maintenant "répandu pour vous un peu de clarté" sur vos... sur "vos actes et votre être", triste individu ? Quoique ce ne soit pas mon "inévitable vocation", hé hé...

---

les trois mots dans une conversation ; **bei ihm ist jedes dritte Wort...** = ... *il n'a que ce mot-là à la bouche.*

6. ***Bange-büchsigkeit** : terme du dialecte bas-allemand. **bange**, adj. = *peureux, craintif.*

7. **Duckmäuserei** : cf. **ducken** = 1) *rabaisser, humilier* 2) **sich** * = *se baisser, rentrer la tête.*

8. **Ihre <u>unverschämte</u> Bemerkung** : adj. cf. **Scham** f. = *pudeur, honte.*

9. **unausbleiblich** : négatif trivial d'**unausweichlich** *(inéluctable)* qui renvoie, plus noblement, à un destin.

»Ich habe "unausweichlicher Beruf" geschrieben«, sagte Herr Spinell; aber er gab es gleich wieder auf. Er stand da, hilflos und abgekanzelt, wie ein großer, kläglicher, grauhaariger Schuljunge[1].

»Unausweichlich... unausbleiblich... Ein niederträchtiger Feigling sind Sie, sage ich Ihnen. Täglich sehen Sie mich bei Tische. Sie grüßen mich und lächeln, Sie reichen mir Schüsseln und lächeln, Sie wünschen mir gesegnete Mahlzeit und lächeln. Und eines Tages schicken Sie mir solch einen Wisch[2] voll blödsinniger Injurien[3] auf den Hals. Hö, ja, schriftlich haben Sie Mut! Und wenn es bloß dieser lachhafte Brief wäre. Aber Sie haben gegen mich intrigiert, hinter meinem Rücken gegen mich intrigiert[4], ich begreife es jetzt sehr wohl... obgleich Sie sich nicht einzubilden brauchen, daß es Ihnen etwas genützt hat! Wenn Sie sich etwa der Hoffnung hingeben, meiner Frau Grillen in den Kopf gesetzt zu haben, so befinden Sie sich auf dem Holzwege[5], mein wertgeschätzter Herr, dazu ist sie ein zu vernünftiger Mensch! Oder wenn Sie am Ende gar glauben, daß sie mich irgendwie anders als sonst empfangen hat, mich und das Kind, als wir kamen[6], so setzten Sie Ihrer Abgeschmacktheit[7] die Krone auf! Wenn sie dem Kleinen keinen Kuß gegeben hat, so geschah es aus Vorsicht, weil neuerdings die Hypothese aufgetaucht ist, daß es nicht die Luftröhre, sondern die Lunge ist, und man in diesem Falle nicht wissen kann...

---

1. **grauhaariger Schuljunge** : version adoucie de la formule « le nourrisson décati » (p. 156).

2. **Wisch** : m. = *chiffon, papelard.*

3. **Injurien** : terme relevant en all. du vocabulaire juridique.

4. **hinter meinem Rücken gegen mich intrigiert** : au style recherché de la lettre de Spinell, Klöterjahn oppose un discours peu soucieux d'élégance et enclin aux répétitions et aux redondances, tant il veut appuyer ses effets.

5. **auf dem Holzwege** : subst. m. = *chemin forestier* 2) **auf dem * sein** = *faire fausse route.*

— J'ai écrit "inéluctable vocation" », fit M. Spinell; mais il lâcha de nouveau aussitôt prise. Il se tenait là, sans défense, en train de se faire sermonner, comme un grand et pitoyable écolier aux cheveux gris.

« Inéluctable... inévitable... Vous êtes un méprisable couard, vous dis-je. Chaque jour vous me voyez à table. Vous me saluez en souriant, vous me passez les plats en souriant, vous me souhaitez bon appétit en souriant. Et un beau jour vous me jetez à la figure pareil torchon tissé d'injures imbéciles. Hé oui, par écrit vous avez du courage ! Et si ce n'était que cette lettre risible. Mais vous avez intrigué contre moi, intrigué contre moi derrière mon dos, je le saisis fort bien à présent... mais n'allez pas vous imaginer que cela vous ait en rien profité ! Si vous nourrissez le vague espoir d'avoir semé des idées folles dans la tête de ma femme, vous faites fausse route, mon très estimable monsieur, elle est beaucoup trop raisonnable pour cela ! Ou si, pour finir, vous croyez qu'elle m'a accueilli différemment de l'ordinaire, moi et mon enfant, à notre arrivée, voilà qui vient couronner toutes vos fadaises ! Si elle n'a pas embrassé le petit, c'était par prudence, parce que l'hypothèse a été récemment émise que ce n'était pas la trachée mais le poumon et que, dans ce cas, on ne peut pas savoir...

---

6. **daß sie mich [...], als wir kamen :** grammaire quelque peu incertaine (Klöterjahn aurait dû dire **uns**).

7. **Abgeschmacktheit** = *platitude, banalité*. Formule métaphorique rappelant très à propos la « petite couronne dorée » que Spinell voyait briller sur la tête de Gabrielle Eckhof. Dans ce passage, Klöterjahn ne peut se référer à la lettre de Spinell, ce dernier n'ayant fait aucune allusion à un changement d'attitude de Mme Klöterjahn envers son époux. Il y aurait donc ici une dénégation révélatrice.

obgleich es übrigens noch sehr zu beweisen ist, das mit der Lunge, und Sie mit Ihrem "sie stirbt[1], mein Herr!" Sie sind ein Esel!«

Hier suchte Herr Klöterjahn seine Atmung ein wenig zu regeln. Er war nun sehr in Zorn geraten, stach beständig mit dem rechten Zeigefinger in die Luft und richtete das Manuskript in seiner Linken aufs übelste zu[2]. Sein Gesicht, zwischen dem blonden englischen Backenbart, war furchtbar rot, und seine umwölkte Stirn war von geschwollenen Adern zerrissen wie von Zornesblitzen.

»Sie hassen mich«, fuhr er fort, »und Sie würden mich verachten, wenn ich nicht der Stärkere wäre... Ja, das bin ich, zum Teufel, ich habe das Herz auf dem rechten Fleck, während Sie das Ihre wohl meistens in den Hosen haben, und ich würde Sie in die Pfanne hauen mitsamt Ihrem "Geist und Wort", Sie hinterlistiger Idiot[3], wenn das nicht verboten wäre. Aber damit ist nicht gesagt, mein Lieber, daß ich mir Ihre Invektiven[4] so ohne weiteres gefallen lasse, und wenn ich das mit dem "ordinären Namen" zu Haus meinem Anwalt zeige, so wollen wir sehen, ob Sie nicht Ihr blaues Wunder[5] erleben. Mein Name ist gut, mein Herr, und zwar durch mein Verdienst.

---

1. **das mit der Lunge, und Sie mit Ihrem »sie stirbt«:** les deux constructions sont parallèles. Les causes d'emportement se surajoutent dans l'esprit de Klöterjahn : d'abord les propos des médecins, ensuite ceux de Spinell, qu'il renvoie dos à dos par ces deux formules analogues. Klöterjahn traite Spinell d'« âne », d'abord parce que le diagnostic de l'écrivain (« elle se meurt ») résulte d'une construction imaginaire, ensuite parce que les faits scientifiques ne peuvent pas de toute façon corroborer cette construction, puisqu'il ne s'agit pas du poumon. Spinell et Klöterjahn semblent ainsi chacun victimes de leur propre vision erronée des choses : Spinell situe la mort de Gabrielle Klöterjahn, réalité organique, dans une logique purement esthétique ; Klöterjahn, quant à lui, en nie la possibilité au nom de considérations pseudo-scientifiques (tant que ce n'est pas le poumon, tout va bien) qui dissimulent mal son refus obstiné d'admettre l'antithèse de la force vitale qu'il incarne.

quoiqu'elle reste encore fort à démontrer, cette histoire de poumon, et vous avec votre "elle se meurt, monsieur !" vous êtes un âne ! »

Ici, M. Klöterjahn chercha à retrouver une respiration un peu plus régulière. Il était à présent très en colère, perçait constamment l'air de l'index de sa main droite et infligeait un traitement désastreux au manuscrit dans sa main gauche. Son visage, entre ses favoris blonds à l'anglaise, était d'une rougeur terrible, et les nuages s'amoncelaient sur son front que ses veines gonflées déchiraient, tels des éclairs de colère.

« Vous me haïssez », poursuivit-il, « et vous me mépriseriez, si je n'étais pas le plus fort... Oui, je le suis, par tous les diables, j'ai le cœur où il faut, alors que le vôtre, vous l'avez sans doute la plupart du temps dans votre pantalon, et si ce n'était pas interdit, je vous taillerais en pièces, vous et votre "esprit" et votre "verbe", sournois crétin. Mais ce n'est pas dire pour autant, mon cher, que je me contenterai sans plus de tolérer vos invectives ; si je montre cette histoire de "nom ordinaire" à mon avocat chez moi, nous verrons bien si vous ne serez pas désagréablement surpris. J'ai un nom respectable, monsieur, et grâce à mon mérite.

---

2. **und richtete das Manuscript [...] aufs übelste zu : jndn/etw. schlimm/übel zurichten** = *mettre qqn/qqch dans un bel état, à mal.*

3. **hinterlistiger Idiot** : adj. = *perfide, fourbe* ; cf. **List**, f. = *ruse.*

4. **Ihre Invektiven** : Klöterjahn n'hésite pas lui-même à recourir directement aux injures (**Sie sind ein Esel, [...] Sie hinterlistiger Idiot**), en contraste avec la lettre de Spinell dont seules les *implications* étaient insultantes.

5. **Ihr blaues Wunder** : cf. **sich wundern** = *s'étonner* ; **Wunder**, n. = *miracle.*

Ob Ihnen jemand auf den Ihren auch nur einen Silbergroschen borgt, diese Frage mögen Sie mit sich selbst erörtern, Sie hergelaufener Bummler! Gegen Sie muß man gesetzlich[1] vorgehen! Sie sind gemeingefährlich! Sie machen die Leute verrückt!... Obgleich Sie sich nicht einzubilden brauchen, daß es Ihnen diesmal gelungen ist, Sie heimtückischer Patron! Von Individuen, wie Sie eins sind, lasse ich mich denn doch nicht aus dem Felde[2] schlagen. Ich habe das Herz auf dem rechten Fleck[3]... «

Herr Klöterjahn war nun wirklich äußerst erregt. Er schrie und sagte wiederholt, daß er das Herz auf dem rechten Fleck habe.

» "Sie sangen". Punkt. Sie sangen gar nicht! Sie strickten. Außerdem sprachen sie, soviel ich verstanden habe, von einem Rezept für Kartoffelpuffer, und wenn ich das mit dem "Verfall" und der "Auflösung" meinem Schwiegervater[4] sage, so belangt er Sie gleichfalls von Rechts wegen[5], da können Sie sicher sein!... "Sahen Sie das Bild, sahen Sie es?" Natürlich sah ich es, aber ich begreife nicht, warum ich deshalb den Atem anhalten und davonlaufen sollte. Ich schiele den Weibern[6] nicht am Gesicht vorbei, ich sehe sie mir an, und wenn sie mir gefallen, und wenn sie mich wollen, so nehme ich sie mir. Ich habe das Herz auf dem rechten Fl... «

---

1. **gesetzlich**: cf. **Gesetz**, n. = *la loi.*

2. ***aus dem Felde schlagen**: cf. ***Schlacht-feld**, n.: *champ de bataille.*

3. **auf dem rechten Fleck**: subst. m. = 1) *tache* 2) *endroit*; **sich nicht vom Fleck rühren** = *ne pas bouger d'un pouce.*

4. ***Schwieger-vater**: se distingue en allemand du *beau-père*, second mari de la mère ***Stief-vater** (connation négative fréquente).

5. **so belangt er Sie gleichfalls von Rechts wegen: jn. (gerichtlich) belangen** = *poursuivre qqn en justice* (**wegen** *pour* + gén.).

Quant à savoir si on donnerait seulement un sou du vôtre, vous pouvez en débattre avec vous-même, espèce de vagabond venu d'on ne sait où ! C'est à la justice qu'il faut faire appel contre les gens de votre acabit ! Vous êtes un danger public ! Vous rendez les gens fous !... Mais n'allez pas vous imaginer que vous y soyez arrivé cette fois-ci, insidieux personnage ! Les individus de votre genre ne me feront pas battre en retraite. J'ai le cœur où il faut... »

M. Klöterjahn était maintenant vraiment dans un état d'agitation extrême. Il criait et répétait qu'il avait le cœur où il faut.

« "Elles chantaient." Point. Elles ne chantaient pas du tout ! Elles tricotaient. Elles parlaient d'ailleurs, pour autant que j'aie cru comprendre, d'une recette de crêpes de pommes de terre, et si je raconte à mon beau-père cette histoire de "déclin" et de "dissolution" il vous traînera lui aussi devant les tribunaux, vous pouvez en être sûr !... "Vîtes-vous ce tableau. le vîtes-vous ?" Bien entendu, je l'ai vu, mais je ne saisis pas pour autant pourquoi j'aurais dû retenir mon souffle et partir en courant. Je ne regarde pas les femmes en coin, je les regarde en face, et si elles me plaisent, et si elles veulent de moi, alors je les prends. J'ai le cœur où il... »

---

6. **den Weibern** : le mot **Weib**, n. terme vieilli, n'est plus utilisé que dans un sens péjoratif aujourd'hui. L'usage du pluriel et du présent est assez équivoque dans ce contexte : s'agit-il d'une simple généralisation, ou bien Klöterjahn admet-il avoir conservé le goût de la bagatelle ?

Es pochte. — Es pochte gleich neun- oder zehnmal ganz rasch hintereinander an die Stubentür, ein kleiner, heftiger, ängstlicher Wirbel, der Herrn Klöterjahn verstummen machte, und eine Stimme, die gar keinen Halt[1] hatte, sondern vor Bedrängnis[2] fortwährend aus den Fugen ging[3], sagte in größter Hast:

»Herr Klöterjahn, Herr Klöterjahn, ach, ist Herr Klöterjahn da?«

»Draußen bleiben«, sagte Herr Klöterjahn unwirsch...

»Was ist? Ich habe hier zu reden.«

»Herr Klöterjahn«, sagte die schwankende und sich brechende Stimme, »Sie müssen kommen... auch die Ärzte sind da... oh, es ist so entsetzlich traurig...«

Da war er mit einem Schritt an der Tür und riß sie auf. Die Rätin Spatz stand draußen. Sie hielt ihr Schnupftuch[4] vor den Mund, und große, längliche Tränen rollten paarweise in dieses Tuch hinein.

»Herr Klöterjahn«, brachte sie hervor..., »es ist so entsetzlich traurig... Sie hat so viel Blut aufgebracht, so fürchterlich viel... Sie saß ganz ruhig im Bette und summte ein Stückchen Musik[5] vor sich hin, und da kam es, lieber Gott, so übermäßig viel[6]...«

»Ist sie tot?« schrie Herr Klöterjahn... Dabei packte er die Rätin am Oberarm und zog sie auf der Schwelle hin und her.

---

1. **Halt** = *appui, soutien;* **keinen *haben** = *n'avoir rien pour se tenir*, c'est-à-dire *ne pas avoir d'équilibre*, **einen *suchen** = *chercher qqch. pour se tenir, chercher son équilibre.*

2. **Bedrängnis:** subst. f. = *détresse, embarras.*

3. **aus den Fugen gehen:** (se dit de deux éléments qui vont ensemble) = *se disjoindre, se désagréger.*

4. ***Schnupf-tuch:** cf. **Schnupfen**, m. = *rhume* et **Tuch**, n. = *tissu.*

5. **ein Stückchen Musik:** on songe au motif de l'amour que Spinell lui-même chantonne au ch. 12. (p. 282) et qui s'entend dans les toutes dernières mesures de T&I. En chantonnant alors qu'elle se sait à l'article de la mort, Gabrielle Klöterjahn non contente d'acquiescer à son destin, semble vouloir en hâter le cours.

On frappa. — On frappa bien neuf ou dix fois à intervalles très brefs à la porte de la chambre, en un petit roulement vif et angoissé qui fit taire M. Klöterjahn, et une voix défaillante, constamment entrecoupée d'accents de détresse, dit en toute hâte :

« Monsieur Klöterjahn, monsieur Klöterjahn, ah, monsieur Klöterjahn est-il là ?

— Restez dehors », dit M. Klöterjahn sèchement... « Qu'y a-t-il ? Je suis en conversation ici.

— Monsieur Klöterjahn », fit la voix hésitante et brisée, « Vous devez venir... les médecins eux aussi sont là... oh, c'est si effroyablement triste... »

D'un pas il fut à la porte et l'ouvrit brusquement. La conseillère Spatz était dehors. Elle tenait son mouchoir contre ses lèvres, et de longues et grosses larmes tombaient deux à deux dans ce mouchoir.

« Monsieur Klöterjahn », dit-elle avec effort... « C'est si effroyablement triste... Elle a craché tant de sang, une quantité effrayante... Elle était assise toute calme dans son lit et chantonnait un petit morceau de musique, et c'est venu, Seigneur Dieu, en si grande quantité...

— Est-elle morte ? » s'écria M. Klöterjahn... Il saisit en même temps la conseillère par le bras en la secouant vivement sur le pas de la porte.

---

6. **so übermäßig viel** = m. à m. *en quantité si excessive*, cf. **Maß**, n. = *mesure*.

»Nein, nicht ganz, wie? Noch nicht ganz, sie kann mich noch sehen... Hat sie wieder ein bißchen Blut aufgebracht? Aus der Lunge, wie? Ich gebe zu, daß es vielleicht aus der Lunge kommt... Gabriele!« sagte er plötzlich, indem die Augen ihm übergingen, und man sah, wie ein warmes, gutes, menschliches und redliches Gefühl in ihm hervorbrach[1]. »Ja, ich komme!« sagte er, und mit langen Schritten schleppte er die Rätin aus dem Zimmer hinaus und über den Korridor davon. Von einem entlegenen Teile des Wandelganges her vernahm man noch immer sein rasch sich entfernendes »Nicht ganz[2], wie?... Aus der Lunge, was?...«

12

Herr Spinell stand auf dem Fleck[3], wo er während Herrn Klöterjahns so jäh unterbrochener Visite gestanden hatte, und blickte auf die offene Tür. Endlich tat er ein paar Schritte vorwärts und horchte ins Weite. Aber alles war still, und so schloß er die Tür und kehrte ins Zimmer zurück.

Eine Weile betrachtete er sich im Spiegel[4]. Hierauf ging er zum Schreibtisch, holte ein kleines Flakon und ein Gläschen aus einem Fache hervor und nahm einen Kognak zu sich,

1. **wie ein warmes [...] Gefühl in ihm hervorbrach**: le narrateur manifeste ici sa sympathie pour l'attitude simple et humaine de Klöterjahn, dénonçant implicitement les procédés et le style contournés de Spinell. Noter cependant que Klöterjahn attend que sa femme soit à l'article de la mort pour enfin saisir la gravité de la situation. Aux yeux du négociant, l'idée de la mort est aussi inconcevable que la vie est odieuse à Spinell.

2. **Nicht ganz**: humour macabre de cette notation. De même qu'il s'attachait à la distinction entre poumon et trachée, Klöterjahn semble vouloir maintenant garder un dernier espoir en introduisant une gradation dans un état où il ne saurait manifestement y en avoir.

« Non, pas tout à fait, hein ? Pas encore tout à fait, elle peut encore me voir... A-t-elle à nouveau craché un peu de sang ? Du poumon, hein ? J'admets que cela vient peut-être du poumon... Gabrielle ! » dit-il soudain tandis que ses yeux s'emplissaient de larmes, et l'on voyait percer en lui un sentiment honnête et chaleureux, tout plein de bonté et d'humanité. « Oui, j'arrive ! » dit-il, et il entraîna à grands pas la conseillère hors de la chambre et à travers le corridor. Loin dans le couloir on entendait encore ses paroles qui s'éloignaient rapidement : « Pas tout à fait, hein ?... Du poumon, n'est-ce pas ?... »

12

M. Spinell resta à l'endroit où il s'était tenu pendant la visite si abruptement interrompue de M. Klöterjahn, et regarda la porte ouverte. Enfin, il fit quelques pas en avant et s'efforça d'entendre ce qui se passait. Mais tout était silencieux, aussi ferma-t-il la porte pour rentrer dans sa chambre.

Il se contempla un instant dans le miroir. Puis il alla vers son bureau, sortit d'un tiroir un petit flacon et un petit verre, et se versa un cognac,

3. **auf dem Fleck** : effet d'écho avec l'expression répétée plus haut par M. Klöterjahn : **ich habe das Herz auf dem richten Fleck**.

4. **Eine Weile [...] im Spiegel** : cf. le début du précédent ch., p. 262 : « Lorsque M. Klöterjahn entra, M. Spinell était assis sur le canapé en train de lire son propre roman » ; cf. aussi n. 3, p. 263.

was kein Mensch ihm verdenken konnte[1]. Dann streckte er sich auf dem Sofa aus und schloß die Augen.

Die obere Klappe des Fensters stand offen. Draußen im Garten von "Einfried" zwitscherten die Vögel, und in diesen kleinen, zarten und kecken Lauten lag fein und durchdringend der ganze Frühling ausgedrückt. Einmal sagte Herr Spinell leise vor sich hin: »Unausbleiblicher Beruf[2]... « Dann bewegte er den Kopf hin und her und zog die Luft durch die Zähne ein wie bei einem heftigen Nervenschmerz[3].

Es war unmöglich, zur Ruhe und Sammlung zu gelangen. Man ist nicht geschaffen für so plumpe Erlebnisse wie dieses da! — Durch einen seelischen Vorgang[4], dessen Analyse zu weit führen würde, gelangte Herr Spinell zu dem Entschlusse, sich zu erheben und sich ein wenig Bewegung zu machen, sich ein wenig im Freien zu ergehen. So nahm er den Hut und verließ das Zimmer.

Als er aus dem Hause trat und die milde, würzige[5] Luft ihn umfing, wandte er das Haupt und ließ seine Augen langsam an dem Gebäude empor bis zu einem Fenster gleiten, einem verhängten Fenster, an dem sein Blick eine Weile ernst, fest und dunkel haftete. Dann legte er die Hände auf den Rücken und schritt über die Kieswege dahin. Er schritt in tiefem Sinnen.

---

1. **was kein Mensch ihm verdenken konnte**: style indirect libre; le narrateur reflète ici la perspective de Spinell, aussi convaincu de son irréprochabilité qu'avant son entrevue avec Klöterjahn; syn. plus courant: **vor/werfen (a-o)**: *reprocher*.

2. **« Unausbleiblicher Beruf »**: pédantisme de l'écrivain narcissique: du long discours de Klöterjahn, seules les citations erronées de sa lettre semblent avoir affecté Spinell.

ce que nul ne pouvait lui reprocher. Puis il s'allongea sur le canapé et ferma les yeux.

L'imposte de la fenêtre était ouverte. Dehors, dans le jardin d'Einfried, les oiseaux gazouillaient, et dans ces petites notes tendres et hardies, le printemps tout entier s'exprimait avec une pénétrante subtilité. Une fois, M. Spinell se murmura à lui-même : « Inévitable vocation... » Puis il agita la tête de-ci de-là, et aspira l'air entre ses dents comme en proie à une intense douleur nerveuse.

Il était impossible d'arriver au calme et au recueillement. On n'est pas fait pour d'aussi grossières expériences que celle-là ! — Par un cheminement spirituel dont l'analyse entraînerait trop loin, M. Spinell parvint à la décision de se lever et de faire un peu d'exercice, de se promener un peu à l'air libre. Il prit donc son chapeau et quitta sa chambre.

Lorsqu'il sortit de la maison et que l'air doux et embaumé l'accueillit, il tourna la tête et laissa lentement glisser son regard le long du bâtiment jusqu'à une fenêtre, une fenêtre dont les rideaux étaient tirés, et qu'il fixa un moment d'un œil sombre et grave. Puis il se mit les mains dans le dos et descendit les allées en gravier. Il marchait, plongé dans une profonde méditation.

3. **wie bei einem heftigen Nervenschmerz** : cf. n. 2, p. 264.

4. **Durch einen seelischen Vorgang** : contraste amusant entre le degré de sophistication de ce cheminement intérieur et son résultat, des plus élémentaires.

5. **würzig** = *épicé, savoureux, aromatique*.

Noch waren die Beete mit Matten bedeckt, und Bäume und Sträucher waren noch nackt; aber der Schnee war fort, und die Wege zeigten nur hier und da noch feuchte Spuren. Der weite Garten mit seinen Grotten, Laubengängen und kleinen Pavillons[1] lag in prächtig farbiger Nachmittagsbeleuchtung, mit kräftigen Schatten und sattem[2], goldigen Licht, und das dunkle Geäst der Bäume stand scharf und zart gegliedert gegen den hellen Himmel.

Es war um die Stunde, da die Sonne Gestalt annimmt, da die formlose Lichtmasse zur sichtbar sinkenden Scheibe wird, deren sattere, mildere Glut das Auge duldet. Herr Spinell sah die Sonne nicht[3]; sein Weg führte ihn so, daß sie ihm verdeckt und verborgen war. Er ging gesenkten Hauptes und summte ein Stückchen Musik[4] vor sich hin, ein kurzes Gebild, eine bang und klagend aufwärtssteigende Figur, das Sehnsuchtsmotiv... Plötzlich aber, mit einem Ruck, einem kurzen, krampfhaften Aufatmen, blieb er gefesselt stehen, und unter heftig zusammengezogenen Brauen starrten seine erweiterten Augen mit dem Ausdruck entsetzter Abwehr geradeaus...

Der Weg[5] wandte sich; er führte der sinkenden Sonne entgegen.

---

1. **Der weite Garten [...] Pavillons**: cf. ch. 1, p. 130 [...] **inmitten des weiten Gartens, der mit Grotten, Laubengängen und kleinen Pavillons** [...] **ausgestattet ist.**

2. **satt** = *rassasié.*

3. **Herr Spinell sah die Sonne nicht**: cf. T&I, III, 1, n° 294 : **Die Sonne sah ich nicht/noch sah ich Land und Leute** *(je ne voyais pas le soleil/je ne voyais ni terre ni gens)*. Tristan décrivant alors à Kurwenal le pays nocturne qu'il aperçut avant de retrouver ses sens.

4. **und summte ein Stückchen Musik**: cf. p. 276 **sie saß ganz ruhig im Bette und summte ein Stückchen Musik vor sich hin.** Le parallélisme avec Gabrielle s'arrête ici, puisque Spinell se contente de la conduire à la mort sans l'y rejoindre.

5. **Der Weg**: noter le subtil glissement par rapport à **sein Weg**, au paragraphe précédent. L'emploi de l'article défini permet ici d'assigner un sens décidément métaphorique à la phrase plus haut **sein Weg führte**

Les parterres étaient encore recouverts de paillassons, les arbres et les buissons encore dépouillés ; mais la neige avait disparu et les allées ne révélaient qu'ici et là des traces encore humides. Le vaste jardin avec ses grottes, ses charmilles et ses petits pavillons reposait dans l'éclairage diapré de ce splendide après-midi, avec ses ombres accentuées et sa chaude lumière dorée, et les arbres sombres dessinaient avec netteté et délicatesse leur ramure contre la clarté du ciel.

C'était l'heure où le soleil prend forme, où la masse lumineuse amorphe se transforme en un disque dont la descente est visible à l'œil nu, et dont la lueur plus chaude et plus douce est supportable au regard. M. Spinell ne voyait pas le soleil : il restait masqué et dissimulé à ses yeux à cause du chemin qu'il suivait. Il marchait la tête baissée et fredonnait un petit morceau de musique, quelques notes, une plainte angoissée qui s'élève, le leitmotiv du désir... Mais soudain, il eut un haut-le-corps et demeura rivé sur place, saisi d'un halètement convulsif ; sous ses sourcils violemment froncés, ses yeux écarquillés fixèrent ce qui était devant lui avec une expression horrifiée de répulsion...

Le chemin formait un tournant et conduisait vers le soleil couchant.

---

ihn so, daß sie ihm verdeckt und verborgen war. Si son chemin (tel qu'en imagination il le suivait) lui cachait le soleil, le chemin (sur lequel il marchait en effet) l'y conduisait au contraire. Le narrateur établit ainsi une hiérarchie entre le monde tel que Spinell se le représente et le monde tel qu'il est, monde de lumière qui finit par s'imposer à l'écrivain-oiseau de nuit (cf. p. 286 le dernier mot du récit consacrant son recul).

Durchzogen von zwei schmalen, erleuchteten Wolkenstreifen mit vergoldeten Rändern stand sie groß und schräge am Himmel, setzte die Wipfel der Bäume in Glut und goß ihren gelbrötlichen Glanz über den Garten hin. Und inmitten dieser goldigen Verklärung[1], die gewaltige Gloriole der Sonnenscheibe zu Häupten, stand hochaufgerichtet im Wege eine üppige, ganz in Rot, Gold und Schottisch gekleidete Person[2], die ihre Rechte in die schwellende Hüfte stemmte und mit der Linken ein grazil geformtes Wägelchen leicht vor sich hin und her bewegte. In diesem Wägelchen aber saß das Kind, saß Anton Klöterjahn der Jüngere, saß Gabriele Eckhofs dicker Sohn!

Er saß, bekleidet mit einer weißen Flausjacke und einem großen weißen Hut, pausbäckig, prächtig und wohlgeraten in den Kissen, und sein Blick begegnete lustig und unbeirrbar demjenigen Herrn Spinells. Der Romancier war im Begriffe, sich aufzuraffen, er war ein Mann, er hätte die Kraft besessen, an dieser unerwarteten, in Glanz getauchten Erscheinung vorüberzuschreiten und seinen Spaziergang fortzusetzen. Da aber geschah das Gräßliche, daß Anton Klöterjahn zu lachen und jubeln begann, er kreischte vor unerklärlicher Lust, es konnte einem unheimlich zu Sinne werden.

---

1. **inmitten dieser goldigen Verklärung** : cf. ch. 7, p. 191 les propos de Spinell : « il n'est pas rare qu'une lignée aux traditions sèches, pratiques et bourgeoises, soit encore une fois *transfigurée* par l'art vers la fin de ses jours ». À cette forme de transfiguration métaphorique imaginée par Spinell vient répondre celle, bien visible, du petit Klöterjahn, affimant le triomphe de la vie sur la mort, mais aussi du réel sur l'imaginaire. Noter toutefois que ce que l'on appelle ici « réel » ne l'est que dans la perspective du narrateur. Celui-ci est lui-même un quasi-personnage au sein du récit : la distinction réel (tel qu'il est perçu et attesté par le narrateur)/imaginaire (tel qu'il est constamment rêvé par Spinell) perd sa validité aux yeux du lecteur. En l'absence de référent, le lecteur peut tout aussi légitimement interpréter en termes symboliques la vision « poétisante » de Spinell (proclamant le triomphe de la beauté vouée à la mort sur la vie) que celle du narrateur (célébrant le triomphe du réel

Parcouru par deux étroites bandes de nuages lumineux ourlés d'or, le grand astre se dressait obliquement dans le ciel, embrasait le sommet des arbres et déversait son éclat rougeoyant sur le jardin. Et au centre de cette transfiguration dorée, la tête auréolée par la gloire sublime du disque solaire, se tenait bien droite sur le chemin une créature aux formes généreuses, toute vêtue de rouge, d'or et d'écossais, la main droite appuyée contre une hanche rebondie et la main gauche berçant avec légèreté devant elle un petit landau aux formes gracieuses. Or dans ce petit landau l'enfant était assis, Anton Klöterjahn le jeune était assis, le fils dodu de Gabrielle Eckhof était assis !

Il était assis, vêtu d'une veste blanche en laine floche et d'un béret blanc, joufflu, splendide, bien calé dans les coussins, et son regard vint joyeusement, sans hésiter, à la rencontre de celui de M. Spinell. Le romancier était sur le point de se ressaisir, c'était un homme, il aurait eu la force de passer devant cette apparition inattendue et baignée de lumière pour continuer sa promenade. Mais c'est là que le comble de l'horreur se produisit : Anton Klöterjahn se mit à rire et à jubiler, il poussait d'inexplicables hurlements de joie, et cela pouvait devenir étrangement inquiétant.

---

et de la lumière sur leur négation nocturne qu'incarne Spinell), voir la Préface, p. 22-23.

2. **eine üppige, ganz in Rot, Gold und Schottisch gekleidete Person :** cf. ch. 9, p. 242 **eine üppige, ganz in rot, Schottisch und Gold gehüllte Person**.

Gott weiß, was ihn anfocht, ob die schwarze Gestalt ihm gegenüber ihn in diese wilde Heiterkeit versetzte oder was für ein Anfall von animalischem Wohlbefinden ihn packte. Er hielt in der einen Hand einen knöchernen Beißring und in der anderen eine blecherne Klapperbüchse. Diese beiden Gegenstände reckte er jauchzend in den Sonnenschein empor, schüttelte sie und schlug sie zusammen, als wollte er jemanden spottend verscheuchen. Seine Augen waren beinahe geschlossen vor Vergnügen, und sein Mund war so klaffend aufgerissen, daß man seinen ganzen rosigen Gaumen sah. Er warf sogar seinen Kopf hin und her, indes er jauchzte.

Da machte Herr Spinell kehrt und ging von dannen. Er ging, gefolgt von dem Jubilieren des kleinen Klöterjahn, mit einer gewissen behutsamen und steif-graziösen Armhaltung über den Kies, mit den gewaltsam zögernden Schritten jemandes, der verbergen will, daß er innerlich davonläuft[1].

---

1. **daß er innerlich davonläuft** : le narrateur manifeste donc jusqu'à la fin son hostilité vis-à-vis de Spinell ; cf. toutefois la lettre de Th. M. à Norbert Jobst, du 24 mars 1953 : « Quant à ce Spinell, c'est décidément un personnage comique, ce qui ne signifie pas que l'auteur veuille en donner une image entièrement méprisable. C'est un esthète qui, confronté à un homme de la réalité pratique, joue un rôle pitoyable, mais, avec son grotesque sens de la beauté, face à l'individu ordinaire qu'est Klöterjahn, il représente malgré tout en définitive le principe supérieur. » (traduit par nous.)

Dieu sait ce qui lui prit ; la silhouette noire, en face, lui inspirait-elle cette folle hilarité ou était-ce un accès d'euphorie animale qui s'était emparé de lui ? Il tenait d'une main une sucette en os et dans l'autre un hochet métallique. Il brandissait ces deux objets vers le soleil en exultant, les secouait et les cognait l'un contre l'autre, comme s'il eût voulu effrayer quelqu'un par ses railleries. Il avait les yeux presque fermés de plaisir, et la bouche si grande ouverte que l'on voyait son palais tout rose. Il dodelinait même de la tête tout en exultant.

Alors, M. Spinell fit demi-tour et s'éloigna. Il s'éloigna, suivi par les jubilations du petit Klöterjahn, tenant les bras dans une certaine position où se mêlaient la circonspection, la raideur et la grâce, en foulant les graviers d'un pas fort hésitant, tel un homme cherchant à dissimuler qu'il est, au fond de lui-même, en train de prendre la fuite.

Composition réalisée par COMPOFAC - PARIS

IMPRIMÉ EN FRANCE PAR BRODARD ET TAUPIN
Usine de La Flèche (Sarthe).
LIBRAIRIE GÉNÉRALE FRANÇAISE - 6, rue Pierre-Sarrazin - 75006 Paris.

ISBN : 2 - 253 - 05659 - 6 30/8741/8